Marie Benedetto-Meyer • Anca Boboc

Sociologie du numérique au travail

ARMAND COLIN

Conseillers éditoriaux :
Anne-Marie Arborio et Olivier Martin

Illustration de couverture : © Adobe Stock
Mise en pages : Nord Compo

Armand Colin est une marque de
Dunod Éditeur, 11 rue Paul Bert 92240 Malakoff

ISBN : 978-2-200-63009-6

SOCIOLOGIE DU NUMÉRIQUE AU TRAVAIL

Introduction

Dire que le numérique est au cœur des transformations du travail est aujourd'hui de l'ordre de l'évidence. Dans un grand nombre de secteurs, ordinateurs, tablettes et smartphones sont devenus en peu de temps des outils de travail quotidiens d'un grand nombre de personnes, du cadre au technicien en passant par l'agriculteur ou le professionnel de soin. L'usage du numérique est devenu, dans la vie professionnelle comme dans la vie hors travail, une pratique ordinaire (Martin, Dagiral, 2016).

L'arrivée d'internet, des mails, des outils collaboratifs ou des logiciels de gestion a, ce faisant, transformé les pratiques, parfois les métiers et l'organisation du travail. La littérature académique ou professionnelle s'est emparée du sujet avec force, évoquant une « révolution numérique » qui serait du même ordre que les précédentes révolutions industrielles. Tout cela semble *a minima* un objet inépuisable de conjectures sur l'avenir du travail, de l'emploi, du management, de la formation, du recrutement… Les termes de « transformation digitale » des entreprises, de « travail du futur » ou encore d'« usine 4.0 » évoquent l'idée de rupture avec une certaine conception de l'entreprise et des activités de travail. Tantôt teinté d'optimisme, voire de vision enchantée sur l'avenir du travail (permettant de concilier vie professionnelle et personnelle, d'accéder à des informations utiles rapidement et en tout lieu, et d'optimiser les modes de production des biens et services), le numérique est aussi source d'inquiétudes sur l'emploi, les qualifications, le contrôle à distance ou encore l'hyper-connexion.

Les ouvrages à visée managériale, normatifs ou prescriptifs se multiplient, invitant à accompagner la « transformation digitale » en entreprise. Les interrogations sont ambitieuses : « l'humain a-t-il encore sa place dans notre monde digital en devenir ? » interroge la quatrième de couverture d'un ouvrage consacré au sujet (Enlart, Charbonnier, 2018), tandis que Jean-Luc Beffa, ancien PDG de la Compagnie Saint-Gobain, fait paraître en 2017 un essai intitulé *La révolution numérique et les entreprises : se transformer ou mourir* (Beffa, 2017).

Que faut-il penser de ces publications ? On pourrait faire l'hypothèse que les grands discours normatifs constituent avant tout une manne pour les « gourous » ou consultants en « conduite du changement » qui voient là un bon moyen d'éveiller la crainte, pour leurs clients, de n'être pas à la hauteur ou assez rapides face à la digitalisation qui s'imposerait à tous. Replaçant les transformations récentes dans l'histoire des technologies et du travail, on pourrait être tenté de nuancer les prédictions, opposant à cette « révolution » et cette « accélération », la continuité de ces évolutions et leur ancrage dans le temps. Au fond, le numérique s'inscrit dans l'histoire des techniques, venant confirmer bien plus que remettre en cause tout ce que la sociologie a déjà pu analyser sur les effets des technologies au travail.

Les transformations du monde du travail ont été marquées par l'industrialisation du XIXe et du XXe siècle. La mécanisation, puis l'automatisation ont progressivement contribué à dessiner de nouveaux modes d'organisation du travail guidés par la recherche de gains de productivité, l'extrême division du travail, au risque de sa déqualification (Friedmann, 1950). Ces évolutions ont conduit également à façonner la relation salariale et les formes d'emploi que nous connaissons. La technologie a toujours été étroitement liée à l'histoire du travail, qu'il s'agisse de l'automatisation des années 1950, de l'informatisation des années 1970-1980, ou de la numérisation en cours. La « révolution numérique » ne viendrait-elle donc pas s'inscrire dans la continuité de cette histoire longue du travail ?

Mais ne peut-on pas voir tout de même dans ces transformations une véritable lame de fond qui amorce une profonde mutation du travail et des organisations, et qui, même si elle s'inscrit bien sûr dans l'histoire, n'en est pas moins porteuse d'une remise en cause des manières de penser le travail, son cadre physique et temporel, et les manières de s'organiser individuellement et collectivement, comme certains semblent le penser (Lallement, 2015 ; Flichy, 2017) ?

L'ouvrage présent propose de prendre du recul par rapport aux discours prophétiques en partant d'observations concrètes, réelles et actuelles, des transformations à l'œuvre. Le parti pris de cet ouvrage est de se départir d'une vision déterministe des technologies (selon laquelle le numérique aurait un « impact » ou un effet quasi automatique sur le monde social, provoquant de manière mécanique un certain nombre de transformations prévisibles), pour souligner, au contraire, les multiples dynamiques à l'œuvre lorsqu'on évoque le numérique en entreprise. Ces dynamiques naissent de la rencontre entre, d'une part, des outils, des projets informatiques et, d'autre part, des activités, des usages, des modes d'organisation du travail ou des identités professionnelles, et dessinent des trajectoires singulières, des modes d'appropriation, des modalités d'inscription dans les pratiques et dans l'organisation du travail qui sont sans cesse renouvelées.

Commençons par nous interroger sur le périmètre de ces outils avant d'évoquer les débats récents que la digitalisation a fait naître et les aspects que nous souhaitons, pour notre part, mettre en lumière.

1. Des TIC au numérique et au digital, de quoi parlons-nous ?

Les termes qui sont couramment employés pour désigner les nouveaux outils introduits en entreprise sont multiples (« nouvelles technologies », « outils digitaux » ou « numériques »), ce qui participe à l'impression de leur profusion et de leur renouvellement constant, mais aussi au sentiment qu'ils sont difficilement saisissables et définissables.

L'informatique a fait son apparition en entreprise dans les années 1960 et 1970 sous forme de gros calculateurs centraux, *mainframe*, qui permettaient le traitement de données (Beltran, 2010). Les années 1980 et 1990 ont vu se diffuser les mini-ordinateurs, puis la micro-informatique et les ordinateurs individuels. C'est alors l'essor de la bureautique (Alter, 1985 ; Verdier, 1985) et des premiers systèmes d'information, entraînant ce que Norbert Alter qualifie de « triple rupture technique, économique et sociale » (Alter, 1985, p. 13). À fin des années 1990, est apparu le terme de NTIC pour « nouvelles technologies de l'information et de la communication », acronyme dont le caractère nouveau et donc le « N » ont peu à peu été abandonnés pour y préférer le simple « TIC ». Ces technologies ont pour caractéristique d'être le produit de la convergence entre les secteurs de l'informatique, de la téléphonie et des médias (Cascino, 1999). En 2012, un rapport de la Direction Générale du Travail rappelait : « Ces outils ont en commun de produire, transformer ou échanger de l'information grâce à des composants électroniques et peuvent être des matériels, comme les ordinateurs, les téléphones portables, les réseaux filaires, ou des logiciels » (Klein, Ratier, 2012, p. 9). Les TIC sont donc à la fois des équipements matériels (terminaux, serveurs…), mais aussi non matériels (bases de données, connexions, systèmes d'information…). Ce qui les caractérise semble être également leur fonction : la diffusion de l'information et la communication, permise par la mise en réseaux, puis par l'arrivée d'internet. Les TIC ont donné lieu à des interrogations et des travaux importants en sociologie française dès le début des années 1990, qui ont permis d'analyser les transformations du travail et des organisations en lien avec ces nouveaux outils. Nous reviendrons largement dans le premier chapitre sur ces travaux, en montrant comment ces débats prennent place dans une tradition d'interrogations sur les techniques qui a été centrale en sociologie du travail (Dagiral, Martin, 2017).

Aujourd'hui, le terme de numérique semble avoir progressivement remplacé celui de TIC, auprès du grand public comme dans la littérature académique, pour désigner les outils introduits récemment dans la sphère professionnelle, qu'il s'agisse de nouveaux équipements matériels (smartphones, tablettes…) ou des contenus (applications, dispositifs de travail de type collaboratifs ou à distance, objets connectés, réalité augmentée…) qui intègrent notamment des algorithmes et se fondent sur un couplage toujours plus poussé de technologies. Mais malgré son ancienneté dans le monde des informaticiens, l'apparition massive du terme « numérique » et de son homologue « digital » dans la presse française généraliste ou spécialisée est récente. L'année 2013, qui a vu un grand nombre de dirigeants français se déplacer au CES, *Consumer Electronics Show*, salon de l'électronique grand public qui se tient annuellement à Las Vegas, aura marqué une année charnière dans la diffusion du terme « digital » (Ughetto, 2018a).

De toute évidence, le terme de numérique élargit le spectre des technologies concernées : si les robots ou les automates, par exemple, sont exclus des TIC, puisqu'ils visent plus que la circulation d'information et la communication, ils relèvent bien des technologies numériques.

Étymologiquement, le terme de numérique porte en lui, bien sûr, l'idée de nombre, de chiffres et de calcul. En cela, il s'inscrit dans la longue histoire des « machines à calculer » (Breton, 1990). Le numérique s'oppose, en effet, à analogique et renvoie en informatique à la représentation binaire des données, indissociable du codage informatique. Le terme de digital, d'origine anglo-saxonne, est proche du français numérique, puisque *digit* signifie chiffre en anglais[1]. Pour Pascal Ughetto (2018a), « d'une certaine manière le digital est au numérique ce que le management est à la gestion : une substitution du mot américain à sa traduction française, mais non sans véhiculer une connotation, un apport sémantique supplémentaire » (p. 19).

Fortes de ces constats, nous nous intéressons dans cet ouvrage davantage aux évolutions des *usages* des dispositifs numériques (qu'on les nomme TIC, outils numériques ou digitalisation), qu'aux transformations de leur matérialité (équipements, logiciels, programmes...). Ce terme d'usage, dont on verra qu'il est très générique et recouvre en sciences sociales des approches différentes (Jouët, 2000 ; Proulx, 2015), nous servira de guide dans nos interrogations sur les transformations du monde du travail en lien avec le numérique.

Par ailleurs, face à l'impossibilité de faire un panorama exhaustif des effets du numérique dans le travail en fonction des métiers, puisque celui-ci touche presque la totalité des activités et une grande variété de situations (pratiques des enseignants, du personnel médical, des journalistes, des transporteurs routiers, des ouvriers des entrepôts et des usines, etc.), nous privilégierons non pas une entrée par « métier » ou par « activité », mais nous nous intéresserons principalement aux questions d'organisation du travail en lien avec le numérique. Ce choix nous conduira à nous concentrer sur les dimensions individuelles, collectives et organisationnelles des activités principalement exercées en entreprise ou dans des administrations, même si, bien sûr, la digitalisation concerne une plus grande palette de situations.

Les usages du numérique dans la sphère professionnelle et, particulièrement dans les entreprises, peuvent s'analyser dès lors à différents niveaux. À l'échelle macro, on pourrait dire que ce sont les fameux GAFAM (Google, Amazon, Facebook, Apple, Microsoft) ou leurs homologues plus récents (Uber, Delivroo Airbnb, Le Bon Coin) qui font usage du numérique pour transformer l'économie ou, du moins, des secteurs entiers comme le transport de personnes, la livraison, l'hôtellerie ou la grande distribution, remettant en cause les lignes de démarcation jusqu'ici bien établies entre les entreprises des secteurs traditionnels et celles du secteur du numérique. À l'échelle des entreprises elles-mêmes,

1. Bien sûr étymologiquement, « digit » vient du latin *digitus*, c'est-à-dire le doigt, ce qui explique une confusion courante associant digital et interface tactile. Il semblerait en fait que la formation du mot *digits en* anglais (les chiffres) se fonde sur l'association de chiffre et doigt par la simple idée que l'on compterait sur les doigts...

les directions d'entreprises voient dans le numérique un moyen de repenser leur stratégie et leur « cœur de métier » : les « compteurs intelligents » dans le secteur de l'énergie ou la « voiture connectée » dans le secteur de l'automobile montrent bien qu'il ne s'agit plus pour ces entreprises de produire de l'électricité, du gaz, ou des véhicules, mais de fabriquer des données, de nouvelles pratiques, de nouvelles manières de consommer ou de se déplacer (Ughetto, 2018a). Aurélie Dudézert (2018) souligne à cet égard que, si « les tenants et les aboutissants de cette transformation digitale sont encore assez mal définis », elle est néanmoins « vécue comme un processus global de transformation de l'entreprise qui la conduit à revoir ses modalités de collaboration avec ses clients, ses processus de travail internes et parfois même son *business model* » (p. 13).

Ainsi, l'analyse des usages du numérique au travail a besoin de se faire aussi à une échelle plus méso ou micro, en s'intéressant à la manière dont ces dispositifs sont introduits, utilisés, à la manière dont les salariés s'en saisissent, les contournent et interagissent avec eux. C'est ce niveau d'analyse qui nous intéresse particulièrement ici, même si la question de l'inscription de ces usages micro dans des enjeux macro-économiques ne sera pas omise de nos interrogations.

Or la littérature récente semble donner un éclairage central aux questions macro-économiques (notamment autour des questions d'emploi), alors que ce sont les usages à une échelle organisationnelle que nous souhaitons privilégier.

2. Des interrogations sur l'avenir du travail et de l'emploi

Les répercussions du numérique sur les questions d'emploi nourrissent, en effet, une littérature foisonnante, tantôt alarmiste, tantôt nuancée, sur laquelle, bien qu'elle ne soit pas au cœur de cet ouvrage, nous pouvons revenir rapidement. Les études et rapports se multiplient proposant un état des lieux ou des visions plus prospectives sur le « futur du travail », en France comme à l'étranger.

Deux grandes questions occupent le devant de la scène : l'une interroge l'avenir du travail et l'évolution du volume d'emplois, ainsi que leur niveau de qualification, alors que l'autre porte sur la disparition du salariat et l'émergence de nouvelles formes d'emploi.

Vers la fin du travail ? Entre scénarios de substitution et de compensation

Les travaux relatifs aux effets du progrès technique sur l'emploi ne sont pas nouveaux. Les débats tiennent, au risque de les schématiser, autour de quelques questions : l'augmentation de la productivité du travail réduit-elle mécaniquement les emplois jusqu'à provoquer la « fin du travail » (Rifkin, 1996) ou bien, selon l'approche schumpetérienne, le progrès génère-t-il de nouvelles innovations qui ouvrent de nouveaux débouchés ou de nouveaux besoins ? La suppression d'emplois dans certains secteurs économiques et avec un certain niveau de qualification sera-t-elle compensée par la création de gisements d'emplois dans d'autres secteurs (Sauvy, 1980) ? Depuis le début des années 2010, se multiplient les études, rapports et recherches tentant de prédire les effets de la digitalisation sur ce point. Parmi ceux-ci, les travaux de deux chercheurs de l'université d'Oxford, Carl Benedikt Frey et Michael A. Osborne (2013), prédisant la disparition de la moitié des emplois en une vingtaine d'années, ont donné lieu à de vives controverses. D'autres chercheurs ont contesté ces données, arguant que, dans les faits, on ne constate pas de diminution des emplois avec l'automatisation (Autor, 2015). Sans entrer ici dans une bataille de chiffres, on peut souligner les limites des études prospectives sur plusieurs points. Tout d'abord, ces travaux font preuve d'un certain déterminisme technique, puisqu'ils donnent à la technologie (qui apparaît alors comme une « boîte noire » dont on ne sait pas toujours ce qu'elle recouvre précisément) la capacité d'entraîner mécaniquement des effets inéluctables sur certaines activités (selon leur degré de substituabilité par la technologie, degré défini en fonction du caractère routinier des tâches, mais aussi du degré de créativité, de prévisibilité, ou de la part de relationnel attendue dans l'exercice de telle ou telle activité). Ensuite, ces études ne tiennent pas compte des variables comme la vitesse de diffusion des technologies, leurs évolutions (qui dépendent de l'évolution des usages et des besoins) et, surtout, de la capacité d'adaptation ou d'appropriation de ces technologies par les travailleurs dont le contour des activités évolue et se redéfinit avec les usages (Valenduc, 2017). Ainsi, d'autres auteurs (Arntz, Gregory, Zierahn, 2017) ont montré que les études d'impact doivent tenir compte de la forte hétérogénéité du contenu des emplois : ceux-ci ne sont pas réductibles à une somme de tâches substituables, mais à leur agencement, qui va dépendre lui-même du positionnement de l'activité dans l'organisation, des compétences (évolutives) des travailleurs, des collectifs de travail existants, etc.

Ces résultats nous invitent bien à entrer dans la « boîte noire » des techniques comme dans celle de l'organisation du travail et des activités pour mieux comprendre, dans une approche dynamique, ce qui se joue autour de la digitalisation.

La fin du salariat et l'émergence de nouvelles formes d'emploi

L'autre grande question très médiatisée sur les « effets » du numérique sur le travail et l'emploi porte sur les mutations des statuts d'emploi. Sur ce point encore, la question de savoir si la société salariale est en train de s'effriter ou de se recomposer n'est pas nouvelle (Castel, 1995), mais la digitalisation vient alimenter et prolonger ces débats de nouvelles expériences, notamment avec l'émergence de l'économie des plateformes et, à partir de 2015, par la diffusion de la notion d'« ubérisation ».

L'économie des plateformes, parfois qualifiée de « capitalisme de plateforme » (Abdelnour, Bernard, 2018), désigne la mise en relation, via l'intermédiaire de plateformes numériques, d'une offre et d'une demande de biens et de services. Cette nouvelle forme d'intermédiation pose plusieurs questions. Tout d'abord, la mise en relation de particuliers (conducteurs de véhicules, propriétaires de biens immobiliers, etc.) interroge l'avenir des intermédiaires traditionnels (hôtelier, taxis...), comme nous l'avons mentionné plus haut. Au-delà, elle pose la question de la captation de la valeur générée par ces consommateurs qui alimentent ces plateformes de contenus (par leurs profils, la présentation de leurs biens...) et de données (à chaque utilisation de ces plateformes). Les contenus et les données sont en effet récupérés, traités et exploités par les sociétés détentrices des algorithmes, qui orchestrent la rencontre entre l'offre et demande. Dès lors, les consommateurs peuvent être qualifiés de « travailleurs gratuits » puisqu'ils génèrent à leurs dépens de la connaissance et de la valeur pour les plateformes. Facebook, Airbnb ou Le Bon Coin n'ont de valeur que par le contenu généré par des internautes qui alimentent ces sites gratuitement.

Certaines plateformes ont, par ailleurs, un modèle différent : elles font travailler des « indépendants » inscrits souvent au régime de micro-entrepreneurs (Abdelnour, 2017) pour répondre aux demandes des consommateurs (chauffeurs, livreurs...), ou bien pour modérer les propos des internautes sur les réseaux sociaux, ou encore améliorer les capacités des systèmes d'intelligence artificielle (en entraînant et en aidant les automates à être plus performants en reconnaissance vocale, traitement d'images, de requêtes, etc.). L'essor de ces activités, rétribuées à la tâche (Casilli, 2019) et avec des niveaux de rémunération très faibles, engendre le risque de fragiliser une partie des travailleurs aux statuts flous, sans protection sociale, qui ne sont ni salariés, ni vraiment indépendants (au sens où leur activité est liée à un ou plusieurs donneurs d'ordre dans un rapport de force très inégal).

Les débats sur les contours et les enjeux du « *digital labor* », terme proposé par Scholz en 2012 pour désigner l'ensemble de ces tâches effectuées autour du numérique, sont nombreux (Cardon, Casilli, 2015). Comment qualifier ces activités et ces travailleurs ? Est-ce du salariat déguisé, une nouvelle forme d'exploitation qui fait supporter à notre société le risque du « précariat » ? Les « tâcherons du web » sont-ils comparables aux travailleurs qui louaient au XIXe siècle leur force de travail à la journée sans garantie, ni protection, ou bien les micro-entrepreneurs sont-ils des travailleurs nouveaux en quête d'indépendance et parfois de réalisation de soi, trouvant dans les plateformes un moyen d'exercer une activité qui leur fournit une rémunération complémentaire sans engagement, ni contrainte (Beauvisage *et al.*, 2018) ?

La plupart des recherches soulignent, quoi qu'il en soit, le besoin de réguler, de donner un cadre juridique et les moyens d'une mobilisation collective à ces travailleurs face à la gouvernance des algorithmes (Abdelnour, Méda, 2019 ; Folbre, 2013).

3. Le numérique au travail, renouvellement des outils et nouvelles interrogations

Face à ces bouleversements, l'ouvrage présent propose d'interroger les évolutions qui concernent le fonctionnement interne des organisations. Que se passe-t-il au juste dans les entreprises, aujourd'hui ? Les évolutions du marché du travail et des formes d'emploi que l'on vient de mentionner ont des répercussions fortes sur l'organisation du travail et prolongent les tendances déjà amorcées dans les entreprises depuis des années : flexibilité croissante du travail (qui se traduit par une plus grande variabilité des temps de travail, de la rémunération, une exigence de polyvalence, de mobilité et d'adaptabilité de la part des travailleurs...), porosité des frontières des entreprises, le besoin d'évolution des emplois et des qualifications...

Ces questions ont pu faire l'objet, comme nous le verrons dans la première partie, d'une littérature abondante au début des années 2000, interrogeant l'émergence de nouveaux modèles productifs et de nouvelles formes d'organisation du travail. Or, depuis, les travaux sur le sujet ont été plus épars (sans doute du fait de la centralité des nouvelles interrogations que l'on vient de mentionner sur l'emploi). Paradoxalement, la sociologie générale, qui a fait preuve longtemps d'un certain « embarras devant les techniques » (Dagiral, Martin, 2017), semble aujourd'hui marquée par un regain d'intérêt pour le numérique depuis quelques années (Boullier, 2016 ; Beuscart *et al.*, 2019 ; Cardon, 2019). Mais cette sociologie du numérique offre peu de place aux questions sur le numérique au travail et, particulièrement, dans les organisations traditionnelles comme les grandes ou moyennes entreprises.

Pourtant les interrogations ne manquent pas sur le sujet : les salariés sont-ils plus autonomes grâce aux outils de communication ? Comment évoluent le rôle des managers et les modes d'organisation du travail ? Les espaces et les temps de travail se recomposent-ils ? De nouveaux métiers émergent-ils ? Comment faire face au renouvellement permanent des outils, à leur sophistication croissante ?

Étudier le numérique au travail suppose de tenir compte avant tout de la variété des outils qui sont diffusés aujourd'hui en entreprise. Trois grandes catégories sont couramment utilisées pour distinguer ces outils (Boboc, 2017 ; Mallard, 2011a) :

- on identifie, d'une part, les outils de gestion, c'est-à-dire les dispositifs qui s'articulent à des modes d'organisation du travail fondés sur la centralisation et l'homogénéisation, voire la standardisation des process. On désigne particulièrement par ce terme les outils qui, dès les années 1990, ont accompagné un mouvement de rationalisation des différentes activités et fonctions de l'entreprise (ressources humaines, logistique, relation client, etc.) comme les systèmes informatiques d'entreprise intégrés (ERP – Enterprise Ressource Planning) ;
- les outils de communication, d'autre part, sont ceux qui facilitent les échanges d'informations. Si le mail reste le dispositif emblématique des échanges numérisés et demeure central en entreprise, on peut dire que les outils de communication se diversifient aujourd'hui, en rendant les échanges plus instantanés (SMS, applications de messageries instantanées...) et permettent d'articuler échanges de textes, de documents, mais également échanges audio ou visiophoniques ;

– les outils de travail collaboratifs, enfin, promus comme des vecteurs d'innovation et de créativité, qui se sont diffusés massivement ces dernières années (wiki, plateformes, réseaux sociaux internes…), permettent d'échanger et de s'organiser parfois en « communautés », autour d'un sujet donné, de travailler à plusieurs sur un même document partagé, qu'il s'agisse de concevoir, d'écrire, de planifier une réunion ou de stocker dans un espace accessible à un ensemble de personnes des ressources communes.

Madeleine Besson et ses collègues (2017) soulignent que ces dispositifs permettent trois évolutions majeures dans l'organisation du travail et de la production : le numérique permet l'automatisation des tâches (le fait que les machines ou automates se substituent à l'homme pour certaines activités), ensuite, la dématérialisation (le fait que la communication et les services ne passent plus par des flux et des échanges physiques, mais immatériels) et, enfin, la désintermédiation (ou la réintermédiation) qui organise les appariements ou la mise en relation des acteurs via des plateformes ou avec l'aide d'algorithmes, notamment. Ces trois évolutions sont alignées sur les trois catégories d'outils mentionnées ci-dessus : l'automatisation, comme suite logique des changements engendrés par les systèmes informatiques d'entreprise intégrés, la dématérialisation, soutenue par l'essor des outils de communication et la désintermédiation, comme réponse au développement des outils collaboratifs (qui intègrent, par exemple, des marchés de compétences, des cartographies visant l'entrée en contact entre les acteurs…).

En donnant à voir une grande variété de situations où le numérique vient bousculer l'organisation du travail, dans des formes souvent inachevées, en tension, dans des mouvements qui touchent à l'activité, au management, aux structures organisationnelles et aux formes de régulation de ces activités, nous souhaitons, dans cet ouvrage, faire une présentation des débats sur le numérique au travail permettant de prendre du recul par rapport à des discours présents en entreprise.

4. Périmètre et organisation de l'ouvrage

Cet ouvrage est conçu pour offrir un panorama des recherches récentes sur la manière dont le numérique transforme les activités de travail, leur organisation individuelle et collective, le renouvellement des formes de pouvoir, les transformations de certains métiers au sein des entreprises.

Loin d'apporter une vision unique des transformations à l'œuvre, on en souligne l'ambivalence et les tensions que cela génère en matière de travail, entre autonomie et contrôle, nouveaux collectifs et isolement, injonction à collaborer et responsabilisation individuelle. Il s'agira également de dégager des enseignements généraux sur les conditions d'introduction du numérique en entreprise, les outils de régulation à construire, la construction de sens sur les transformations organisationnelles et leur accompagnement.

Le chapitre 1 replace ces questions actuelles dans les débats plus anciens qui ont animé la sociologie et l'étude des liens entre techniques et organisation. À travers un aperçu de quelques questions de recherche ayant traversé les décennies, reformulées au fur et à mesure que les outils techniques évoluent, il s'agit de montrer la permanence et le renouvellement des interrogations qui portent, d'une part, sur le caractère structurant des outils de gestion dans les entreprises (autrement dit, y a-t-il un déterminisme technique ou ces outils sont-ils, à l'inverse, plastiques et adaptables aux projets organisationnels ?) et, d'autre part, sur la nature des transformations de l'activité de travail et des formes organisationnelles. Ce chapitre pose les bases théoriques qui sous-tendent l'ouvrage dans son ensemble.

Le chapitre 2 offre des éléments de cadrage sur la diffusion actuelle du numérique et sa portée. À partir des données d'enquêtes récentes, sur les disparités ou inégalités d'équipement et d'usage dans les sphères personnelles et professionnelles, on montre les conditions socio-organisationnelles qui façonnent les usages du numérique en entreprise, le poids des représentations autour des usages du numérique et leur caractère performatif. Le chapitre permet également de souligner les effets des politiques d'entreprises en matière d'équipement, de formation, d'accompagnement, de management sur les inégalités face au numérique.

Les chapitres suivants entrent dans l'analyse des grandes transformations du monde du travail par des questions de recherche qui ont émergé avec la diffusion des trois types d'outils numériques que nous avons relevés plus haut : outils de communication, de gestion et outils collaboratifs. C'est la question des transformations des espaces et des temps qui ouvre ces interrogations (chapitre 3), en analysant tout d'abord les évolutions des conditions de réalisation des activités avec la diffusion des outils numériques : les questions de dispersion, fragmentation, multi-activité y sont discutées. En élargissant aux évolutions des temporalités au travail, le chapitre explore ensuite le brouillage des frontières entre sphères privée et professionnelle, en analysant les effets du télétravail et en décortiquant les pratiques de connexion continue. Les éléments apportés concernent non seulement les salariés, mais aussi les managers, et soulignent, notamment, les changements en termes de régulation managériale. Le dernier angle d'analyse est celui du développement du travail en dehors du lieu de travail principal (nomadisme, mobilité et télétravail). Cette partie s'attarde aussi sur les discours liés à la « culture digitale » et aux nouveaux espaces de travail et présente, dans ce sens, les espaces de coworking.

Le chapitre 4 porte sur les outils de gestion. Ceux-ci ont été massivement déployés dans les années 1980 et 1990, en parallèle de la diffusion de nouveaux modes d'organisation du travail (organisation par projet, toyotisme, lean production, etc.). Ces évolutions ont-elles permis aux grandes entreprises d'être plus flexibles, réactives, ou encore de se favoriser l'autonomie et les démarches participatives ? Une première partie rappelle les ambitions de ces outils, mais aussi leurs limites, conduisant à la diffusion de formes organisationnelles chargées d'ambivalences et de contradictions, entre autonomie et contrôle, isolement et émergence de nouveaux collectifs, procéduralisation et agilité organisationnelle. La tentation de la rationalisation a plutôt conduit à une forme de néo-taylorisation que de sortie du modèle taylorien et fordiste. En se penchant ensuite sur les dernières innovations technologiques (cloud, *big data*, réalité augmentée ou autres outils de virtualisation), présentées comme les emblèmes de « l'usine du futur », on s'interroge là encore sur la rupture ou la continuité avec les modes de fonctionnement de l'industrie et des services des décennies précédentes. Les questions relatives à la déqualification des travailleurs, l'intensification du travail, la responsabilisation, la généralisation de contrôle et l'exigence d'engagement subjectif sont autant de points d'attention qui nuancent l'enthousiasme des discours autour de « l'usine 4.0 ».

Les transformations du travail liées aux outils dits collaboratifs font l'objet du chapitre 5. Nous y retraçons une histoire succincte de ces dispositifs en deux temps. Dans les années 1990, les enjeux et limites des premières « machines à coopérer » (notamment les *groupware*) entretenaient une grande proximité avec les outils de gestion, engendrant les mêmes constats sur leur difficulté à favoriser les interactions et à fluidifier la circulation d'informations malgré les annonces de « décloisonnement ». La nouvelle génération d'outils collaboratifs qui émerge dans les années 2010 renouvelle ces questions en permettant de nouvelles formes de collaboration fondées sur la désintermédiation et le « réseautage » au sein des entreprises (avec la diffusion des réseaux sociaux internes, wiki, espaces partagés, « communautés en ligne », etc.). Cette fois, c'est la question de l'inscription dans les logiques professionnelles et organisationnelles de ces dispositifs qui se pose et qui demeure la pierre d'achoppement de ces outils ambitieux. La mise en visibilité de soi, de ses relations et de ses opinions n'est pas sans poser problème dans un univers hiérarchisé, régulé et pétri de rapports de force.

Les deux derniers chapitres offrent un regard spécifique sur les transformations de deux fonctions particulièrement soumises à des évolutions en lien avec le numérique : la fonction Ressources humaines et celle de la vente et du marketing. Le chapitre 6 retrace brièvement l'histoire de la fonction RH, en lien avec la « gestionnarisation » croissante des entreprises et les discours sur l'autonomisation des salariés, pour mieux illustrer la place occupée par les outils numériques (en allant des bases de données à l'intelligence artificielle) dans la recomposition de cette fonction. Il présente, d'une part, les transformations numériques des processus de recrutement et de mobilité professionnelle et, d'autre part, la numérisation de la formation professionnelle, aussi bien du côté des apprenants que du côté des formateurs. Il pointe le risque d'éloignement croissant du travail réel avec l'utilisation des algorithmes dans les processus RH et la quantification des compétences, sorties, à cet effet, de leur contexte. Il éclaire aussi les tensions au niveau de l'identité des formateurs et la possible évolution du rapport aux savoirs. Il fait une large place aux inégalités que ces dispositifs numériques peuvent engendrer dans la formation des salariés et aux conditions socio-organisationnelles d'absorption de ces inégalités, en démontrant que celle-ci ne dépend pas uniquement de la capacité des individus, mais aussi de l'organisation du travail et de la formation, étant donné que les dimensions numériques, pédagogiques, collectives et organisationnelles de la formation sont fortement entremêlées.

Le dernier chapitre (chapitre 7) met l'accent sur les transformations liées aux usages du numérique dans les métiers en contact avec les clients des entreprises. En s'intéressant particulièrement aux métiers du marketing et de la vente, nous montrons la manière dont le numérique peut venir transformer ces activités et leur position dans l'organisation. L'accès aux données sur les clients et leur traitement marketing a déstabilisé, dans les années 1990 et 2000, l'activité des vendeurs comme celle d'autres fonctions dites « de la relation client » (marketing, centres d'appels, réclamations...). Avec l'essor de la vente en ligne et l'articulation de différents canaux de vente jusqu'ici cloisonnés, mais plus encore avec les technologies issues du *big data*, les métiers de la vente connaissent de nouvelles recompositions, conduisant le vendeur à « vendre » (au sens de conseiller, orienter l'acte d'achat) sans vendre (au sens où l'achat peut être réalisé sur un autre canal). En parallèle, d'autres métiers apparaissent, comme celui de *community manager* ou de *webconseiller* dont le positionnement et les pratiques de vente ou de communication renouvellent l'univers de la « relation client ».

À rebours des annonces enthousiastes ou à l'inverse alarmistes sur l'introduction de tel ou tel dispositif présenté comme nouveau, révolutionnaire ou « en rupture », nous nous attachons à montrer la permanence et la continuité des technologies (résultant plus souvent des évolutions incrémentales que de « sauts technologiques »), mais aussi le nécessaire recul à avoir face aux prédictions sur les effets à venir du numérique. L'ouvrage engage enfin, en mettant en avant les latitudes décisionnelles face au numérique, à créer les conditions pour que les transformations à venir soient conformes à des souhaits et choix de société assumés et non subis.

Chapitre 1

Numérique et organisations, qui structure qui ?

La diffusion du numérique au travail est un sujet qui semble récent. Les réseaux sociaux, les MOOC, l'intelligence artificielle ou les *big data* sont au cœur de l'actualité et engendrent des interrogations et réactions qui semblent résolument nouvelles, sinon inédites. Pourtant, relire des travaux pionniers sur la bureautique en entreprise (Alter, 1985), les machines-outils à commande numérique dans l'industrie (Eyraud *et al.*, 1984) ou sur les premiers « systèmes experts » (Hatchuel, Weil, 1992) permet de se rendre compte à quel point les débats des années 1980 et 1990, loin d'être dépassés, éclairent les interrogations actuelles. Les outils évoluent, les activités, les contextes changent, les organisations semblent en perpétuel mouvement, mais les débats s'ancrent dans une histoire ancienne et des travaux foisonnants en sociologie du travail. On peut même dire que les premiers travaux de Georges Friedmann (1950) ou de Pierre Naville (1963) sur le machinisme et les effets de l'automation et de la rationalisation dans l'industrie, qui ont fondé la sociologie du travail française et sont au cœur de son développement, ont ouvert un débat jamais clos sur les transformations du travail ouvrier et l'organisation du travail en lien avec les techniques.

Ces travaux anciens permettent de comprendre qu'étudier le numérique au travail ne saurait se réduire à une analyse ni des technologies en elles-mêmes, ni de la manière dont elles sont utilisées, mais de considérer le numérique, d'une part, et les usages, d'autre part, dans leur contexte socio-organisationnel et socio-économique. C'est cette lecture qui guide l'ensemble de cet ouvrage. Nous précisons et étayons ici cette posture en rappelant que les technologies ne sont ni extérieures aux transformations sociales, ni pour autant déterminantes ou structurantes sur les pratiques et, partant, nous privilégions une analyse qui s'intéresse aux dynamiques technico-organisationnelles et aux conditions dans lesquelles elles se réalisent.

Le déterminisme technologique est le fait d'attribuer à la technique des effets inéluctables, inscrits dans la logique même des innovations et donnant un « sens » ou une orientation claire aux transformations à l'œuvre. Ce déterminisme conduit à s'intéresser aux effets « induits » par les techniques sur les transformations de la société, les comportements individuels ou collectifs, l'offre ou la demande de biens, ou encore l'organisation du travail.

Cette manière de penser, qui a été très présente en économie comme en histoire ou en sociologie, que cela soit dans sa version « technophile », pour vanter les « bienfaits » des progrès techniques (McLuhan, Fiore, 1967 ; Hofstadter, 1979) ou dans sa version « technophobe » ou « technocritique » (Habermas, 1973 ; Ellul, 1988), pour mettre en garde contre leurs effets délétères, s'inscrit dans une tradition qui remonte à Marx. Ce dernier avait, dans une formule célèbre, attribué aux modes de production une capacité à transformer les rapports sociaux : *« Le moulin à bras vous donnera la société avec le suzerain ; le moulin à vapeur avec le capitalisme universel »* (Marx, 1847). Cette pensée a imprégné fortement la littérature sociologique des années 1950 et 1960 (Flichy, 1995 ; Maurice, 1980 ; Chiapello, Gilbert, 2013). Encore aujourd'hui, alors que les sciences humaines sont largement revenues sur cette approche déterministe, on ne peut que constater le nombre de travaux, rapports, études ou essais qui proposent de mesurer les « impacts » du numérique. Ce terme, non seulement véhicule implicitement une vision « balistique » des technologies assimilées à des armes, mais il induit une représentation linéaire et unilatérale de la manière dont les outils techniques transforment les espaces où ils se diffusent. Cette vision témoigne sans doute du caractère fascinant de la technique et de la tentation d'en faire une variable explicative de nos sociétés et de nos modes d'organisations.

Si le déterminisme technique a fait l'objet de critiques fortes et rapides, une des difficultés qui se présente en sciences sociales est de comprendre pour autant clairement les liens complexes qui se nouent entre technique et société. Ainsi, toutes les critiques du déterminisme technique ne se fondent pas sur les mêmes arguments et n'en parviennent pas toutes aux mêmes conclusions (Alsène, 1990). On peut ainsi distinguer les critiques qui portent, d'une part, sur le caractère prétendument exogène des technologies (comme si celles-ci étaient indépendantes du contexte social dans lequel elles sont pensées et diffusées) et, d'autre part, celles qui discutent l'idée selon laquelle une technique imposerait des modes d'utilisation et d'organisation sans pouvoir être (re)façonnée par la pratique. Ces approches regrettent, par extension, l'absence de participation des « profanes » – citoyens, usagers, clients, consommateurs, employés, etc. – à la définition des choix techniques majeurs. La première série de critiques va plutôt s'intéresser à la conception des technologies, leur émergence dans le champ des innovations et la manière dont elles sont présentées et représentées sur le marché des techniques (1), puis dans les organisations (2). La deuxième série de critiques s'intéresse davantage aux usages, c'est-à-dire au processus d'appropriation et à la manière dont les technologies sont mobilisées par des individus et des collectifs de travail (3) et les dynamiques organisationnelles qu'elles peuvent engendrer en retour (4).

1. Appréhender la technologie comme un construit social

1.1. La technologie, portée par des discours idéologiques et inscrite dans des rapports sociaux

Une première critique du déterminisme technologique consiste à affirmer que les technologies ne sont ni neutres, ni extérieures au contexte dans lequel elles sont conçues, mais qu'elles sont davantage le produit des rapports sociaux qu'un élément qui leur serait étranger, surplombant et indépendant.

En retraçant l'histoire des machines-outils à commandes numériques, David Noble (1995) a ainsi montré comment celles-ci ont été conçues en réponse à des enjeux sociopolitiques et macro-économiques forts (affaiblissement des syndicats, transfert du pouvoir des ouvriers vers les cadres et ingénieurs de conception…). Pour lui, les technologies servent des intérêts plus qu'elles ne provoquent des effets. Elles sont modelées par des idéologies et des rapports de force (fascination pour la robotisation, obsession des gains de productivité, de la surveillance et du contrôle).

Elles assoient la domination des industriels, politiques, propriétaires de capitaux et ne naissent donc ni du hasard, ni du « cours de l'histoire », mais répondent à des finalités bien comprises. Mais ces enjeux, s'ils sont partagés, ne sont pas forcément explicites : ils sont portés par un discours idéologique qui trouve écho dans les représentations ou l'imaginaire des ingénieurs, par exemple (qui évoluent dans un contexte socio-économique donné), sont socialisés à ces principes, agissent selon leur éthos professionnel acquis au cours de leur formation (par exemple, une certaine « culture technicienne »), et ont intériorisé les rapports de pouvoir qui influencent leurs choix techniques. La technique n'est donc rien sans le discours qui l'accompagne et la légitime. Lucien Sfez (2002) avançait ainsi que les discours sur la technique sont résolument politiques et permettent de « substituer à la fiction de la technique le sérieux de sa prétendue objectivité. En se réclamant de l'histoire, de l'épistémologie, de la socio-anthropologie, de l'éthique ou de la philosophie, ce qui est mis en place est un discours direct, des choses elles-mêmes… comme s'il ne s'agissait pas d'intermédiaires, de distance » (p. 66). Les objets cacheraient ou incorporeraient idéologies, enjeux politiques et rapports de domination.

Cette critique du déterminisme propose une prise de distance et la déconstruction du discours qui accompagne les innovations, les rendent neutres en apparence, issues seulement des potentialités offertes par les inventions techniques.

Analyser les stratégies discursives autour des nouveaux outils numériques

L'analyse récente de Marcela Patrascu et Florian Hémont (2019) illustre cette vision. Les auteurs décrivent le BIM (*Building Information Modeling*), nouvelle méthode de travail qui, dans le bâtiment, est censée permettre la collaboration des différentes parties prenantes autour d'une maquette virtuelle (qui sera détaillée au chapitre 4). Les chercheurs montrent l'idéologie véhiculée par les discours présentant cette nouvelle technique comme « incontournable », en rupture avec les méthodes anciennes et rigides du bâtiment. Cette stratégie discursive relayée par une profusion de rapports, livres blancs et autres publications en provenance d'institutions publiques (ministères, organismes de recherche…) et privées (grands groupes du secteur du bâtiment, syndicats professionnels…), incite les entreprises du secteur à « passer au BIM », présenté comme un remède à la crise du secteur, aux faiblesses liées au manque de coordination, permettant des gains en termes de qualité, de sécurité, mais aussi de rationalisation gestionnaire et de planification

> parfaite. Selon les auteurs, les discours sont d'autant plus efficaces qu'ils sont portés par un imaginaire qui peu à peu s'autonomise de ceux qui en sont à l'origine. Ils deviennent des normes et se traduisent par une injonction forte, mais aussi une conviction partagée selon laquelle l'adoption de la méthode BIM est inéluctable et source de progrès. Les chercheurs voient, à travers ce cas, l'illustration des travaux de Cornelius Castoriadis (1975) qui attribuait à l'imaginaire institué dans les techniques une capacité à s'autonomiser et produire des formes d'aliénation : « l'imaginaire devient aliénation pour autant qu'il s'autonomise, et qu'il définisse pour nous la société et la réalité de son désir » (cité par Patrascu, Hémont, 2019).

On pourrait trouver, d'une certaine manière, paradoxal ce type de critique du déterminisme technique, puisqu'elle présente le risque de tomber dans le travers inverse, celui du « déterminisme social », prêtant aux rapports sociaux inscrits dans la technique la même capacité de produire des effets qui s'imposent, en minimisant la capacité d'action ou d'adaptation des décideurs en entreprise ou des usagers finaux face à la logique implacable des technologies (Alsène, 1990). En voulant affirmer que les phénomènes sociaux sont déterminants (et réaffirmer par là l'un des principes fondateurs de la sociologie), certains travaux sociologiques ont pu, au fond, garder un angle mort sur l'analyse des usages et aussi de la technique elle-même.

1.2. La technologie inscrite dans un système socio-technique

La littérature (notamment en sociologie de l'innovation et en sociologie des sciences et techniques), qui fait porter son analyse davantage sur les interactions à l'œuvre dans les processus de conception, nuance ce constat. Comme l'écrit Patrice Flichy (1995), il s'agit pour ces courants davantage de montrer que « l'histoire de la technique et de ses usages se construit selon trois lignes entremêlées : celle du hasard, de la nécessité et du vouloir humain, individuel et collectif ». Pour cet auteur, la genèse des outils est avant tout l'histoire de la rencontre entre plusieurs intentionnalités portées par différents acteurs, façonnées par des « imaginaires techniques » différents, et dont la rencontre ou la confrontation vont permettre d'élaborer un « cadre de fonctionnement » d'une technique, c'est-à-dire un ensemble de caractéristiques (fonctionnalités, design) qui cristallisent cette élaboration conjointe et lui donnent une matérialité. Cette vision, qui rompt avec une lecture en termes de domination et de rapports sociaux, est celle de la sociologie dite « pragmatique », notamment représentée par la sociologie de la traduction ou théorie de l'acteur réseau, issue des travaux du Centre de sociologie de l'innovation de l'École des Mines, et qui connaît un succès très important depuis les années 1990 (Akrich, Callon, Latour, 2006). Celle-ci défend également que l'innovation suit un processus non linéaire, et même « tourbillonnaire ». Leur méthode consiste à « entrer dans la boîte noire des techniques » pour identifier les étapes de leur conception, les acteurs impliqués, les documents, outils, artefacts mobilisés pour avancer dans la conception et convaincre de l'intérêt de l'innovation. Dans un texte fondateur, Madeleine Akrich, Michel Callon et Bruno Latour (1989) illustrent par de nombreux exemples le fait que le succès des innovations ne viendrait pas de la coalition de quelques dominants, pas plus qu'il ne tiendrait à un inventeur génial et visionnaire, ou au fait que les technologies seraient une réponse parfaite à un besoin latent. Les innovations sont, en fait, le fruit de longs processus impliquant un grand nombre de personnes et d'objets aux statuts extrêmement divers, des experts techniques aux utilisateurs, en passant par les scientifiques. Le processus d'innovation est fait de petites décisions, d'arrangements, d'alliances ou « d'intéressement » entre ces acteurs. À chaque étape de ce processus, l'innovation se forme, se déforme, se « déplace » jusqu'à ce qu'elle se stabilise et trouve son marché. Au final, « c'est toute une machination socio-technique qu'il s'agit où l'innovateur (collectif) joue en permanence sur les deux registres, celui de la société et celui de la technique. Toute analyse, tout jugement qui ne restitue pas cette co-évolution de l'objet et de **sa** société (...) serait de peu d'utilité » (Akrich *et al., op. cit.*, p. 5, en gras dans le texte). On voit que la vision défendue ici est celle d'une technologie dont le sens et la finalité ne sont pas prédéterminés, mais se construisent progressivement, attestant de la « flexibilité interprétative » des technologies (Pinch, Bijker, 1984).

Cette vision d'une technologie connaît aussi des limites : en donnant au fond du poids et des capacités d'action et d'influence à tous les acteurs, et en faisant de la technologie un élément parmi les autres (un « actant » pour reprendre les termes de cette sociologie) d'un système socio-technique, elle prend le risque de minimiser, voire d'occulter les relations de pouvoir et les rapports sociaux (Dubois, 2001). En se contentant de décrire et de « répéter le point de vue de l'acteur », sans analyser le « discours et les pratiques des agents », les auteurs passent, selon Yves Gingras, à côté du

« rôle du sociologue » (Gingras, 1995, p. 11). On retiendra cependant que cette sociologie permet d'insister sur le caractère non linéaire d'une trajectoire technologique et de reposer, à nouveaux frais, la question de l'intentionnalité des acteurs : celle-ci n'est peut-être pas toujours claire initialement, mais se construit chemin faisant.

Au-delà des oppositions entre ces deux approches, on retiendra une certaine proximité dans leur critique du déterminisme technique : les technologies ne sont pas le fruit d'une pensée magique, mais ce sont des dispositifs, c'est-à-dire des « assemblages » ancrés socialement et situés, qui doivent, pour faire sens, rencontrer des représentations partagées. Le terme de dispositif peut s'entendre au sens foucaldien, c'est-à-dire pour souligner le contrôle social opéré par les dispositifs, ou bien au sens latourien, c'est-à-dire comme simple agencement hétérogène ou système sociotechnique permettant la réalisation d'action, leur compréhension et leur « traduction » (Beuscart, Peerbaye, 2006). Quoi qu'il en soit, les représentations partagées autour des dispositifs rendent les transformations socialement acceptables, voire nécessaires. Cependant, si, pour les uns, la technologie sert les intérêts des « dominants » qui ont la capacité de concevoir et promouvoir ces techniques, pour la théorie de l'acteur réseau, le « succès des innovations » réside dans la rencontre d'intérêts progressivement partagés et co-construits dans le temps entre concepteurs, innovateurs et usagers qui détiendraient des capacités d'action et d'influence équivalentes. Dans les deux cas, la technologie n'est pas la cause du changement, elle est un des éléments, issu d'un contexte social, et facilitant en retour son évolution.

2. Quand la technologie entre dans une organisation

Intéressons-nous à présent à la manière dont les technologies, une fois présentes sur ce qu'on pourrait appeler le « marché des techniques », sont choisies, adoptées, mises en place au sein des organisations. Cet angle soulève une nouvelle série d'interrogations. Pourquoi et comment est prise, en entreprise, la décision de s'équiper de tel ou tel outil ? Comment s'articulent changements techniques et organisationnels ?

Les entreprises, administrations, associations ou autres formes d'organisation ne sont pas des lieux ordinaires : hiérarchisés, structurés, parfois déjà saturés d'équipements, de procédures, de règles, ce sont des espaces où se (re)jouent des rapports de pouvoir et où s'exercent des régulations. Ce sont aussi des lieux où se développent des savoirs, des pratiques, des habiletés, individuelles ou collectives. Pour mieux comprendre la dynamique des organisations, un retour sur les travaux issus de la sociologie des organisations, de la sociologie de la gestion et du management s'impose.

2.1. Le refus du déterminisme organisationnel

Comment penser tout d'abord la rencontre entre une technologie et un mode d'organisation du travail ? Partons du constat établi empiriquement par Joan Woodward : cette chercheuse a fait le constat, dans les années 1950, que les entreprises disposant de technologies similaires ont globalement des modes d'organisation comparables (Woodward, 1958). L'autrice en déduit que certaines technologies correspondent à des modes de production donnés (unitaire, en petite ou moyenne série). L'association de types de technologies et de formes organisationnelles, qui semble ici « aller de soi », pose néanmoins question : comment l'expliquer ? Les constats sont-ils généralisables ? Dans les années 1960, l'automatisation puis, dans les années 1980, l'introduction des machines-outils à commande numérique ont vu se renouveler ces questions, à travers une série de travaux interrogeant l'émergence de nouvelles formes d'organisation du travail, voire de nouveaux modèles productifs (voir chapitre 4). Aujourd'hui, les promesses de la digitalisation associent le numérique, une nouvelle fois, à l'annonce de nouvelles formes organisationnelles marquées par la souplesse, la flexibilité, la coopération.

Face à ces constats, la tentation est grande de céder, cette fois, à un déterminisme « organisationnel » (Reix, 1990) en attestant que certains modes d'organisation du travail seraient davantage compatibles avec la mise en place de certaines technologies, soit parce que l'organisation avant l'informatisation offrirait un terreau plus favorable au développement de ses usages, soit parce que la technologie induirait un changement organisationnel. Mais comment expliquer alors que les recherches témoignent, aussi, de bien des situations en entreprise où l'implantation de dispositifs porteurs de nouvelles manières de travailler ou de collaborer ne parvient pas à venir à bout de structures rigides et bureaucratiques (Muhlmann, 2001 ; Bréteschè, 2020) ?

2.2. La mise en place des outils : une affaire de visée stratégique ou de mimétisme ?

Le choix d'introduire une nouvelle technologie dans une organisation pose la question de l'intentionnalité et la rationalité des acteurs, qu'il s'agisse des directions d'entreprise (direction générale, directions fonctionnelles ou autre instance managériale) ou des directions des systèmes d'information ou encore des managers de proximité.

On peut, bien sûr, avancer que ces choix sont la manifestation de l'exercice du pouvoir. Un nouveau directeur ou une équipe informatique soucieuse de légitimer sa fonction vont insister sur la nécessité de renouveler les outils existants considérés comme obsolètes. Au fond, comme on l'a vu plus haut, à propos des technologies qui seraient conçues en appui à des enjeux sociopolitiques et macro-économiques, on peut comprendre que l'introduction d'un nouvel outil serve les intérêts stratégiques d'un dirigeant, et des formes de domination. Le nouveau dispositif est pris dans des jeux d'acteurs qu'il est susceptible de renforcer ou de faire évoluer, en créant des « zones d'incertitude » au sens de Michel Crozier et Erhard Friedberg (1977), c'est-à-dire des formes d'imprévisibilité : qui va maîtriser la nouvelle technologie ? Quel groupe servira-t-elle ? Ne remet-elle pas en cause le pouvoir de ceux qui connaissaient les outils précédemment déployés ? La maîtrise des technologies ou la connaissance des usages vont permettre à certains acteurs de contrôler l'incertitude générée par le changement et leur donner du pouvoir. On peut penser aux directions des systèmes d'information qui vont jouer un rôle déterminant dans les décisions d'équipement et dans le déploiement de nouveaux outils. Le renouvellement des technologies leur donne des marges de manœuvre et permet de conforter leur pouvoir. Mais ce groupe d'acteurs va se confronter, au moment du déploiement, à l'opposition ou la résistance d'autres acteurs (les directions opérationnelles, par exemple), soucieux de garder, eux aussi, la maîtrise de leurs savoirs et de leur pouvoir lié à leur expertise. À l'inverse, lorsqu'une direction opérationnelle ou fonctionnelle (ressources humaines, achats...) souhaite s'équiper de système d'information adapté à son activité, la DSI va lui opposer une méconnaissance des risques, de la sécurité ou de la fiabilité des outils. L'introduction d'un changement technologique implique alors coopération, négociation et alliance pour trouver une forme d'équilibre des pouvoirs et un mode de fonctionnement organisationnel satisfaisant.

Certains voient même dans les changements technologiques une forme de prétexte ou de « cheval de Troie » pour engager les changements organisationnels qui assoient encore davantage le pouvoir des dirigeants. Francis Pavé avançait à la fin des années 1980 : « l'informatisation étant toujours synonyme d'organisation, mettre en place un nouveau système revient à déstabiliser les anciens jeux pour en mettre de nouveaux en place. Le changement est alors une tactique de subordination, temporaire, qui vise à introduire de l'incertitude chez les subordonnés afin de mieux les asservir » (Pavé, 1989, p. 250). La technologie est ici un levier organisationnel : elle est, selon cet auteur, au service des transformations stratégiques.

Mais cette analyse résiste difficilement aux travaux empiriques témoignant, à l'inverse, de choix d'équipement beaucoup moins rationnels qu'on ne pourrait le penser. Ces travaux montrent que les décisions d'investir sont aussi guidées par des processus mimétiques, en réponse à des normes ou des standards. L'influence des modes managériales (Midler, 1986 ; Abrahamson, 1996), le rôle joué par les consultants (Bourgoin, 2015) conduisent à un certain « isomorphisme organisationnel », pour reprendre les termes de DiMaggio et Powell (1983). Selon ces auteurs, les entreprises qui évoluent dans les mêmes « aires » (c'est-à-dire ayant le même type de production, de marché, d'environnement institutionnel) ont des comportements semblables et adoptent des choix organisationnels comparables. Ce phénomène conduit à une convergence et une forme d'homogénéisation des structures, et pourrait donc expliquer les constats de Woordward évoqués plus haut. On peut penser au *lean management* (Pardi, 2015) ou aux organisations matricielles (Coutant, Foureault, 2019) qui se sont répandues de manière rapide et massive dans toutes les organisations (et sur lesquelles nous reviendrons au chapitre 4). Ce mimétisme peut s'expliquer rationnellement également par le fait que l'obtention d'un label ou d'une norme de qualité est suspendue à des choix organisationnels. Mais il peut s'agir aussi des effets d'une représentation partagée selon laquelle la technologie apporterait des réponses simples, rapides et universelles à la complexité et la singularité des situations de gestion (Berry, 1983) et qu'il est toujours nécessaire de suivre les tendances. Ces croyances ne sont pas sans lien avec les formes de socialisation des ingénieurs et autres cadres qui prennent les décisions d'équipement. Formés dans les grandes écoles, destinés à de grandes carrières, amenés à exercer les mêmes types de fonction dans de grands groupes industriels, les ingénieurs des grandes écoles partagent une même « idéologie managériale » (Coutant, 2020). Or, comme le montre Hadrien Coutant, ces ingénieurs doivent faire face aux mêmes transformations de l'environnement (concurrence, financiarisation accrue) difficilement conciliables avec le mode de fonctionnement traditionnel des grandes organisations, ce qui les conduit à faire des choix d'organisation et de valorisation des innovations et de la technique particuliers.

Anca Boboc et Jean-Luc Metzger (2020) illustrent ce point de vue à propos du « mode agile », très en vogue dans les entreprises depuis quelques années : selon eux, « une fraction des dirigeants d'entreprises peuvent être tentés d'appliquer, dans leur organisation, la philosophie de la méthode agile : convaincus d'avoir à lutter dans un environnement économique caractérisé par "l'accélération de l'innovation", les décideurs trouvent dans les promesses de flexibilité et de transparence un ensemble de propositions originales, qu'ils sont d'autant plus amenés à expérimenter qu'elles s'accompagnent d'une promesse de réduction des coûts salariaux, ne serait-ce que par la réduction du nombre de cadres. De leur côté, une partie des experts informatiques trouvent dans les principes de l'agilité des modalités d'auto-organisation qui peuvent s'apparenter à une reprise en main, par le groupe professionnel, de la production. »

On voit dans cet exemple la manière dont s'articulent concrètement un ensemble de décisions en partie rationnelles ou du moins fondées sur une compréhension objective de l'environnement, en partie enracinées dans des croyances et des illusions entretenues par des modes ou des promesses, en partie, enfin, liées à des stratégies d'acteurs espérant un bénéfice calculé, quasi personnel, dans l'implantation des outils.

Étudier l'introduction du numérique dans l'entreprise nécessite donc de comprendre de manière fine le statut de la technologie dans les choix managériaux. Loin de faire des managers des acteurs omniscients et hyper-rationnels, il s'agit de comprendre le jeu de contraintes et de croyances dans lesquelles ils sont pris et le rapport parfois complexe que les cadres entretiennent aux idéologies managériales, entre adhésion, distance critique et acceptation de ces contraintes.

Ces éléments permettent de comprendre les proximités constatées entre certaines formes organisationnelles, équipées des mêmes outils. Cela permet aussi de comprendre, en creux, comment se dessinent des lignes de fracture entre les organisations équipées et/ou ayant adopté de nouveaux modes de production et de gestion, et les autres, qui, peut-être en raison de leur taille, de leur secteur ou des trajectoires des dirigeants à leur tête, restent à l'écart de ces transformations.

3. La dynamique des usages : appropriation, détournement et (re)construction de sens

Si la conception et la diffusion des technologies sont bien le produit d'un processus social, on imagine sans peine qu'il en soit de même pour les usages des outils une fois mis en place dans les organisations. C'est là l'objet d'une autre vague de critiques envers le déterminisme, qui porte précisément sur l'idée que les outils, une fois introduits dans les organisations, pourraient engendrer des usages conformes aux prescriptions. Il s'agit donc de se demander si la logique des outils va, en partie, structurer les pratiques. Cette logique est inscrite dans le « design organisationnel » (Alsène, 1990) ou un « cadre de fonctionnement » (Flichy, 1995) des outils. Elle se matérialise dans le choix des fonctionnalités, l'ergonomie, le mode de fonctionnement, elle s'inscrit dans les notices, les guides ou autres supports qui accompagnent le déploiement des outils. À travers cette logique, jusqu'où les technologies imposent-elles de nouvelles manières de travailler ?

3.1. Pour finir avec la « résistance au changement »

On sait combien la mise en place d'un nouveau logiciel, par exemple, peut imposer de nouvelles méthodes, procédures et déstabiliser les routines.

On entend souvent, à ce propos, parler de « la résistance au changement » pour expliquer les difficultés, parfois les non-usages, les détournements, les oppositions face à ces changements. Cette vision simpliste, naturalisante (la résistance étant parfois expliquée comme étant naturelle, « le propre de l'homme »), voire culturaliste (« un mal français », « un effet de génération »), doit être dépassée ici pour entrer dans une analyse fine de ce qui se joue autour des usages et de l'appropriation des techniques.

Une première lecture consiste à revenir à l'analyse stratégique, déjà évoquée plus haut, qui s'intéresse aux relations de pouvoir dans les organisations (Crozier, Friedberg, 1977). Si la technologie remet en cause le système d'acteurs en créant des formes d'imprévisibilité, cela peut également être au service de certains utilisateurs. En effet, l'analyse stratégique permet de souligner que le pouvoir n'est pas qu'à la main des directions : mais il est aussi détenu par les usagers ordinaires qui vont agir selon leurs intérêts pour « gagner » du pouvoir autour des technologies, en « jouant » le jeu du changement ou en s'y opposant. Ceci pourrait expliquer les résistances, qui loin de se fonder sur une opposition de principe, s'ancrent dans la compréhension des intérêts et des capacités d'action des individus. Refuser d'utiliser, de coopérer ou détourner, c'est aussi gagner du pouvoir. Cette lecture, qui a connu un grand succès et continue encore d'alimenter les interventions de consultants dans les organisations, ne saurait cependant expliquer les usages dans leur complexité.

L'épaisseur sociale des acteurs, leur appartenance identitaire, le sens même qu'ils donnent à leurs pratiques ne sauraient pour autant se réduire à la quête d'influence ou de marges de manœuvre. Les pratiques professionnelles, individuelles et collectives, s'ancrent dans des éléments sans doute plus profonds, que les technologies viennent parfois bouleverser. En outre, l'analyse stratégique ne permet pas toujours de saisir la dynamique des usages, leur évolution dans le temps. D'autres travaux de recherche nous permettent d'aller plus loin sur ces deux points.

3.2. Comprendre l'activité en train de se faire

Comprendre les usages passe par une analyse fine de l'activité de travail. Celle-ci permet de saisir la manière dont les technologies s'inscrivent dans les pratiques, renouvellent les savoirs et se heurtent parfois à la logique de l'activité.

Prenons l'exemple d'un logiciel qui impose qu'un écran de saisie soit obligatoirement rempli pour passer à l'écran suivant. L'outil contraint ici les manières de travailler, puisque l'interface oblige l'utilisateur à suivre les étapes de saisie dans un ordre donné. Pour autant, ces contraintes font l'objet d'appropriation, de ruses ou de détournement par les utilisateurs. Dans le cas d'un centre d'appels par exemple, les opérateurs vont laisser parler un client, noter les indications le concernant sur un bout de papier, puis les saisir dans un deuxième temps, en respectant l'ordre de saisie imposé par le logiciel (qui n'est pas forcément l'ordre dans lequel le client aura délivré les informations le concernant). On voit ici que l'usage est déterminé par les pratiques, par le cours de l'action et les interactions, et s'il fait l'objet d'une « résistance », ce ne sera ni parce que les opérateurs sont par essence attachés à leurs routines, ni parce qu'il leur fait perdre du pouvoir, mais parce qu'il ne fait pas sens dans l'activité et dans son déroulé. Cet exemple illustre un point important : celui d'analyser les usages au travers de l'activité réelle de travail.

Il s'agit tout d'abord de s'intéresser moins à l'utilisation qu'aux usages. La différence entre ces deux notions est fondamentale. L'utilisation d'un outil peut être quantifiée, mesurée et alimenter des indicateurs (le « taux d'utilisation », notamment) qui donnent une indication sur le fait qu'une technologie est mobilisée dans l'activité (un logiciel est ouvert, une connexion au réseau est établie, un tableur est complété). L'usage, quant à lui, concerne les « manières de faire » et à avoir avec les pratiques concrètes. La sociologie des usages qui s'est développée en France dans les années 1980 a permis de mettre l'accent sur ces processus de contournements et détournements des technologies (Denoüel, Granjon, 2011 ; Jouët, 2000 ; Proulx, 2015 ; Vidal, 2012).

Appliquée au monde du travail, cette approche a donné naissance aux *workplaces studies*, fondées sur l'étude minutieuse des activités interactionnelles en situation de travail et avec des dispositifs techniques (Suchman, 1996) et au courant pluridisciplinaire CSCW qui a pour objet l'analyse et la conception de technologies à visées collaboratives (sur lequel nous revenons dans le chapitre 5). Pour ces courants de recherche, il s'agit de s'intéresser de manière fine à la fois à l'activité concrète (l'activité « réelle » dont parlent les ergonomes et qu'ils opposent à la « tâche » prescrite), aux dispositifs techniques et à la construction de sens associée à ces pratiques. On dit que l'usage est situé : il s'analyse en contexte, en actes.

L'exemple du logiciel en centre d'appels permet également de comprendre que l'usage n'est pas réductible à une affaire d'habileté individuelle, qui serait liée notamment à la familiarité avec les outils ou la connaissance des fonctionnalités. L'usage est aussi une affaire de collectif et d'organisation : il est lié à l'inscription organisationnelle des technologies, c'est-à-dire à la manière dont la technologie vient prolonger ou transformer l'organisation du travail existante.

3.3. Une affaire de ressources, d'autonomie et d'engagement

La sociologie des usages met en avant l'autonomie de travailleurs, leur aptitude à se départir des contraintes pour en faire des ressources et développer des savoirs qui, loin de faire d'eux des travailleurs aliénés ou soumis aux évolutions technologiques, en tirent parti. En cela, cette approche s'inscrit dans la sociologie pragmatique de l'activité qui, en France, s'est beaucoup développée ces dernières années avec l'ambition de renouveler la sociologie du travail (Ughetto, 2018b). Cette sociologie va s'intéresser à la manière dont la technique peut constituer une ressource, une prise, pour (re)construire individuellement et collectivement son activité et s'engager dans le travail (Bidet, 2011).

Organiser son travail, une capacité à l'ère de la multi-activité

L'ouvrage coordonné par Alexandra Bidet, Caroline Datchary et Gérald Gaglio (2017) et consacré à la « multi-activité à l'ère numérique » illustre ce point de vue. Les auteurs y étudient un certain nombre de situations au cours desquelles les travailleurs (notamment les cadres) peuvent avoir, dans un même cours d'activité, c'est-à-dire sur un temps contraint, plusieurs outils à utiliser, plusieurs tâches à réaliser, plusieurs sollicitations à satisfaire (par mail, téléphone...) ou bien encore sont en attente d'informations pour avancer dans leurs multiples dossiers. Cette multi-activité conduit ces travailleurs à garder la préoccupation de ces différentes tâches tout au long de leur activité. Mais loin de voir dans cette multi-activité uniquement des sources de fragmentation temporelle, de tensions ou de surcharge cognitive, ni encore l'exercice d'une domination qui imposerait un rythme et une intensité de travail intenable, les auteurs mettent en avant la capacité pour les personnes à s'organiser, c'est-à-dire à mobiliser des outils et des dispositifs (du post-it aux outils de gestion, en passant par des manières d'organiser son travail) de manière à réduire le risque de fragmentation, à assurer une continuité dans l'activité et y trouver du sens. Cette capacité est individuelle, mais aussi collective. À l'échelle individuelle, elle puise dans les compétences issues des trajectoires individuelles des travailleurs, de leur socialisation antérieure ou leur expérience de travail, des routines qu'ils ont développées (Datchary, 2017 ; Bidet, 2011). À l'échelle collective, l'usage s'ancre dans les échanges, les savoirs partagés qui donnent sens au travail. La maîtrise d'une technologie peut donner lieu à des démonstrations ou « arènes d'habileté » (Dodier, 1995) qui procurent fierté et reconnaissance.

La sociologie pragmatique présente l'intérêt, pour l'analyse des usages comme pour l'analyse des innovations, que nous avons vue avec la théorie de l'acteur réseau, d'ouvrir là encore la « boîte noire » des technologies, de ne pas s'en tenir aux discours qui les entourent ou aux intentions qui peuvent être attribuées aux acteurs. Mais, si elle met en avant les pratiques, la question se pose à nouveau de savoir comment ces pratiques sont inscrites socialement. Les positions sociales des salariés, leur place dans l'organisation, leur parcours, leurs modes de socialisation ne jouent-ils pas sur la manière de faire sienne une technologie ?

En proposant une analyse située, microsociologique, ne se prive-t-on pas de la possibilité de replacer ces cours d'action dans les rapports sociaux à une échelle plus large ?

L'analyse des usages en train de se faire, si elle met en avant les dynamiques d'apprentissage, individuelles et collectives, pose la question de la reconnaissance de ces pratiques par les directions. Les détournements d'usages sont-ils perçus comme légitimes ? Parviennent-ils à s'ancrer de manière durable dans l'organisation du travail ?

4. Inscrire les usages du numérique dans les organisations

4.1. Des organisations qui se (re)dessinent avec les usages

Ce que nous avons appris de la sociologie des usages nous invite à revenir à présent sur la manière dont s'articulent numérique et modes d'organisation du travail.

Les usages se développent-ils indépendamment des choix organisationnels ? Bien sûr, on imagine aisément que le type de management ou de « conduite du changement », pour reprendre un terme courant en entreprise, va permettre (par des actions tantôt directives ou permissives, distribuant le pouvoir, imposant ou mettant en discussion des normes d'usage) de guider les pratiques et de faciliter l'appropriation des technologies en les inscrivant dans des règles, process ou modes opératoires. Cette manière de faire encouragerait la cohérence entre numérique et mode d'organisation.

Mais en retour, si les outils sont détournés, s'ils donnent lieu à des usages déviants, comment ces pratiques vont-elles s'inscrire dans l'organisation du travail ? Quelles incidences ont-elles sur la trajectoire des organisations ? On peut se référer aux travaux de Wanda Orlikowski qui a démontré le caractère dual de la technologie, c'est-à-dire que celle-ci est à la fois un *input* (au service de l'activité), mais aussi un résultat, c'est-à-dire le résultat de cette même activité. L'autrice insiste sur le fait que les utilisateurs *mettent en action* des usages (elle utilise le terme d'*enactment*), c'est-à-dire qu'ils définissent des formes de « technologie-en-pratique » (Orlikowski, 1992) qui se distinguent de la technologie conçue initialement. Or cette technologie-en-pratique ne se réduit pas à des pratiques individuelles ou des formes d'habileté : elle comporte des règles, routines ou cadres propres et partagés qui entrent dans la composition d'une structure organisationnelle émergente. Celle-ci n'est jamais achevée : usages, technologies et organisation sont nourris d'interactions permanentes.

Cette affirmation n'est pas sans rappeler les enseignements de la sociologie de l'innovation telle qu'elle est défendue par Norbert Alter, qui a spécifiquement travaillé sur les innovations au sein des organisations. Pour cet auteur, les innovations doivent être envisagées comme une dynamique permanente qui naît de la confrontation entre « logique d'innovation » (celle qui se développe autour de nouveaux dispositifs) et « logique d'organisation » qui caractérise les normes, règles, modes de production stables dans les entreprises (Alter, 2000). Ces logiques sont portées ou défendues par des types d'acteurs différents : la logique d'innovation est celle des usagers qualifiés d'« innovateurs ordinaires », c'est-à-dire qui ont des usages « déviants » des technologies, usages non prévus et parfois même contraires aux prescriptions, mais qui sont issus de la pratique. L'approche entretient une certaine proximité avec la notion d'innovation ascendante défendue par Eric A. Von Hippel (1988), selon qui une partie des innovations sont pensées ou réalisées par les usagers. Mais cet auteur centre ses travaux sur les usagers des biens de consommation et non sur les salariés face aux innovations en contexte professionnel. Or, dans la sphère du travail, lorsque ces usages se développent, ils commencent par s'opposer aux défenseurs de la « logique d'organisation », les « légalistes », qui défendent la stabilité et le maintien de l'organisation. Cependant, à mesure que les usages se diffusent et prennent sens, ils sont reconnus et deviennent progressivement, par un processus d'institutionnalisation des pratiques émergentes, de nouvelles normes : ils s'inscrivent dans des règles et s'imposent au final aux usagers. Pour Norbert Alter, comme pour Wanda Orlikowski, les trajectoires ou processus d'appropriation des technologies dans les organisations sont faits d'aller-retour, d'itérations entre usages, technique et organisation et d'institutionnalisation progressive des pratiques.

Des agents d'escale aux prises avec des smartphones. Analyse d'une situation de travail

Une recherche empirique d'Aurélien Vanlair et Alexandre Largier (2017), qui relate l'introduction des smartphones auprès d'agents d'escale de la SNCF, illustre parfaitement ce mécanisme. Lorsque la direction décide d'équiper ces salariés, elle vise avant tout à améliorer la qualité de service, entendue comme la capacité à répondre aux voyageurs, notamment en cas de trafic perturbé (afin de les informer sur des retards, changements de quai, correspondances, etc.). Or, les agents d'escale peinent à s'approprier ce nouvel outil. Les problèmes de connexion, le maintien d'équipements anciens toujours utilisés (système radio, affichages...) ou encore l'imprécision des objectifs liés au nouveau dispositif (l'idée de « qualité de service » étant fortement ambiguë) freinent l'engagement des agents et l'utilisation des smartphones. L'identité des agents, fondée sur le maintien de la sûreté et la sécurité des voyageurs, s'accommode mal de cette injonction à veiller à l'amélioration de la qualité de service. En revanche, un usage imprévu émerge : les cheminots sont, dans certaines circonstances, amenés à prêter leur smartphone aux usagers qui en ont besoin (soit qu'ils n'aient pas de téléphone, soit qu'ils ne disposent pas assez de crédit ou d'assez de batterie pour passer un appel...) ; cette pratique est dans un premier temps interdite par la direction qui y voit un risque de vol ou de détérioration des smartphones. Mais cet usage fait sens pour les agents d'escale qui, eux, perçoivent ce geste comme une manière de rendre service et, partant, de répondre aux enjeux de la qualité de la relation service, au même titre que le fait de renseigner les usagers sur les retards ou les changements de quai. Certains managers optent alors pour un assouplissement des prescriptions et tolèrent la pratique du prêt de smartphone, en fixant les conditions de cette pratique (notamment des précautions pour se prémunir du risque de vol).

Cet exemple témoigne de l'importance de s'intéresser, d'une part, aux conditions d'engagement et de mobilisation des acteurs pour s'approprier les outils (concrètement ce qui leur donne cette capacité d'action) et, d'autre part, aux conditions d'institutionnalisation des usages et de leur stabilisation en règles.

Ces travaux nous invitent à adopter une lecture sociopolitique de la notion d'appropriation, considérée comme capacité à produire des règles et à les inscrire organisationnellement (Vaujany, 2006).

4.2. Quelles conditions socio-organisationnelles pour favoriser la dynamique des usages ?

Il est nécessaire alors de reformuler la question initiale sur les formes d'organisation du travail qui correspondraient ou seraient adaptées aux nouvelles technologies : la question qui se pose est finalement davantage celle de savoir si les conditions organisationnelles sont réunies pour favoriser, accompagner et reconnaître la dynamique des usages, tenir compte des capacités d'innovation des opérateurs et créer les conditions pour mettre en œuvre l'*organizing* (Hutchins, 1991) ou encore le « travail d'organisation » (Terssac, 2011), c'est-à-dire la capacité à « produire des règles » et des « dispositifs pour parvenir aux résultats escomptés, en faisant en sorte que ces dispositifs soient, si ce n'est partagés par tous, du moins reconnus et officialisés » (Terssac, 2002, p. 8).

Ces principes nous renvoient aux fondements de l'école « socio-technique » fondée dans les années 1960 par F. Emery et E. Trist (1965) du Tavistock Institute de Londres. Ces auteurs ont très tôt démontré combien il est important de penser le système technique et le système social conjointement, dans des « combinaisons socio-productives » variables (c'est-à-dire différents modes d'organisation du travail autour de la technique, accordant plus ou moins d'autonomie ou de polyvalence aux travailleurs). On retrouve l'idée selon laquelle ce n'est pas la technique qui est déterminante, mais la manière de s'organiser autour des nouveaux agencements techniques. L'école sociotechnique a d'ailleurs été au fondement des modes d'organisation du travail promouvant les groupes semi-autonomes, diffusés dans les années 1970 et 1980, accordant aux travailleurs davantage de liberté pour s'organiser au sein de ces équipes selon un agencement défini de manière autonome, pour utiliser les outils de production et répondre aux exigences de leur entreprise.

L'organisation de cadre d'action peut-elle devenir à certaines conditions un facteur facilitant ou favorisant l'appropriation du numérique ? Pour apporter de nouveaux éléments de réflexion sur ce point, on peut se référer à l'approche par les capacités, issue des travaux d'A. K. Sen (1999a-b), qui démontre notamment que la capacité d'agir d'un individu ne dépend pas uniquement des ressources qui sont à sa disposition, mais de sa capacité à tirer profit de ces ressources. L'auteur développe la notion de « *capabilité* » (traduction de l'anglais *capability*), définie comme l'ensemble des choix possibles, réellement accessibles à un individu donné, indépendamment de l'usage qu'il en fait. Autrement dit, les possibilités qu'offre l'environnement ne peuvent pas être toujours mobilisées et ne rendent pas toujours les individus capables d'agir. Appliqué au numérique en entreprise, on pourrait dire qu'un salarié va être capable de s'approprier le numérique non seulement s'il a accès à des ressources (outils, équipements...), mais aussi si des facteurs sont présents pour l'aider à mobiliser ces ressources afin d'augmenter son pouvoir d'agir et sa liberté. En discutant l'approche d'A. K. Sen, I. Robeyns (2000) identifie trois catégories de « facteurs de conversion » facilitant cette mobilisation, parmi lesquels nous retiendrons les facteurs :

- individuels (les dispositions, savoirs, savoir-faire que détiennent les individus, par exemple pour savoir utiliser un smartphone ou envoyer un mail),
- sociaux (le contexte sociopolitique et culturel, normes sociales qui valorisent, par exemple, l'usage du numérique ou bien vont associer l'usage du numérique aux jeunes...),
- et environnementaux (par exemple, l'organisation de l'accès à la formation, à l'information, l'organisation du travail, etc.).

Cette approche sera notamment illustrée dans le chapitre 6 à propos de la formation numérique. Pour l'heure, ce détour par la notion de capabilité montre que pour penser le numérique au travail et dans les organisations, il est nécessaire de penser que les usages dépendent de normes sociales, d'une dynamique collective et d'un cadre proposé par l'entreprise. Cette approche permet de comprendre également que, si des individus ou des collectifs ne parviennent pas à s'inscrire dans une dynamique d'évolution, cela ne s'explique pas seulement par l'état de leurs compétences et de leur appétence, mais par le manque de ressources auquel ils ont pu faire face au cours de leur parcours et par le décalage entre leurs dispositions et les cadres d'action, comme on le verra au prochain chapitre. Ce résultat invite en effet à aller plus loin dans la compréhension des éléments différenciant les individus (liés aux positions sociales, aux dispositions) et les organisations face au numérique, ce que nous allons développer à présent.

Conclusion

Au terme de ce chapitre, on peut tout d'abord remarquer que cette présentation successive des différents regards sociologiques sur les TIC ou le numérique témoigne, bien sûr, de la complexité, mais aussi de l'enjeu fort de cet objet au sein de la sociologie du travail française. Différents courants s'en sont saisis pour étayer leur approche, développer, illustrer et affirmer leur position académique. Le numérique devient ainsi un analyseur des évolutions de cette discipline au cours des dernières décennies. Le regard sur le numérique, initialement très marqué par l'approche critique de la sociologie du travail jusque dans les années

1970, a évolué avec l'inflexion qu'a connue la discipline dans les années 1980-1990, s'ouvrant à des approches plus réformatrices, à l'intervention et au dialogue avec l'entreprise (Tanguy, 2011). C'est dans ces années-là que l'analyse de l'informatique au travail, prolongée dans les années 1990 et 2000 par de nombreux travaux sur les ERP (voir chapitre 4) et les outils collaboratifs (voir chapitre 5), a connu un foisonnement important, la sociologie du travail ayant accès à des terrains nombreux, grâce notamment aux demandes des entreprises confrontées aux échecs ou au rejet de l'informatique de gestion par les salariés. Au tournant des années 2000, la diffusion grandissante des approches pragmatistes a donné toute leur importance à la théorie de l'acteur réseaux, d'une part, et à la sociologie de l'activité, d'autre part, adoptant un regard centré à la fois sur les systèmes socio-techniques et sur les pratiques ou le travail « en personne » (Bidet, 2011). Ces dernières années, les questions d'inégalités, voire de domination, semblent retrouver une certaine vigueur, même si, comme nous l'avons dit en introduction, ce sont davantage autour des mutations de l'emploi et statuts d'emploi que la focale semble se porter.

Faut-il pour autant en conclure que la sociologie du numérique au travail ne fait que jouer ou rejouer des querelles académiques sans chercher la cumulativité des approches ? Ou ne peut-on pas dégager de l'ensemble de ces regards quelques constantes et enseignements forts ?

Il nous semble pouvoir affirmer, de ce point de vue, que le fait de comprendre le numérique au travail et, en particulier, dans les organisations suppose d'analyser conjointement trois dynamiques :

1) celle des technologies qui se développent dans des environnements socio-politiques et économiques qui font que, si elles ne sont pas déterminantes ou structurantes, elles n'en sont pas neutres pour autant ;
2) celles des usages qui s'ancrent dans des stratégies d'acteurs, mais aussi dans les savoirs, les pratiques et les dispositions ;
3) celles des organisations qui sont à la fois le résultat des choix managériaux, de l'institutionnalisation des pratiques émergentes, mais aussi un cadre facilitant le développement des savoirs et des capacités d'actions.

Aussi, s'il n'y a pas de déterminisme, les raisons en sont multiples (Alsene, 1990) : variabilité des systèmes sociotechniques, des modes d'introduction du changement, des modes d'organisation ou de la taille des structures, des rapports sociaux dans lesquels les usages se développent ou des stratégies d'acteurs qui puisent dans la technique une ressource pour l'action.

Plus encore, l'ensemble de ces travaux permettent de dégager deux points fondamentaux pour analyser le numérique au travail et dans les organisations : tout d'abord, il est nécessaire de s'intéresser au cadre organisationnel qui permet le développement, la reconnaissance des usages et les inscrit dans l'organisation du travail sans le considérer ni comme donné *a priori*, ni comme le simple produit des intentions managériales, mais comme le résultat d'une dynamique jamais achevée. Par ailleurs, et c'est ce que nous allons développer à présent, il est fondamental de s'interroger sur les capacités qu'ont les usagers de se saisir des outils numériques, à apprendre et à innover.

Chapitre 2

Les inégalités avec le numérique, entre équipements, parcours individuels et contextes socio-organisationnels

Comme nous venons de le voir dans le chapitre précédent, les influences entre travail et numérique sont réciproques. Il n'y a pas de déterminisme technique : le numérique influence le travail, mais le travail cherche à le modeler, aussi. L'appropriation des outils numériques dépend de la capacité des utilisateurs à les imbriquer dans leurs pratiques effectives de travail, en leur donnant du sens et en y trouvant une valeur ajoutée. Cette capacité dépend, comme nous l'avons montré, aussi bien des facteurs individuels que des facteurs collectifs et organisationnels. Le numérique est donc à la fois dépendant des inégalités existantes, qui peuvent se rejouer autour de l'accès aux équipements et des conditions d'usage, mais il peut aussi être perçu comme redessinant les espaces, conférant de nouvelles assises pour de nouveaux rapports de force ou de domination. Dans le monde du travail et particulièrement dans les entreprises caractérisées par une forte dimension hiérarchique et, par définition, inégalitaires, la question va se poser avec acuité : les choix d'équipement, le développement des usages, le prestige symbolique qui peut être parfois associé au numérique sont-ils un moyen d'asseoir des inégalités ou des formes de domination existantes, ou sont-ils, en quelque sorte, un moyen de « rebattre les cartes » et de dessiner de nouvelles hiérarchies (entre petites et moyennes entreprises, entre nouveaux embauchés et « seniors », entre secteurs innovants et traditionnels, catégories équipées ou éloignées du numérique, etc.) ?

Ces questions nous amènent à élargir la manière de s'intéresser aux inégalités numériques, souvent traitées uniquement sous l'angle des « fractures » ou des « fossés numériques ». Ces deux termes renvoient aux inégalités d'accès et d'équipement, par exemple, au fait que les territoires ne sont pas couverts de la même manière par le réseau mobile ou que les individus ne sont pas équipés de la même façon en fonction de leur âge, de la catégorie socioprofessionnelle, etc. Mais, comme nous allons le voir tout au long de ce chapitre, l'équipement est une condition nécessaire, mais pas suffisante pour le développement des usages : ce n'est pas parce que l'on a les mêmes équipements que l'on a les mêmes usages. Dominique Boullier (2016) attire l'attention sur la visée politique d'un terme comme « fracture numérique », qui relève selon lui davantage du slogan que du concept, orienté vers l'action publique (notamment les choix d'investissement en infrastructure), reposant sur des *a priori* présents dans les discours politiques. En sociologie, la notion de « diffusion » apporte déjà tous les instruments pour réfléchir aux processus d'innovation, tout en évitant la dimension politique du terme « démocratisation », qu'il est bien difficile d'étayer scientifiquement, et qui est fréquemment employé pour pointer les inégalités d'accès à certains débits, à certains équipements spécifiques (tablettes, smartphones...), voire à certaines applications et plateformes de services. Gérard Valenduc fait, quant à lui, la distinction entre « fracture numérique » au premier et au deuxième degré, c'est-à-dire entre celle liée aux équipements et celle liée aux usages et, notamment, aux caractéristiques sociales des usagers et des contextes dans lesquels ils évoluent (Valenduc, 2009). Il est donc important d'articuler les politiques d'inclusion numérique à des réformes sociales et éducatives de large ampleur (Brotcorne, Valenduc, 2009), aussi bien au sein des entreprises qu'en dehors de celles-ci.

1. Inégalités d'équipement et d'accès

Intéressons-nous d'abord aux inégalités en termes de ressources techniques, plus exactement dans notre cas, aux taux d'équipement et d'accès, aussi bien ceux du domicile que ceux des entreprises.

Les études sur les formes d'équipement et d'usage différenciés du numérique montrent que sphères privée et professionnelle sont à envisager sous la forme d'un continuum, au sein duquel ont lieu des allers-retours fréquents. En effet, des apprentissages plus ou moins individuels, faits dans un contexte privé, sont transférés dans un contexte professionnel (Boboc, Metzger, 2009). En sens inverse, l'équipement et les usages en contexte professionnel ont influencé fortement, notamment au début de l'essor des outils numériques, les choix d'équipements et les usages à domicile. Par exemple, le fait d'utiliser régulièrement un micro-ordinateur au travail a souvent conduit à l'adoption de cet outil au domicile (Bigot, 2003). En effet, si les équipements informatiques professionnels (ordinateur, internet) ont longtemps été plus importants que les équipements personnels (le bureau étant, jusqu'à la fin des années 1990, un lieu de découverte et d'apprentissage de la bureautique et des premiers protocoles de messagerie, par exemple), un basculement s'est opéré dans les années 2000, de sorte que l'équipement et les usages personnels (smartphone, accès aux réseaux sociaux) ont augmenté fortement, pour devenir, pour un certain nombre de salariés, plus importants que dans la sphère professionnelle.

Si les « jeunes » d'aujourd'hui ont découvert internet plus précocement, ce sont les générations âgées de 40-59 ans et les 60-69 ans en 2019 qui ont été les premières à se confronter à l'outil internet, notamment via le monde professionnel. En 1999, 30 % des internautes de ces générations avaient découvert internet, contre moins de 20 % pour les autres générations. En 2003, la génération 25-39 ans, entrant elle-même sur le marché du travail, devance la génération des 40-59 ans et crée pour les années suivantes un écart qui ne sera pas rattrapé (Baillet *et al.*, 2019).

L'environnement professionnel a joué un rôle important comme ressource sociale pour les usages domestiques, comme lieu d'expérimentation de la complexité des outils et de l'intérêt qu'ils peuvent avoir pour l'activité aussi bien dans la sphère privée que professionnelle, comme facteurs d'inclusion pour les utilisateurs découvrant et diffusant de nouveaux usages, et comme lieu d'acquisition de compétences spécifiques.

1.1. Des inégalités d'équipement encore présentes dans la sphère domestique

Des inégalités d'équipement et d'accès à domicile demeurent au sein des foyers français, comme en témoignent les résultats du « baromètre du numérique », enquête annuelle réalisée l'Arcep, le Conseil général de l'économie (CGE) et l'Agence du Numérique sur la diffusion des technologies de l'information et de la communication dans la société française, dans laquelle certaines questions sont posées depuis 2000, auprès d'un échantillon représentatif de la population française âgée de 12 ans et plus (Baillet, Croutte, Prieur, 2019).

Le premier enseignement important concerne le taux massif d'équipement en téléphone mobile : en 2019, 95 % des Français en possèdent un. La taille du foyer a un effet sur le taux d'équipement, même si ce phénomène diminue d'année en année. Les personnes seules – souvent plus âgées – sont moins souvent équipées d'un mobile que les personnes appartenant à un foyer de trois personnes ou plus. Le niveau de diplôme semble également influer sur le taux d'équipement. 97 % des individus ayant *a minima* le brevet des collèges sont équipés d'un téléphone mobile, contre seulement 85 % des non-diplômés. Le niveau de revenu ne semble plus être un facteur clivant dans la possession d'un téléphone mobile.

En 2019, le taux d'équipement en smartphones (77 %) dépasse celui de l'ordinateur (76 %) (ce dernier est en baisse depuis 2012). Deux variables, l'âge et les revenus des foyers, expliquent cette place privilégiée du smartphone dans l'équipement des Français pour se connecter à internet. L'enquête met en avant un désintérêt relatif des Français de moins de 40 ans pour l'ordinateur qui renoncent à cet équipement, jugé peu mobile. L'enquête montre également que c'est au sein des foyers les plus pauvres que la plus forte hausse de l'utilité du smartphone est ressentie (+ 7 points en deux ans, contre + 2 points en moyenne). Par ailleurs, 79 % des hauts revenus sont multi-équipés d'un smartphone et d'un ordinateur, contre 51 % des bas revenus. Les capacités financières contraignent donc les choix d'équipement des Français et les poussent à prioriser le smartphone plutôt que l'ordinateur.

En termes de connexion internet, l'année 2019 marque une stabilisation : l'utilisation quotidienne baisse de deux points (pour s'établir à 78 %), tandis que la connexion fixe à internet à domicile reste au même niveau que l'année dernière (86 %). L'utilisation d'internet par ordinateur via une connexion fixe a plus de succès chez les diplômés du supérieur, les cadres, les travailleurs indépendants, les hauts revenus et les personnes vivant en agglomération parisienne. Ce type de connexion, bien qu'elle soit encore la plus fréquente, tend à diminuer au profit des connexions via le téléphone mobile, favorisant une certaine mobilité et indépendance des usagers au sein de leur domicile. Les modes de connexion continuent à évoluer vers toujours plus de mobilité (avec donc des smartphones).

La progression de l'utilisation des messageries instantanées est aussi très nette : 62 % des Français envoient des messages et 51 % téléphonent via des applications, soit des hausses respectives de + 9 points et + 11 points en un an. Dans ce cas, aussi, l'âge reste le principal déterminant de l'utilisation des messageries instantanées. Les jeunes sont les principaux utilisateurs de ces nouveaux modes de communication, dont les nombreuses fonctionnalités (partage de localisation, messages vocaux, envoi de fichiers...) les leur font préférer aux SMS. Ensuite, les titulaires de hauts revenus affichent une progression sensible en 2019 (quasiment 20 points de hausse), notamment à cause de l'ampleur prise par des applications comme *WhatsApp, Viber, Facebook Messenger.*

Ce tour rapide du baromètre numérique laisse déjà entrevoir des inégalités en termes d'équipement et d'accès à domicile, en fonction des différentes variables sociodémographiques individuelles. Ces inégalités ont des répercussions importantes dans la sphère professionnelle, notamment concernant la possibilité de télétravailler (comme nous le verrons, dans le chapitre 3, à propos des inégalités révélées par le télétravail en confinement) ou de développer des usages mixant des équipements des deux sphères (comme la consultation des mails professionnels sur son mobile personnel, etc.).

1.2. Équipements professionnels : de forts contrastes entre les entreprises

Le niveau d'équipements des salariés en entreprise est lié à la fois à leurs caractéristiques (âge, diplôme, niveau de formation...) et à des variables structurelles liées à leur cadre d'activité (taille de l'organisation, secteur d'activité, localisation...).

Certaines activités ou secteurs d'activité, faiblement équipés en téléphones fixes, ont vu leurs conditions de travail se modifier avec l'arrivée du téléphone mobile. C'est, par exemple, le cas dans des secteurs comme les transports, le bâtiment et les travaux publics où les travailleurs ont été rapidement dotés d'outils leur permettant de communiquer à distance. Il en va de même du personnel de vente dans les grands magasins ou du personnel de garde et de surveillance (Mauroux, 2019 ; Lasfargue, 2012). En ce qui concerne l'équipement en ordinateur (relié à un réseau ou pas, fixe ou portable), l'industrie et le tertiaire sont, traditionnellement, nettement plus équipés que la construction ou l'agriculture (Lasfargue, 2012).

L'utilisation d'outils permettant le partage électronique de l'information augmente, quant à elle, avec la taille de la société. Lorsqu'il s'agit de partager des informations en interne, ces outils sont toujours plus répandus dans les sociétés des secteurs des technologies, contenus et supports de l'information (TCSI), quelle que soit leur taille : en 2017, 58 % d'entre elles utilisent un progiciel de gestion intégré (voir chapitre 4), contre 38 % pour l'ensemble des sociétés de 10 personnes ou plus et 59 % d'entre elles ont une application de gestion de la relation client, contre 28 %. Ces différences sont encore plus marquées lorsqu'il s'agit d'outils collaboratifs (voir chapitre 5) : 66 % des sociétés des secteurs des TCSI ont recours à des outils de travail collaboratif (vidéoconférences, *groupware,* etc.) et 25 % à des outils de conception collaborative (maquette numérique partagée, conception assistée par ordinateur, etc.), soit trois fois plus que pour l'ensemble des sociétés de 10 salariés ou plus. En ce qui concerne le partage électronique d'informations sur la chaîne logistique d'approvisionnement (c'est-à-dire pour la gestion des flux et de la logistique), pour l'ensemble des sociétés, 13 % des sociétés y ont recours. L'utilisation de ces outils de travail n'augmente pas entre 2012 et 2017. Cette stabilité peut toutefois refléter une mutation des pratiques : en effet, les entreprises ont de moins en moins besoin de déployer en interne ces outils, accessibles en tant que services sur internet (en mode SaaS – *Software as a Service* –, par exemple) (Cousteaux, 2019).

2. Des inégalités d'usages en contexte professionnel, entre inégalités sociales, représentations et conditions socio-organisationnelles

2.1. Plusieurs catégories d'utilisateurs du numérique au travail en fonction de leur équipement et de leurs usages

Pour mieux comprendre les inégalités, il est important d'aller au-delà des données d'équipement, en s'intéressant aux usages. Si le numérique se diffuse massivement dans les organisations, les statistiques nationales révèlent que ces outils restent cependant très inégalement utilisés au travail selon les catégories socioprofessionnelles (Mauroux, 2018).

Le service d'analyses, études et statistiques du ministère du Travail et de l'Emploi (DARES) propose une typologie des usages professionnels des salariés. On considère qu'un salarié a un usage professionnel des outils numériques si, au cours de son activité de travail, il utilise, même occasionnellement, un ordinateur fixe, un ordinateur portable, s'il dispose d'une messagerie électronique professionnelle, s'il utilise internet à des fins professionnelles, s'il utilise un réseau de communication interne ou, quand il n'est pas sur son lieu de travail, s'il peut accéder (via un ordinateur ou téléphone portable, un smartphone, un ordinateur personnel) au système informatique de son établissement ou de son organisation, et, d'autre part, s'il déclare une durée d'utilisation quotidienne non nulle.

Or les statistiques montrent que 30,9 % des salariés de la France métropolitaine sont non-utilisateurs, c'est-à-dire qu'ils n'utilisent aucun matériel informatique ou qu'ils déclarent une durée d'utilisation quotidienne nulle. Il s'agit des salariés entre 15-24 ans et plus de 50 ans, notamment des employés non qualifiés, des ouvriers (qualifiés, non qualifiés et agricoles).

Cette typologie distingue cinq catégories de salariés (Mauroux, 2019) selon le type d'outil informatique dont ils sont équipés et leur utilisation :

- les utilisateurs non connectés qui n'ont pas d'usage professionnel d'un ordinateur, qui n'utilisent ni internet, ni une messagerie électronique, ni un réseau social interne à des fins professionnelles ; il s'agit de 6,5 % des salariés de France métropolitaine ; parmi eux, une majorité d'hommes ;
- les utilisateurs mobiles : s'ils utilisent au moins deux outils de mobilité parmi les équipements suivants : ordinateur portable, téléphone portable professionnel, accès distant à la messagerie professionnelle, accès distant au réseau de l'entreprise ; 16,9 % des salariés de France métropolitaine ; parmi eux, plus d'hommes que des femmes, notamment des salariés entre 30 et 49 ans ; 52,4 % des cadres et professions intellectuelles supérieures et 19,3 % des professions intermédiaires figurent dans cette catégorie ; de même que 20 % des salariés entre 30 et 39 ans et 27,6 % des personnes employées par la fonction publique d'État ;
- les utilisateurs (sédentaires) peu intensifs : s'ils utilisent un ou plusieurs matériels informatiques dont au moins un connecté (messagerie électronique professionnelle, internet et/ou intranet) moins de 3 heures par jour ; 16,8 % des salariés de France métropolitaine,

autant de femmes qu'hommes, un quart de professions intermédiaires, 41 % des salariés de la fonction hospitalière sont dans cette catégorie ;
- les utilisateurs (sédentaires) modérés : s'ils utilisent un ou plusieurs matériels informatiques dont au moins un connecté (messagerie électronique professionnelle, internet et/ou intranet) entre 3 et 7 heures par jour ; 15,6 % des salariés de France métropolitaine ; un quart de professions intermédiaires et un quart d'employés qualifiés ;
- les utilisateurs (sédentaires) intensifs : s'ils utilisent un ou plusieurs matériels informatiques dont au moins un connecté (messagerie électronique professionnelle, internet et/ou intranet) 7 heures ou plus par jour. La quasi-intégralité de leurs tâches de travail sont ainsi réalisées sur ou grâce à un support informatique ; 13,4 % des salariés de France métropolitaine ; un peu plus dans la tranche d'âge 25- 39 ans, 18,1 % des femmes contre 8,9 % des hommes, un quart d'employés qualifiés, travaillant plus dans la fonction publique d'État et dans le privé.

2.2. Les inégalités individuelles face au numérique en contexte professionnel dépendent des inégalités sociales

Tout d'abord les origines sociales et les parcours individuels sont, bien sûr, des éléments centraux dans la compréhension des inégalités dans les usages professionnels, car celles-ci dépendent des ressources présentes dans les univers sociaux dans lesquels évoluent les individus, des activités réalisées, des formes de socialisation primaires et secondaires. Les inégalités sociales sont, par exemple, liées au niveau de revenu, à l'accès au marché de travail, à l'éducation, à la formation en entreprise[1], aux « styles de vie », des loisirs, de la culture et des modes de consommation. Elles se reflètent dans les possibilités de se cultiver, de s'émanciper, de développer un rapport distancié, réflexif et critique. Les inégalités sociales interfèrent entre elles, en se déterminant et même en se générant réciproquement. Elles ont un caractère cumulatif et systémique (Bihr, Pfefferkorn, 2008).

Dans la sphère domestique, les travaux de Dominique Pasquier nous éclairent sur les usages d'internet par les familles modestes rurales, en soulignant par exemple que celles-ci ne se sont jamais vraiment approprié

1. Pour les inégalités d'accès à la formation continue, voir, par exemple, INSEE Références, Formations et Emploi, 2018.

l'ordinateur, utilisent le téléphone mobile pour naviguer sur internet, en dépassant ainsi l'obstacle du clavier et de la souris, et en montrant que les usages sont assez différenciés. Ainsi, dans les familles modestes rurales, les usages sont plus « utilitaires », en donnant une part importante aux collectifs, à la famille et préservent davantage le privé et le professionnel (Pasquier, 2018).

Dans la sphère professionnelle, ce « prestige » de l'ordinateur se rejoue dans l'accès aux équipements et l'utilisation des ordinateurs. En effet, depuis sa diffusion dans les années 1990, l'informatique apparaît en effet non seulement comme un outil de travail, mais aussi comme un « bien culturel » (Cézard *et al.*, 2000) doté d'un « pouvoir classant ». M. Cézard, M. Gollac et C. Rougerie montrent que l'utilisation de l'informatique dépend de la position dans l'entreprise, mais aussi des caractéristiques socioculturelles des salariés. En effet, ceux qui ont une position dominante sont plus équipés et leur équipement constitue un bien symbolique. Mais à position égale (donc au même niveau d'équipement), l'usage que ces utilisateurs en font croît avec le capital culturel, dont le niveau de diplôme est un indicateur. Celui-ci a donc une forte influence sur la probabilité d'utilisation d'un ordinateur. Plus encore, dans la diffusion de l'informatique, le « capital culturel collectif » de l'entreprise, c'est-à-dire l'existence d'un réseau d'utilisateurs susceptibles de s'entraider, joue un rôle non négligeable.

Toujours en lien avec ce capital culturel, les recherches au tournant des années 2000 ont montré que l'usage de l'informatique dépend du degré de proximité avec la culture légitime et de la position professionnelle. Certains utilisateurs développent leurs usages de l'informatique en vue d'une évolution professionnelle, lorsqu'ils sentent que leur position n'est pas garantie, lorsque leur réussite scolaire est inférieure au capital culturel hérité ou lorsque la réussite professionnelle est inférieure au capital scolaire (Gollac, Kramarz, 2000). L'apprentissage de l'informatique en milieu professionnel semble alors jouer une sorte de compensation sur un déficit de capital scolaire. On comprend alors à quel point l'apprentissage de l'informatique en entreprise dépend des dispositions sociales : tirer un bénéfice personnel de l'informatisation n'exige pas seulement des compétences cognitives et des dispositions culturelles, mais aussi un « sens du jeu social », qui ne se réduit pas à un savoir scolaire (Gollac, Kramarz, 2000) : savoir quand, comment utiliser l'informatique semble aussi important que la compréhension de ses fonctionnalités. D'autres auteurs partagent ce point de vue et soulignent l'importance des aptitudes non seulement cognitives, mais aussi sociales et relationnelles, notamment lorsqu'il s'agit de l'informatique en réseaux. La maîtrise de l'informatique suppose, bien sûr, une maîtrise dans le maniement de l'outil, mais aussi des compétences liées à l'expression orale et écrite, qui dépendent des codes sociaux, donc des capacités culturelles et relationnelles et, par conséquent, au final, d'un capital social (Moatty, 2004).

En revanche, le capital scolaire n'est pas un prérequis indispensable pour l'apprentissage de l'informatique en contexte professionnel. Les modes d'apprentissages ont donc besoin d'être variés, de s'inscrire dans le temps long de la vie professionnelle et de se construire en étroit lien avec les contextes de travail, étant donné l'importance des dimensions collectives et organisationnelles dans l'appropriation des outils numériques au travail (Moatty, 2004). Les expériences vécues dans ces contextes permettent d'enrichir la connaissance des jeux sociaux et le capital relationnel qui faciliteront, ensuite, le développement des usages.

Les inégalités numériques se traduisent et se rejouent ainsi souvent à travers les pratiques (Granjon, Metzger, Lelong, 2009). Ainsi, les études sur les usages des outils numériques dans la sphère privée révèlent que les *chats*, qui nécessitent une écriture rapide, peu normée, sans enregistrement des traces, attirent une forte proportion d'utilisateurs disposant d'un capital culturel plutôt faible, alors que les *forums* où les traces écrites sont plus pérennes, donc davantage exposées à des jugements sociaux, sont davantage utilisés par les individus mieux dotés culturellement (Granjon, Metzger, Lelong, 2009). Ces constats restent globalement valables dans la sphère professionnelle : ce sont les cadres, très à l'aise à l'écrit, qui s'afficheront et publieront le plus, par exemple, sur les réseaux sociaux internes d'entreprise (Boboc, Gire, Rosanvallon, 2015).

Dans le même ordre d'idée, la facilité du rapport à l'écrit des salariés joue un rôle non négligeable sur leur capacité à s'inscrire dans un collectif et à se situer dans une dynamique d'apprentissage (Saint Laurent-Kogan, Metzger, 2007). Ainsi, rapport à l'écrit, capital relationnel et développement des usages convergent.

La capacité à gérer la frontière entre privé et professionnel comme disposition sociale

Les recherches plus récentes attestent la permanence de ces constats : en s'intéressant à la gestion des frontières entre les identités professionnelle et personnelle sur les réseaux sociaux (Facebook, Twitter, Instagram...), Ariane

Oiller-Malaterre (2019) montre que la compétence de créer et maintenir ces deux identités peut être assimilée à une nouvelle forme de capital culturel, qu'elle qualifie de « capital culturel technologique ». Pour le caractériser, l'autrice s'appuie sur les trois états du capital culturel défini par Bourdieu : l'état incorporé (c'est-à-dire intériorisé sous forme de disposition permanente et durable – l'*habitus* ; une forme de capital identifié aux individus, son accumulation demande du temps), l'état objectivé (des biens culturels – livres, tableaux, machines, transmissibles instantanément et appropriables formellement dans leur matérialité) et l'état institutionnalisé (des titres scolaires, relativement indépendants par rapport au porteur du titre, une forme certifiée et garantie du capital culturel). Le capital culturel technologique apparaît comme un capital culturel incorporé, en partie hérité de la famille, intériorisé sous la forme de l'habitus primaire et, en partie, acquis par la socialisation secondaire à l'école et dans d'autres expériences. Il se compose de compétences multiples, par exemple, linguistiques et relationnelles. Le capital culturel technologique agit comme capital symbolique, car il paraît naturel et il est invisible (Bourdieu, 1979). La gestion des frontières en ligne s'apparente au capital culturel incorporé dans la mesure où cette compétence ne peut pas être transmise instantanément comme un bien matériel. L'acquisition de ce capital requiert du temps et demande un investissement personnel de l'individu. Les utilisateurs qui ont un capital culturel technologique élevé sont ceux qui cherchent à mettre en place des stratégies en fonction des contenus et des réseaux de contacts, en se demandant à chaque publication si les contenus qu'ils souhaitent publier sont cohérents avec les personnes qui vont les voir et en les choisissant en fonction des personnes. La mise en œuvre de la gestion des frontières en ligne requiert du temps, des efforts et des aptitudes techniques. De même pour la maîtrise des codes sociaux relatifs aux courriels, qui alimentent également ce capital technologique. À l'opposé, les utilisateurs qui adoptent des stratégies ouvertes, en partageant toutes les informations, valorisantes ou pas, avec tous ceux qui souhaitent consulter leur profil ont plutôt un capital culturel technologique faible.

Ce capital technologique peut amplifier ou amoindrir le capital social. Les stratégies ouvertes entraînent le plus de risques d'impacts négatifs sur le capital social des individus : plus l'utilisateur révèle d'informations sur soi à des auditoires larges, hétérogènes sur le plan social, plus il risque de violer des normes sociales et d'offenser des interlocuteurs, et donc de voir diminuer le respect et l'appréciation de ses auditoires à son égard. Inversement, plus un individu possède la compétence numérique de gestion des frontières en ligne (donc un capital culturel technologique élevé), plus il aura de probabilités de construire et de conserver un capital social solide (Oiller-Malaterre, 2019).

Le capital culturel technologique agit donc comme un capital symbolique permettant de construire et de développer le capital social d'un individu. Par ailleurs, en ce sens, une étude du CEREQ nous montre que les salariés plus connectés accèdent davantage à la formation organisée et bénéficient également de l'effet stimulateur des TIC sur les apprentissages informels (Lambert, 2019).

Les inégalités numériques dépendent d'inégalités sociales, tout en les influençant donc à leur tour.

2.3. L'appétence au numérique, résultat d'un processus de socialisation

L'appropriation des outils numériques au travail est bien un processus social, qui concerne aussi bien les utilisateurs que les non-utilisateurs, dans des cadres qui leur sont propres, dictés par leur position sociale, leur place dans l'organisation, par des règles de métier, des savoirs partagés, formels et informels, par des modes opératoires, etc.

Pourtant, la littérature professionnelle ou grand public fait souvent mention de l'« appétence » ou de la « motivation » vis-à-vis du numérique comme un facteur clé d'adoption et d'usage. Dans un contexte où l'accent est mis sur l'autonomisation des salariés, le développement personnel, la capacité à se prendre en main (en matière de carrière, parcours, formation...), les discours insistent sur les facteurs individuels, avec une forte connotation « psychologisante » (Stevens, 2008) dans l'appropriation des outils. Fortes de cette conviction, les entreprises centrent alors leurs efforts sur des modalités d'accompagnement de la transformation digitale (Benedetto-Meyer, Boboc, 2019) qui visent à « sensibiliser » les salariés, les familiariser ou leur montrer les avantages des outils numériques.

Pour mieux comprendre les limites de cette notion d'appétence, prenons l'exemple de l'accès différencié à la formation continue pour des ouvriers, même s'il s'agit de s'éloigner des outils numériques pour un court moment. Guillaume Teillet décrit le décalage entre les normes implicites du dispositif de formation, qualifié de scolaire, et le mode d'apprentissage professionnel des ouvriers. « Les dispositions cognitives et langagières construites au fil de leurs trajectoires ne peuvent entrer qu'en dissonance avec la manière dont on veut qu'ils transmettent leurs savoirs professionnels » : les ouvriers ont du mal à « construire un itinéraire de formation découpant leur activité en unités », comme ils sont incapables de rédiger des fiches, etc. Il ne s'agit pas ici du rapport à l'écrit, mais d'une « réelle "mise en incapacité" de transmettre son savoir professionnel en raison d'un rapport à sa pratique non reconnu et non valorisé par l'entreprise » (Teillet, 2015). Considérer que le fait de suivre une formation ou de s'y impliquer ne relève que de la motivation ou de l'appétence, constitue donc une manière de naturaliser le résultat de processus de socialisation antérieurs.

L'appétence ou la motivation à utiliser tel ou tel outil ne sont donc pas une sorte de trait psychologique de la personne, mais le résultat d'un processus de socialisation, qui s'est déroulé aussi bien dans la sphère privée (comme le fait de coder très jeune ses premiers programmes, se voir offrir un ordinateur pour développer ses propres programmes, vivre une enfance propice à l'apprentissage par le jeu) que professionnelle (comme la présence des collègues informaticiens qui donnent des idées pour résoudre un problème lié à l'ordinateur ou pour mieux utiliser un logiciel). Par ailleurs, cette appétence est à comprendre aussi bien dans des parcours personnels et/ou professionnels (par exemple, la volonté de suivre un cours en ligne en vue d'une évolution professionnelle qui rendra possible une mobilité géographique souhaitée par les membres de la famille). La force de ces motivations ou de ces appétences renseigne ainsi sur la capacité d'emprise du salarié sur l'avenir.

Ces compétences liées à l'usage du numérique, qui se construisent au fil du temps, sont aussi bien instrumentales (liées à la manipulation du matériel et des logiciels) que structurelles ou informationnelles (liées à la nouvelle façon d'entrer dans les contenus en ligne : chercher, sélectionner, comprendre, évaluer, traiter l'information) et stratégiques (liées à l'aptitude à utiliser l'information de manière proactive, à lui donner du sens dans son propre cadre de vie et à prendre des décisions en vue d'agir sur son environnement professionnel et personnel) (Valenduc, 2009).

Le manque d'opportunités d'accès et d'usages du numérique en contexte professionnel renforce les inégalités et peut contribuer à en créer des nouvelles.

Pascal Lallement et Jean-Luc Metzger empruntent la notion d'appétence à Bernard Lahire (Lahire, 2001) pour distinguer compétences, comme « capacités à faire » telle ou telle chose, et appétences, comme « goût ou envie de le faire ». Ils définissent la notion d'appétence comme la variabilité des rapports aux dispositions incorporées, aux compétences qui dépend des expériences passées (Lallement, Metzger,

2009). « Plus un individu a été placé, simultanément ou successivement, au sein d'une pluralité de contextes sociaux non homogènes, et parfois même contradictoires, plus cette expérience a été vécue de manière précoce, et plus on a affaire à un individu au patrimoine de dispositions, d'habitudes ou de capacités non homogène, non unifié, variant selon le contexte social dans lequel il sera amené à évoluer » (Lahire, 2001, p. 140).

2.4. Quand les représentations viennent brouiller la compréhension des inégalités

Le poids des stéréotypes, des imaginaires ou celui des représentations véhiculées couramment par des échanges ordinaires ou la littérature managériale ne sont pas à négliger dans la construction des inégalités. Ces représentations, souvent intériorisées par les principaux concernés, influencent les inégalités, y compris celles en termes d'apprentissage avec le numérique en entreprise. Les seniors, les personnes vivant en zone rurale, les personnes avec des revenus modestes, les personnes peu diplômées, les personnes en recherche d'emploi, les personnes handicapées sont souvent perçues comme étant peu à l'aise avec le numérique[2].

Les discours sur les générations Y (dites « Gén Y » ou appelées également *Millennials*) ont beaucoup contribué à associer l'image des jeunes à l'aisance avec le numérique, à la créativité et l'innovation, alors que l'image des seniors est associée à « l'expertise métier »... et aux difficultés à s'adapter au contexte technologique[3].

En contexte professionnel, ces perceptions sont renforcées par une impression largement partagée par les salariés de « n'être jamais assez geek », qui s'explique par le renouvellement incessant de logiciels et d'équipements, à la base de ce sentiment d'avoir toujours « une longueur de retard ». Nous verrons dans le chapitre dédié à la formation que ce sentiment prend un relief accru pour les seniors, du fait, justement, des représentations plus générales les concernant. D'ailleurs, le terme de digitalisation est flou et englobe des réalités tellement différentes qu'il laisse forcément poindre le sentiment d'un manque de maîtrise vis-à-vis des outils numériques.

---

2. Voir, par exemple, l'étude BVA réalisée pour le Digital Society Forum d'Orange sur la perception des inégalités numériques : https://digital-society-forum.orange.com/fr/les-actus/1151-le-numerique-facteur-d-inclusion-ou-d-exclusion
3. Voir, par exemple, les résultats des enquêtes européennes (Méda, Vendramin, 2013).

Il convient ici de souligner l'effet performatif de tels stéréotypes. Les études menées au sein du département des sciences sociales d'Orange Labs (Boboc, Farhat, Mallard, 2010) ont, par exemple, montré l'effet performatif de telles représentations liées à l'âge dans les usages faits du numérique en contexte professionnel par des jeunes qui entrent dans la vie professionnelle : c'est aussi parce que l'on dit d'eux qu'ils sont à l'aise avec le numérique qu'ils le deviennent. En effet, même s'ils ne disposent pas de l'information (relative à l'usage des outils numériques) que d'autres collègues leur demandent, ils vont s'efforcer d'y accéder afin de pouvoir « échanger leurs connaissances numériques contre les connaissances métier » de leurs collègues plus chevronnés. Ainsi, en entrant dans le monde du travail avec un faible réseau social professionnel, les jeunes employés utilisent leur maîtrise supposée des outils numériques pour faciliter, par cet échange « numérique-métier », leur intégration en entreprise.

Si dans le cas des jeunes nous avons observé un effet performatif des discours, dans le cas des seniors nous pouvons parler d'un effet de « performativité inversée » (Benedetto, Boboc, Metzger, 2019b) : si les salariés seniors semblent accepter le rôle qui leur est assigné par le discours dominant (« au-delà de 55 ans, on est moins à l'aise avec le numérique »), ils prennent du recul par rapport à ces représentations et ils développent des stratégies individuelles (organisation du temps, prise de notes, impression de documents...) ou collectives (travail en binôme avec un « plus jeune », organisation de groupes de révision, etc.) leur permettant d'avancer dans leurs apprentissages. Ainsi, au lieu de se laisser limiter par les discours qui les entourent, ils cherchent, à l'inverse, pour certains du moins, des solutions pour aller plus loin. Les représentations jouent donc sur les usages, dans un sens comme dans l'autre.

Nous reviendrons sur ces inégalités liées à l'âge dans le chapitre 6, pour montrer que, aussi bien la représentation courante qui est celle des jeunes très à l'aise avec le numérique et de seniors qui le sont moins, que la dimension cognitive (dégradation des facultés d'apprentissage), ne constituent qu'un aspect de l'apprentissage avec le numérique en entreprise. Les conditions socio-organisationnelles (parcours de formation, échanges entre pairs, implication des managers...) jouent un rôle primordial dans cet apprentissage, notamment dans le suivi des formations numériques et la mise en œuvre des connaissances ainsi dispensées.

Les stéréotypes liés à l'âge dans les usages des outils numériques : encadré méthodologique

Dans les enquêtes sociologiques sur les usages du numérique en situation professionnelle, il n'est pas rare que l'interview soit émaillée de références à ces stéréotypes, notamment liés à l'âge. Les salariés plus âgés font allusion au fait qu'ils ne sont pas « nés avec la technologie », tandis que les jeunes s'excusent parfois de ne pas correspondre à l'image qu'on se fait d'eux, expliquant qu'ils ne sont pas de « vrais jeunes ».

Les effets de génération et de « culture » sont souvent les premières réponses au sociologue cherchant à comprendre les usages différenciés du numérique au travail. Les références à la « familiarité » avec le numérique, aux usages personnels sont également fréquentes. Un technicien va ainsi faire allusion au fait qu'il n'est pas à l'aise avec une tablette parce qu'il a « de gros doigts » ou qu'il n'y connaît rien aux nouveaux outils.

Il est alors important de relever, dans l'analyse, la force de ces croyances et leur effet performatif. L'intériorisation des stéréotypes peut ici jouer une forme d'auto-censure, et constituer un frein aux usages. Les entretiens approfondis permettent pour autant, souvent, de mettre à jour des contre-exemples, des cas d'usage qui contredisent les stéréotypes (tel salarié s'est mis au numérique au moment de la retraite, tel autre joue en ligne avec ses enfants). La posture d'enquête ne consiste pas à souligner ces paradoxes ou contradictions, mais à chercher à comprendre en quoi les stéréotypes, même contredits par ces contre-exemples évidents, continuent à justifier les inégalités d'usages en les « naturalisant ».

Dans le même ordre d'idée, on remarque souvent que les facteurs organisationnels (accès à la formation, espaces de discussion, organisation du travail) sont peu abordés spontanément par les salariés. Ils doivent cependant faire l'objet d'interrogations pour comprendre, au-delà des facteurs individuels, les facteurs organisationnels entrant en ligne de compte dans l'appropriation des outils.

2.5. Inégalités d'usages et conditions socio-organisationnelles

Les inégalités numériques ne se réduisent pas à des inégalités individuelles. Comme nous le montrons à plusieurs reprises dans ce livre (par exemple, dans les parties dédiées aux inégalités liées à la numérisation de la formation), les conditions socio-organisationnelles sont essentielles dans la réduction des inégalités liées à l'usage du numérique en contexte professionnel (tout en sachant qu'elles peuvent en créer d'autres), car la dynamique des inégalités numériques dépend des relations sociales riches et pérennes que les individus arrivent à construire, de la capacité à rester dans une dynamique d'apprentissage pertinent, en donnant du sens à ces apprentissages dans le travail, de la possibilité de construire leur autonomie, en trouvant aussi un sens et une valeur ajoutée aux outils numériques au travail et de la capacité à contrôler le changement technologique, en agissant sur ses évolutions (Lallement, Metzger, 2009). En effet, le risque lié aux réorganisations fréquentes, aux transformations technico-organisationnelles et à la réinvention permanente des technologies engendre le renforcement des inégalités qui dépendent de l'inégale distribution des capacités à faire face à ces changements récurrents et à s'adapter à la nature des transformations.

Ces réorganisations portent aussi bien sur l'organisation de l'activité et des équipes que sur un changement technologique permanent. Par ailleurs, dès l'apparition de l'ordinateur en contexte professionnel, les études soulignaient l'immense effort pour maîtriser l'ordinateur et s'approprier les différents outils (Gollac, Kramarz, 2000).

Pour mettre en œuvre la « transformation digitale », les entreprises multiplient leurs efforts d'accompagnement et le nombre d'acteurs de terrain censés former, informer, suivre ou évaluer les salariés aux prises avec de nouveaux outils numériques. Au sein des entreprises, on a ainsi vu apparaître des « acteurs relais » (« ambassadeurs digitaux », « diffuseurs du numérique », etc.), sans compter l'action des managers de proximité. Ces derniers, conscients des difficultés que posent les outils numériques à certains membres de leur équipe, œuvrent (Benedetto-Meyer, 2019) pour les atténuer, la digitalisation étant pour eux tout d'abord un moyen d'atteindre des objectifs managériaux et de s'inscrire dans des logiques productives existantes.

Ces acteurs ont des représentations différentes de cet accompagnement à la transformation digitale, et des modes d'action différents. Pour certains, la « transformation digitale » renvoie à un état d'esprit (« ouverture », « curiosité », « droit à l'erreur », etc.), pour d'autres, à la familiarisation avec les outils, pour d'autres enfin, à une imbrication fine des outils au travail et à l'évolution de pratiques professionnelles (Benedetto-Meyer, Boboc, 2019).

Ces acteurs cherchent à faciliter l'appropriation des outils numériques par les salariés. Comme cela a déjà été démontré au niveau des dispositifs de formation au numérique, deux finalités sont bien présentes : une finalité orientée vers l'intégration ou l'évolution professionnelle et une autre vers la revalorisation sociale, dans un contexte où le numérique semble occuper une place importante (Brotcorne, Valenduc, 2009). Et ces finalités concernent ces « acteurs relais », mais aussi, souvent, les salariés qui suivent ces dispositifs d'accompagnement. Est-ce que ces dispositifs d'accompagnement accélèrent pour autant cette évolution professionnelle et contribuent à la revalorisation sociale, ou bien entérinent-ils des inégalités, notamment les hiérarchies sociales ? Ces initiatives visant l'appropriation des outils numériques arrivent-elles à atténuer les inégalités, voire à changer les hiérarchies sociales (en obtenant un meilleur statut) sans passer par la culture dominante ? La question reste encore ouverte. On notera simplement que les cas des personnes ayant traversé les barrières des hiérarchies sociales semblent être peu nombreux.

L'approche par les capacités, qui permet de faire la différence entre « savoir-faire » et « être en mesure de faire », permet de mieux comprendre les inégalités liées à l'apprentissage avec le numérique en contexte professionnel (chapitre 6). La mise en œuvre d'une capacité dépend des ressources à disposition et des facteurs de conversion individuels, collectifs et organisationnels (voir chapitre 1), qui modèlent le pouvoir d'agir concret d'un individu. L'organisation du travail, les politiques de formation, la construction des parcours de formation, la valorisation des apprentissages, l'existence des réseaux d'échange entre pairs et/ou des réseaux d'entraide entre collègues, la sensibilisation et la formation des managers à l'accompagnement autour des formations numérisées sont autant de facteurs qui dépassent le niveau individuel et qui permettent d'expliquer les inégalités numériques liées à la formation.

Conclusion

Les inégalités numériques apparaissent comme le résultat de l'interaction cumulative entre transformations socio-organisationnelles et parcours personnels et professionnels, interaction qui varie fortement selon les secteurs d'activité, les métiers (avec des règles formelles et informelles, des hiérarchies visibles et invisibles...), les stratégies des entreprises et leurs visées managériales, ainsi que selon l'importance des transformations antérieures et en cours. Les inégalités numériques en contexte professionnel sont donc en permanente évolution, en étant déterminées aussi bien par la dynamique d'inégalités sociales que par celle des changements socio-organisationnels.

Si les décideurs politiques ont toujours cherché à apporter des réponses en matière de « fracture numérique », celles-ci se sont souvent focalisées sur l'équipement, les ressources et les formations, sans forcément faire le lien avec des actions en matière d'inégalités sociales. Dans ces conditions, les effets limités de ces modes d'actions par rapport aux ambitions ne surprennent pas. Le dernier plan national pour un numérique inclusif (2018) essaie de cibler davantage les publics en difficulté et d'encadrer davantage les « aidants numériques » pour orienter ces personnes vers des lieux adaptés de médiation et d'accompagnement.

De surcroît, en contexte professionnel, la situation devient encore plus complexe, face à des politiques économiques qui ont comme orientation l'injonction à l'initiative individuelle et à la responsabilité des personnes vis-à-vis de leurs parcours de formation, comme nous le verrons dans le chapitre 6. Ce poids donné à la dimension individuelle de l'apprentissage conduit à sous-estimer l'importance des dimensions collectives, organisationnelles et institutionnelles dans la réduction des inégalités numériques et dans l'apprentissage avec des outils numériques, qui se sont largement répandus ce dernier temps.

Les inégalités numériques sont enchâssées dans des inégalités sociales et d'apprentissage. Il est donc difficile de concevoir des politiques de lutte contre les inégalités numériques sans lien étroit avec celles de lutte contre les inégalités sociales.

Chapitre 3

Numérique et transformations des espaces et des temporalités au travail

L'essor du numérique, associé aux évolutions structurelles du travail et des sociabilités, invite à s'interroger sur les évolutions des espaces et des temps, à travers les évolutions des conditions de réalisation des activités (dispersion, fragmentation, multi-activité, etc.), le brouillage des frontières entre sphères privée et professionnelle (avec, par exemple, la question de la déconnexion), et, bien sûr, le développement du travail à distance.

Ce chapitre se centrera sur les modifications du travail avec ces changements spatio-temporels sous l'impulsion du numérique, en ayant comme fil une question fondamentale, celle de la régulation managériale et des enjeux managériaux liés aux équilibres qui s'opèrent entre présence et distance. Avec ces changements spatio-temporels, assistons-nous à des formes inédites de coopération dans le travail ? Les cadres hiérarchiques et contractuels formels se trouvent-ils recomposés ? Comment des télétravailleurs de plus en plus équipés se synchronisent-ils avec le reste de leur équipe et construisent-ils des formes de présence en fonction des besoins de leur activité ? Comment capter l'attention et gérer un flux d'informations croissant, aussi bien au niveau individuel que collectif, dans des temporalités de travail de plus en plus courtes ?

Ce chapitre aborde ces changements des espaces et des temps de travail avec le numérique dans les situations de travail « au bureau », notamment des cadres, même si d'autres activités ont été largement influencées par le numérique, comme, par exemple, les activités nomades des techniciens (dans la planification et surveillance des temps) (Datchary, 2017) ou bien les téléconsultations médicales, qui constituent d'autres cas intéressants de transformations de l'espace (Mathieu-Fritz, 2021).

1. De nouveaux paradigmes : fluidification des espaces, accélération des temps

Depuis les années 1950, le développement du réseau routier et ferroviaire (notamment avec l'arrivée du TGV) et la diminution des coûts de transports ont contribué à rendre les territoires beaucoup plus fluides pour les entreprises. Ces évolutions liées au transport, couplées au développement des outils numériques, ont facilité la mise en concurrence des sites, la segmentation de la production et le développement des services à distance.

L'essor des technologies de l'information et de la communication, la miniaturisation des terminaux et l'augmentation des capacités de stockage permettent aux données de circuler de plus en plus facilement, y compris entre la sphère privée et la sphère professionnelle. Sur le fond de ces évolutions, la diffusion massive du mail (sur les ordinateurs et sur les smartphones) a contribué, ensuite, également au changement d'un paradigme temporel, qui se traduit par une disponibilité croissante des salariés, indépendamment de leurs temps et espaces de travail (Akrich *et al.*, 2001).

Il convient néanmoins ici de rappeler la différence entre le « temps de l'horloge », qui permet l'organisation des activités en société et des activités productives, et le temps des constructions sociales, individuelles et collectives (Elias, 1999 ; Zarifian, 2001a ; Datchary, Gaglio, 2014). Le temps horloge est un temps qui sert de mesure, de repère et de contrainte (obligation de tenir les délais, de respecter le planning, de respecter la durée de la réunion, obligation de commencer à une certaine heure...). Il s'écoule d'une manière linéaire, c'est un temps régulier. Le temps des constructions sociales est aussi le temps des apprentissages, des mutations et maturations, des discussions informelles, voire le « temps-événement » qui suscite des réactions immédiates.

Les entreprises se sont emparées de cette fluidification pour raccourcir considérablement leur temps de recueil, de traitement des informations et de décision, en diminuant les risques qu'elles prennent et en rendant leurs choix réversibles (Coninck, 2009), sur le modèle d'essai-erreur : les temps courts permettent aux décideurs de revenir rapidement sur leur décision si, en l'appliquant, elle s'avère mauvaise.

Les délais se sont ainsi raccourcis, progressivement, à tous les niveaux de l'entreprise (comme nous le verrons notamment avec le mode agile, chapitre 4).

Un autre paradigme central de nos sociétés et de leurs imaginaires est celui de la *mobilité* (Urry, 2000). Les sentiments d'accélération du temps (Rosa, 2010) et de fragmentation des temps en lien avec des transformations des mobilités soutenues par l'essor du numérique (comme, par exemple, de nouvelles possibilités d'accès à des informations en temps réel : bouchons, comparaison d'itinéraires, horaire d'arrivée du prochain bus... ; accès à des contenus en mobilité qui modifie la perception et l'utilité du temps de transport ; possibilité de continuer à échanger avec ses interlocuteurs) (Aguilerra, Ralet, 2016 ; Urry, 2000) conduisent à des recompositions des liens sociaux.

Notons, en ce sens, la variabilité des lieux de travail, qui s'est accrue pour les salariés d'exécution, ouvriers ou employés, notamment au contact des clients. Cet accroissement est dû, par exemple, aux stratégies d'externalisation et de sous-traitance (qui conduisent à une intensification des relations avec des partenaires extérieurs), à l'ajustement à une demande de plus en plus fluctuante, à la négociation/réalisation des transactions en lien avec la rationalisation de la fonction commerciale (voir chapitre 7). La mobilité des ouvriers qualifiés de type artisanal (liée à la réalisation des tâches) a explosé, par exemple, depuis les années 1980, en atteignant le niveau de celle des cadres (Crague, 2003). Pour eux, la pression sur le temps est synonyme d'une exigence de réactivité. L'encadrement connaît, lui aussi, une variabilité des lieux de travail.

Les salariés d'exécution, ouvriers ou employés, qui ne sont pas au contact du client, ont vu le temps court devenir une norme dans l'exécution de leurs tâches, dans une logique purement taylorienne, en raison de la pression sur les coûts de production.

Pour les cadres et les professions intermédiaires, la durée du travail hebdomadaire a augmenté (Chenu, Herpin, 2002), du fait de la concurrence accrue et de la multiplicité des exigences à satisfaire sur un horizon de temps court. Ils passent aussi plus de temps à faire du reporting, en renseignant des bases informatiques. Ils voient également leurs interlocuteurs se renouveler plus fréquemment et s'ils ne se déplacent pas plus souvent dans l'absolu, c'est plus fréquemment dans l'urgence ou dans des situations de crise. Certains cadres évoquent alors une mobilité lassante, qu'ils cherchent à limiter en envoyant un de leurs collaborateurs à leur place, en se focalisant sur les réunions les plus importantes ou en arguant de leur manque de temps pour refuser de se déplacer (Aguilera *et al.*, 2007).

Chacun vit, par ailleurs, un raccourcissement des horizons de temps qui met en tension le temps long biographique avec ses investissements et ses projets, et le temps court des décisions stratégiques et leurs revirements (Coninck, 2006). Se former, former des projets, investir un lieu demandent du temps, mais celui-ci est fortement réduit.

Même si les transformations du rapport au temps de travail sont indissociables de celles du rapport à l'espace du travail, dans ce chapitre, nous mettons l'accent tout d'abord sur les évolutions concernant le temps et ensuite sur celles concernant l'espace. Mais avant, nous allons pointer les transformations de l'activité en lien avec celles des espaces et des temps.

2. Transformation de l'activité : dispersion, fragmentation liée à l'usage des outils de communication et d'échanges d'information

L'essor du numérique, couplé aux transformations des espaces et des temps ainsi qu'aux autres transformations du monde du travail, a aussi des répercussions sur l'organisation de l'activité et sur les conditions de réalisation de celle-ci.

Les enquêtes Conditions de Travail fournissent des éléments sur le lien entre les conditions de travail ressenties et l'usage des messageries et réseaux, qui continuent de se généraliser dans le quotidien d'une majorité de salariés depuis 1990 (Mauroux, 2018). Le taux d'utilisation de ces technologies varie cependant d'une catégorie socioprofessionnelle à une autre : en 2013, plus de 90 % des cadres sont ainsi connectés contre un peu plus de 10 % des ouvriers. Il existe également une grande hétérogénéité selon que l'utilisateur est mobile ou sédentaire, connecté ou non à un réseau et a un usage de ces technologies peu intensif, modéré ou intensif.

Selon le contexte de travail spécifique dans lequel ils s'inscrivent, les usages du numérique peuvent être corrélés au développement de l'autonomie au travail, d'un sentiment de satisfaction ou d'une relation de confiance entre l'entreprise et le salarié, ou, au contraire, à des conditions de travail dégradées et des facteurs de risques psychosociaux.

Selon encore donc les enquêtes Conditions de Travail, les utilisateurs d'outils mobiles sont très autonomes, mais débordés : charge de travail et charge mentale importantes, situations fréquentes de débordement du travail sur la sphère privée. En revanche, ils éprouvent un fort sentiment de reconnaissance professionnelle.

Pour les utilisateurs sédentaires, connectés au moins 7 heures par jour, les conditions de travail sont plutôt dégradées toutes choses égales par ailleurs : la charge de travail et la pression au travail sont importantes, avec une reconnaissance moins importante que pour les utilisateurs d'outils mobiles.

Les salariés équipés d'outils informatiques, mais ne disposant pas de messagerie électronique ni d'accès à internet (notamment des ouvriers et employés non qualifiés), cumulent contraintes physiques, intensité du travail, faibles marges de manœuvre et soutien social réduit. Face à un travail prescrit et normé, et malgré des cadences élevées, leur sentiment de pression temporelle ou de charge de travail excessive est néanmoins plus faible que celui du reste des utilisateurs d'outils informatiques.

Comme la population des cadres est particulièrement utilisatrice d'outils numériques, nombreuses sont les études qui se penchent sur leurs usages. En analysant l'impact du numérique sur leurs conditions de travail, des chercheurs en psychologie du travail distinguent trois catégories de cadres (Bobilier-Chaumon *et al.*, 2013) :

- les cadres « débordés » ou « libre-service » qui perdent en partie le contrôle sur leur travail, car c'est l'environnement numérique qui les oriente et qui cadence leur activité ; ils ne se sentent pas maîtres de l'organisation de leur temps (besoin de réagir très vite), ils traitent un volume d'informations plus important dans un même laps de temps (intensification du travail), informations parfois divergentes auxquelles ils doivent donner du sens ;
- les cadres « décadrés » ou « dispersés » pour lesquels le travail se trouve projeté dans des systèmes de travail qu'ils n'avaient pas anticipés ; ils doivent articuler des informations dans un contexte d'accentuation de la multi-activité, de la dispersion, de la fragmentation des tâches ;

– les cadres « glocalisés », immergés, à un même moment, dans des espaces et des temporalités différents, dans des environnements avec des pratiques et exigences différentes (par exemple, un salarié à son poste de travail, qui, par le biais d'une visioconférence, va participer à un échange avec des collègues à distance, pour lequel il a besoin de concentration, alors qu'à côté de lui il y a des discussions et du mouvement).

Nombreuses sont, en particulier, les études sur l'usage de la messagerie électronique par les cadres. Il est, par exemple, montré que l'intensité des échanges par courrier électronique peut fragmenter le travail au quotidien, créant une sensation de dispersion, notamment dans un environnement professionnel où se développe le nomadisme, que ce soit pour assister à des réunions à l'extérieur ou en cas de périodes de télétravail (Bobilier-Chaumon *et al.*, 2013).

Cette dispersion est mise en lien avec l'émergence d'une norme de disponibilité avec la messagerie électronique (Akrich *et al.*, 2001 ; Bretesché *et al.*, 2014).

En démultipliant les possibilités d'action, le rythme des mails influe sur l'organisation des activités et sur la gestion des informations. Le mail, conçu comme outil asynchrone, devient, à l'usage, un outil synchrone qui bouscule les normes de disponibilité et augmente la pression du temps réel.

Les cadres sont amenés à développer une activité de maîtrise et de gestion stratégique des messages (Bretesché *et al.*, 2014). Selon certains auteurs, la gestion du mail, dans un contexte de surcharge informationnelle et pression temporelle, amène les utilisateurs à mobiliser des compétences et à adopter des stratégies de communication pour anticiper, par exemple, la multi-activité réelle ou supposée de leur interlocuteur, afin d'assurer une meilleure réception de leur mail, de rendre le message intelligible et de limiter les coûts cognitifs (Atifi *et al.*, 2017).

L'analyse des usages du mail par les cadres au sein d'une collectivité territoriale a mis en évidence une plus grande circulation de l'information grâce aux e-mails, ce dont peuvent pâtir certains cadres, bénéficiant ainsi d'un avantage informationnel moins important qu'auparavant. Au sein de cette collectivité, la perte du monopole de l'information stratégique ainsi que le flux d'informations ont pu provoquer, chez les cadres, une surenchère pour le contrôle de l'information. Autrement dit, les mails qui sont censés accroître la circulation et la diffusion de l'information conduisent à augmenter l'épaisseur bureaucratique (Bretesché *et al.*, 2014). Nous reviendrons sur ces aspects dans la partie de ce chapitre dédiée à la surcharge informationnelle et la déconnexion.

Le risque de dispersion dans le cours d'activité et l'exigence de disponibilité accrue pour les cadres (y compris dans la sphère privée) que le mail induit suscitent la recherche de nouvelles normes collectives pour structurer l'activité, qui passent par la reconfiguration du travail des cadres, en lien avec l'importance accrue des activités de liaison et d'information, exercées sous contrainte de temps.

Caroline Datchary s'est particulièrement intéressée aux situations de dispersion, définies comme des « situations où les personnes sont amenées à reconfigurer fréquemment leur activité face à un environnement de travail en perpétuelle évolution » (Datchary, 2017). Ses recherches montrent comment l'organisation de l'espace (comme l'*openspace*, présenté comme résultant d'une volonté organisationnelle de forte coordination entre les salariés et les équipes) peut faire peser sur les salariés des exigences en matière de disponibilité aux sollicitations d'autrui. Il en va de même pour l'équipement technique (présence de plusieurs écrans ou téléphones), qui fait partie, lui aussi, du cadrage organisationnel de la multi-activité. Par rapport à ces cadrages organisationnels, l'organisation du travail en équipe, l'interconnaissance entre les membres de celle-ci (qui permet l'instauration des relations de confiance réciproque) et donc la stabilité des collectifs de travail jouent un rôle important dans la prise en charge de la multi-activité. C'est également le cas des compétences et trajectoires individuelles des individus qui composent ces équipes. La prise en compte simultanée de ces différents niveaux permet une lecture plus transversale des questions de dispersion et multi-activité qui ont fait l'objet d'approches ethnographiques et de nombreuses études situées (pour montrer leur valeur heuristique).

L'instantanéité des échanges auxquels le mail a contribué et la fragmentation des tâches ont été accentuées avec la diffusion de la messagerie instantanée en contexte professionnel, même si celle-ci est souvent mobilisée pour des coordinations légères, qui permettent de décharger en partie le mail (Boboc, 2005).

Madeleine Akrich, Cécile Méadel et Véréna Paravel avançaient déjà, dans le cas du mail, que le temps condensé de la communication électronique a des effets sur le contenu même des messages (ex. l'absence de formalisme), mais plus profondément que l'écriture même se trouve transformée (mails rédigés rapidement, relecture rare...). Le temps entre la prise de décision de communiquer et la communication elle-même se trouve raccourci. L'objectivation de la pensée dans le cas du mail est plus faible que dans le cas du courrier papier. Ainsi, l'utilisation du mail introduisait déjà le style « flash », relâché, en engendrant une activité scripturale spécifique (qui peut transmettre l'état d'émotion de l'émetteur, un état plus brut) par rapport au courrier où davantage de temps s'écoule entre écriture et envoi du pli (Akrich *et al.*, 2001).

Les écrits médiatisés en temps presque synchrone, qui sont ceux de la messagerie instantanée, s'inscrivent dans la suite des transformations du mail, en continuant la simplification de l'écriture et en contribuant ainsi à produire une « communication écrite à très faible coût » (Denis, Licoppe, 2004).

Si le numérique est souvent vu sous l'angle des risques psychosociaux qu'il engendre (notamment l'épuisement professionnel face à un espace-temps de travail qui n'est plus borné par les murs de l'entreprise), s'il apparaît souvent comme source de sollicitations multiples, d'interruptions et de discontinuités (Saint Laurent-Kogan, Metzger, 2007), d'autres auteurs proposent de voir la multi-activité comme une ressource qui engage chaque acteur de faire un « travail sur soi », de construire individuellement et collectivement de la continuité malgré les discontinuités des actions (Bidet *et al.*, 2017). Il est néanmoins difficile de séparer cette approche d'autres questions d'organisation du travail, de relations managériales ou de configurations professionnelles, qui représentent aussi bien des sources de prescription, mais aussi de régulation face à la multi-activité.

3. Transformation des temporalités au travail

Quelles sont les évolutions du rapport au temps en contexte professionnel et, particulièrement, de la frontière entre vie privée et professionnelle ? Est-il de plus en plus difficile de se déconnecter ? Le numérique permet-il de concilier les temps ou est-il source de tensions ?

3.1. Convergences et divergences à la frontière entre vie privée et professionnelle

Si les discours autour de la frontière entre vie privée et professionnelle insistent sur la porosité entre les deux sphères, il convient de souligner que celle-ci fait aussi bien l'objet de convergences que de divergences (Coninck, 2007).

L'entrelacement entre sphères privée et professionnelle n'est pas nouveau (parler de sa famille sur le lieu de travail, laisser son numéro de téléphone du domicile à des collègues de travail, lire des documents de travail à la maison...), mais les tensions s'accumulent de plus en plus à la frontière entre les deux sphères.

Cette accumulation des tensions est en lien avec les nombreuses évolutions du monde du travail. Il s'agit tout d'abord des évolutions structurelles de l'emploi. Depuis 1970, le travail et l'emploi ont connu des bouleversements importants en France comme, par exemple, la poussée continue de l'emploi tertiaire et le développement des emplois de cadres et des professions intermédiaires (Balathier Lantage *et al.*, 2011). À ces évolutions, se sont rajoutées celles en termes de sociabilité, comme la multiplication des cercles d'appartenance des individus (Coninck, 2001), l'individualisation croissante aussi bien dans la sphère privée que dans la sphère professionnelle et l'éclatement des collectifs de travail. À cet égard, Patrice Flichy a souligné la forte convergence entre ce qu'observent les sociologues de la famille en termes d'« individualisme connecté » et ce qu'observent les sociologues des organisations dans l'entreprise (Flichy, 2004). À leur tour, ces évolutions sont en lien avec des évolutions temporelles : sentiment d'accélération du temps et de perte de contrôle dans la gestion de celui-ci (Rosa, 2010), augmentation de la pression temporelle au travail (Mias, 2010), intensification des rythmes de travail et des réorganisations, instabilité, perpétuelle injonction à communiquer (Méda, Vendramin, 2013). Celles-ci étant fortement reliées à des évolutions spatiales : lieux d'exercice du travail plus variables et plus temporaires (Crague, 2003).

Les différentes transformations du monde du travail et l'essor du numérique ont conduit à ce brouillage des frontières entre les sphères privée et professionnelle, mais cela ne signifie pas pour autant l'abolition de ces frontières. Celles-ci font l'objet d'un travail social intense. Tous les salariés n'ont pas le même pouvoir de négocier le passage entre ces deux sphères, car les facteurs qui influencent cette articulation sont nombreux.

Les spécificités du métier et la position dans la nomenclature des professions et catégories socioprofessionnelles, qui sont déterminantes sur l'autonomie dans le travail, vont également être un facteur différenciant dans les usages du numérique et la frontière entre vie privée et professionnelle. Une assistante maternelle va, par exemple, devoir laisser son téléphone mobile à l'entrée de la crèche, alors que des cadres autonomes sont plus libres dans leurs usages (ils peuvent, par exemple, s'autoriser des pauses de navigation libre sur internet sur leur ordinateur pendant leur temps de travail). La situation familiale et la position dans le cycle de vie (composition du foyer, âge des enfants, présence des grands-parents...) ou le sexe sont également des facteurs déterminants. Le fait d'être dans un foyer monoparental, d'avoir des enfants en bas âge ou ayant besoin d'être accompagnés sur leurs différents trajets, la possibilité de faire garder ses enfants vont, par exemple, fortement jouer sur la nécessité de « jongler » entre des temps, des espaces et des univers différents. Les femmes, qui restent les premières à réagir en cas d'urgence familiale (Méda, 2008), vont, par exemple, garder à portée de main leur mobile personnel pendant des réunions professionnelles.

Du côté de l'entreprise, l'équipement en smartphones et ordinateurs professionnels des salariés (qui dépend, notamment, de la taille de l'entreprise et du secteur d'activité, comme nous l'avons vu dans le chapitre 2) ou la sociabilité qui s'instaure en entreprise en fonction de la taille de celle-ci (plus les entreprises sont petites, plus les liens entre les deux sphères sont serrés – Mallard, 2011b) vont être déterminants dans l'articulation entre vie privée et professionnelle.

En ce qui concerne les incursions du privé dans la sphère professionnelle, comme le souligne Stefana Broadbent, les échanges privés au travail, facilités par les nouvelles générations de téléphone, ne peuvent pas être abolis, mais ils se font sans danger pour l'équilibre social et la productivité tant que les travailleurs perçoivent le sens de leur activité et ont le sentiment d'appartenance à un collectif. Lorsqu'ils se retrouvent isolés, le repli sur la sphère privée et intime de la sociabilité devient le seul point d'intérêt, au détriment des objectifs et relations au travail (Broadbent, 2011).

Notons, par ailleurs, que l'intensification du travail est plus rapide que celle de la vie privée. D'une part, la construction des relations intimes s'inscrit dans le temps long et, d'autre part, le numérique a moins de prise sur ces relations pour lesquelles l'impératif de coprésence est bien plus important. La confrontation fréquente des individus à des situations d'urgence ne les enferme pas dans l'immédiat, ne les fait pas basculer dans l'arythmie, mais bien souvent les conduit à de nouvelles formes d'organisation du temps plus puissantes qu'auparavant (Godard, 2007).

L'articulation entre les deux sphères se construit donc en permanence, avec des passages dans un sens ou dans l'autre, qui se ferment et s'ouvrent en fonction des contextes et des facteurs propres à chaque individu.

3.2. Connexion continue, déconnexion

L'une des conséquences de ce brouillage des frontières entre les sphères privée et professionnelle est la connexion continue.

En effet, en épousant des transformations du monde du travail, le numérique a contribué au développement du sentiment d'urgence dans les entreprises (Isaac *et al.*, 2007) et à l'apparition d'une nouvelle norme sociale, l'immédiateté communicationnelle (Jauréguiberry, 2014).

Celle-ci est fortement reliée à une autre norme sociale, qui s'est renforcée depuis les années 1980, avec le développement de l'autonomie dans le travail, celle de la recherche de soi, de sens et de reconnaissance dans le travail (Méda, Vendramin, 2013). Cette recherche de plaisir et de réalisation de soi dans le travail va de pair avec un risque de surinvestissement professionnel pour lequel l'immédiateté communicationnelle représente un bon terreau (montrer son efficacité en répondant rapidement). La frontière est ténue entre un investissement à la mesure de l'intérêt personnel et un surinvestissement contraint érigé en quasi-norme (Méda, Vendramin, 2013).

L'immédiateté communicationnelle est source de surcharge informationnelle, définie comme la situation dans laquelle se trouve un individu lorsqu'il reçoit plus d'informations qu'il ne lui est possible de traiter. Elle peut conduire à une surcharge d'activité.

Dès les années 1960, la surcharge d'informations était pointée comme source de stress chez les employés, productrice de dysfonctionnements opérationnels et de pertes d'efficacité (entraînant la dégradation des processus décisionnels, de leur qualité, du temps pris pour décider). L'accroissement constant du volume d'informations à traiter, l'augmentation de la vitesse de circulation de ces informations et leur qualité variable caractérisent cette surcharge informationnelle. Celle-ci peut se retrouver ensuite accentuée par des facteurs propres à l'individu (par exemple, l'aisance dans la recherche des informations qui peut réduire le temps pour trouver et traiter l'information utile).

Il y a quelques années, le profil type des salariés ressentant fortement l'urgence et la surcharge informationnelle était celui d'un homme, d'âge élevé, travaillant dans une grande entreprise de télécoms ou dans les services informatiques, plutôt à l'international, avec un niveau de formation et de responsabilité hiérarchique élevé, et un nombre de collaborateurs important (Isaac *et al.*, 2007). Cette norme communicationnelle, qui se traduit par des temps de réponse de plus en plus courts et par un besoin de connexion continue, s'est étendue ensuite à des métiers et secteurs jusque-là non concernés.

Même si la surcharge informationnelle ne porte pas forcément préjudice à l'activité et à la santé, elle est facteur de risques psychosociaux lorsque la surinformation est couplée au sentiment d'urgence et à la perte de sens dans le travail. C'est lorsque, en suractivité, les individus n'arrivent plus à hiérarchiser les tâches, à identifier les priorités et à les gérer, que l'épuisement professionnel, appelé aussi « burn-out », peut arriver.

Les pratiques de connexion continue et de déconnexion soulèvent à nouveau la question des régulations des usages professionnels. Ces régulations peuvent se faire à différents niveaux.

Tout d'abord, ces régulations sont cadrées au niveau législatif, par le Code du travail, mais faiblement, puisqu'elles sont laissées à la main de chaque entreprise[1]. Plus précisément, le thème concernant la déconnexion, rajouté à la négociation annuelle sur l'égalité professionnelle entre les femmes et les hommes et la qualité de vie au travail, porte sur :

> « les modalités du plein exercice par le salarié de son droit à la déconnexion et la mise en place par l'entreprise de dispositifs de régulation de l'utilisation des outils numériques, en vue d'assurer le respect des temps de repos et de congé, ainsi que de la vie personnelle et familiale. À défaut d'accord, l'employeur élabore une charte, après avis du comité d'entreprise ou, à défaut, des délégués du personnel. Cette charte définit ces modalités de l'exercice du droit à la déconnexion et prévoit en outre la mise en œuvre, à destination des salariés et du personnel d'encadrement et de direction, d'actions de formation et de sensibilisation à un usage raisonnable des outils numériques ».

Ensuite, les pratiques de connexion continue et de déconnexion sont une manifestation du brouillage des frontières entre les sphères privée et professionnelle. Comme nous l'avons évoqué, chaque individu gère

1. La régulation a fait son entrée dans le code du travail avec le projet de loi El Khomri. L'article 2242-8 du Code du travail énonce qu'à partir du 1er janvier 2017 un septième thème est ajouté à la négociation annuelle sur l'égalité professionnelle entre les femmes et les hommes et la qualité de vie au travail.

à sa façon cette frontière, en fonction des facteurs qui lui sont propres (contraintes liées au métier, autonomie dans le travail selon la catégorie socioprofessionnelle, situation familiale, avec notamment la présence des enfants en bas âge ou d'autres personnes à charge, l'équipement dont la personne dispose aussi bien dans sa sphère privée que professionnelle...). Les régulations se réalisent également à l'échelle de la famille (Metzger, Cléach, 2004). Enfin, à l'échelle individuelle, chacun a ses manières propres de gérer son temps, car les rapports au temps individuel se construisent lentement avant de se stabiliser. Certains individus sont dans la spontanéité, alors que d'autres aiment davantage programmer leur temps ou sont plus routiniers, etc. (Guillot, 2014). Ainsi, individuellement, certains usages du numérique par les salariés sont marqués par la volonté d'introduire du différé pour retrouver leur propre rythme de travail, ou par la mise en place de règles de joignabilité ponctuelles en fonction des différents contextes de travail, ou encore par le cloisonnement des usages entre sphères privée et professionnelle (adresses électroniques distinctes, mobiles distincts, groupes de contacts séparés sur les réseaux sociaux...).

Même si les individus développent une attitude réflexive et réactive face à la connexion continue, il semble déraisonnable de faire peser la dimension de la régulation des usages professionnels uniquement sur les salariés (Boudokhane-Lima, Felio, 2015).

Au niveau organisationnel, toute une panoplie de mesures sont prises par les entreprises pour inciter les salariés à la déconnexion. Comme nous l'avons indiqué ci-dessus, une première action, inspirée par l'article de loi sur la déconnexion, vise la mise en place de chartes d'usage des outils numériques au travail. Néanmoins, comme le démontrent les enquêtes nationales sur la diffusion des technologies du numérique dans la société française, celles-ci sont très peu utilisées, excepté en cas de litige : seuls un quart des salariés actifs en emploi réclament une charte (Bigot, Croutte, Daudey, 2014).

D'autres actions visent la sensibilisation des utilisateurs, en les invitant, par exemple, à limiter l'envoi de mails. Certaines entreprises ont exprimé leur volonté de remplacer l'usage du mail par celui de réseaux sociaux d'entreprise, mais le mail reste le « couteau suisse » de la communication en entreprise (Guesmi, Rallet, 2012), c'est-à-dire l'outil pivot qui permet d'accéder aux informations et d'en transmettre. Par ailleurs, les études d'usages nous apprennent que l'arrivée d'un nouvel outil au travail ne se traduit pas par la disparition d'un autre plus ancien (par exemple, le développement des réseaux sociaux en contexte professionnel n'a pas conduit à la disparition du mail, comme certaines entreprises l'espéraient). Nous assistons plutôt à un empilement d'outils que certains ont appelé « effet millefeuille » (Kalika *et al.*, 2007) : aujourd'hui, pour échanger, les utilisateurs choisissent entre mail, réseau social, messagerie instantanée ou message sur mobile, en peaufinant leurs stratégies d'usage, c'est-à-dire en jonglant entre les différents outils à leur disposition, en fonction des caractéristiques de ces outils (synchrone/asynchrone, formel/informel, écrit/oral), du type d'information et de leur interlocuteur. Ce « continuum d'usages » a déjà été signalé à propos des usages des médias : la télévision, le magnétoscope (et de nos jours, les *video on demand*) n'ont pas « tué » le cinéma (Pronovost, 1996). Certaines entreprises ont cherché à expérimenter des modules applicatifs de déconnexion (Prost, Zouinar, 2015), qui attirent, par exemple, l'attention de l'utilisateur si celui-ci cherche à se connecter en dehors des horaires de travail pour envoyer des mails. D'autres entreprises ont expérimenté la coupure des serveurs, en laissant la possibilité aux salariés de se connecter, mais en différant l'envoi des mails (action qui se traduit par une surcharge importante, lors de la remise en route du serveur, facteur de stress).

Des solutions ont également été envisagées par les entreprises pour aider les utilisateurs à mieux gérer leur réception de mails. Elles peuvent être de nature technologique, comme la personnalisation de la configuration des outils (ex. désactiver le pop-up d'arrivée d'un message qui fonctionne comme un « attracteur cognitif » en incitant à l'usage du mail comme outil synchrone) ou, plus récemment, le développement des systèmes visant l'aide à l'utilisateur dans ses activités de traitement des messages entrants, en tirant parti des progrès réalisés en intelligence artificielle, en particulier dans le domaine de l'apprentissage machine (*machine learning*). Ces systèmes peuvent chercher, par exemple, à apprendre à prioriser les mails reçus en fonction de leur niveau d'importance et d'urgence, en calculant des scores à partir de trois types de données principales : émetteur, objet et corps du mail. Le plug-in catégorise ensuite les messages selon quatre catégories : important, urgent, important et urgent, urgent et secondaire (Boboc, Douet, Zouinar, 2019). L'étude d'usages a mis en évidence qu'il est difficile pour l'utilisateur de juger de la pertinence de ces catégories, étant donné la diversité de contextes des situations de travail. Seules deux catégories s'avèrent réellement pertinentes pour les utilisateurs, à savoir les mails nécessitant une réponse et ceux qui n'en requièrent pas. Dans le prolongement de ce constat, l'apprentissage du système génère un travail important pour l'utilisateur qui doit superviser le système dans la validation des catégories au moins pendant la période d'apprentissage (Boboc, Douet, Zouinar, 2019). Notons également que l'usage de ce système varie en fonction de différents facteurs, notamment la confiance dans le système et le nombre de mails reçus (étroitement lié au type d'activité de l'utilisateur). D'autres entreprises encore (comme Daimler[2]) ont choisi de travailler sur la prise de conscience de l'émetteur, en mettant en place un système de notification en cas d'absence du récepteur pour annoncer à l'émetteur la suppression du mail envoyé, tout en l'invitant à le renvoyer à un autre interlocuteur désigné. Dans la majorité des cas, le collègue qui prend le relais n'est pas contacté.

Le principe d'« exemplarité managériale » dans l'usage du mail fait aussi partie de la panoplie d'actions mises en place par les entreprises (comme Areva ou Orange) pour travailler la déconnexion. Les managers sont sensibilisés à se montrer « exemplaires » dans leur manière de ne pas céder à l'instantanéité (gérer les priorités, se fixer des plages pour répondre, favoriser dans la mesure du possible le face-à-face et le téléphone...), à limiter leur envoi hors des heures de bureau ou le week-end, etc.

L'ensemble de ces actions de sensibilisation conduisent au mieux à une prise de conscience, mais très rarement à des changements de routines (Prost, Zouinar, 2015).

La volonté « d'en être », « de ne pas perdre contact », la recherche de nouveaux « choix identitaires » ou de nouvelles « opportunités de rencontre » (Jauréguiberry, 2014) se reflètent au niveau de cette connexion de plus en plus continue entre travail et hors travail qui ne semble pouvoir être stoppée ni au niveau des entreprises, ni au niveau individuel, les individus n'étant pas égaux dans leurs capacités à gérer la frontière entre vie privée et professionnelle, et donc la déconnexion. Mais entre les tentatives individuelles et les mesures de sensibilisation au niveau de l'entreprise, le niveau collectif avec ses régulations managériales des comportements individuels et collectifs constitue une autre voie dans la gestion de la connexion continue. Et ceci d'autant plus que la synchronie des échanges, et donc les pratiques de connexion continue, sont en lien avec l'attention que l'on accorde à l'information qui nous parvient, et, par

2. Il s'agit du projet « Mail on holiday », mis en place en 2013 ; pour plus de détails, voir le rapport « Du meilleur usage des outils de communication numérique en entreprise », de l'Observatoire de la Responsabilité Sociétale des Entreprises, de janvier 2015 ; https://www.orse.org/nos-travaux/le-bon-usage-des-outils-de-communication-numerique-dans-les-entreprises

conséquent, en lien avec la hiérarchie sociale et des formes de manifestation d'un pouvoir (Broadbent, 2011). Dans ce cadre, le rôle des managers est, à nouveau, essentiel. Même si les entreprises restent des lieux de subordination, les managers peuvent estomper les jeux de concurrence entre salariés ou les pressions sur certains projets, qui conduisent à cette continuité de connexion. Ils peuvent aider les salariés à revoir les perceptions liées à un même contexte de travail ou à de mêmes enjeux qui peuvent être très différentes entre les salariés et conduire, selon les cas, à des formes plus ou moins soutenues de connexion. C'est typiquement le cas des mails envoyés par des supérieurs hiérarchiques, auxquels certains salariés se sentent obligés de répondre rapidement, alors que ces mails n'avaient pas nécessairement un caractère d'urgence pour leur émetteur. Une fois de plus, le numérique arrive sur le fond des coopérations et sociabilités déjà en place et s'insère dans les liens sociaux préexistants.

Les formes de résistance peuvent passer aussi par la solidarité entre les salariés, la mise en place des pratiques de transfert ou de relais pendant les absences, notamment dans le cas d'équipes qui sont en lien direct avec la clientèle. C'est aussi avec la force d'un collectif de travail que la réprobation des comportements « déviants » auxquels certains de ses membres sont soumis (comme lorsqu'on leur demande de suivre leurs mails pendant les vacances) peut plus facilement se faire entendre. Les collectifs représentent donc une ressource importante pour lutter contre la surcharge informationnelle et la connexion continue, aussi bien du point de vue de la recherche de solutions que de l'entraide qui peut s'établir, y compris aux niveaux émotionnels et psychiques, par la solidarité entre ses membres. Par conséquent, la stabilité des collectifs est importante, car elle permet d'éviter la reconfiguration fréquente des règles de coopération qui induit une surcharge de travail (Datchary, 2008).

Savoir se déconnecter est une compétence qui se construit davantage à un niveau individuel, mais qui a besoin d'être soutenue au niveau juridique (par un « droit à la déconnexion »), au niveau de l'entreprise (par des chartes, des actions de sensibilisation), et aussi par des contextes collectifs favorables. En effet, une meilleure utilisation des outils passe notamment par la prise de conscience, mais aussi par la régulation collective et la confiance faite aux salariés, d'où l'importance des réflexions à engager au niveau des collectifs de travail. Les difficultés à gérer la connexion continue dépendent donc, comme nous l'avons vu dans le chapitre 2, aussi bien des déterminants de la sphère personnelle et professionnelle, que des contextes socio-organisationnels.

4. Transformation des espaces de travail

4.1. Nomadisme, mobilité, télétravail : quelles définitions ?

Aussi bien dans la sphère de la vie privée que celle de la vie professionnelle, nous avons assisté, depuis plus de cinquante ans, à un très fort accroissement des mobilités et des vitesses de déplacement. Les outils numériques ont rendu possible le développement du travail à distance de son poste de travail. Ce sont ces formes de travail à distance que nous caractérisons dans cette partie.

Les termes le plus souvent employés pour désigner ce travail à distance sont le nomadisme, la mobilité et le télétravail, sans que les définitions de ces différentes situations de travail à distance soient stabilisées. Ainsi, les travailleurs qui sont dits « en mobilité » sont censés être plus mobiles que ceux qui sont dits « nomades », sans que le curseur soit fixé entre le taux de mobilité qui sépare les deux termes.

De même, le terme de télétravail est utilisé d'une manière très large. Il peut recouvrir différentes formes du travail à distance, concerner uniquement le temps de travail ou le temps en dehors du travail, des pratiques contractuelles ou informelles, régulières ou occasionnelles, équipées de connexions à distance ou pas.

De manière générale, les études sur le télétravail retiennent trois critères principaux pour cette définition (Vayre, 2019) : un (ou des) lieu(x) de travail à distance de l'entreprise de rattachement, la temporalité (temps plein ou partiel) et l'utilisation des outils numériques dans le cadre de ce travail.

Ces trois critères permettent de distinguer :

1) le télétravail réalisé exclusivement ou quasi exclusivement à domicile,
2) le télétravail à domicile en alternance, pendulaire ou à temps partiel,
3) le télétravail nomade ou mobile (lorsque les déplacements professionnels conduisent régulièrement à une pluralité de lieux de travail : hôtel, domicile, locaux clients, moyens de transport...),
4) le télétravail dans des tiers-lieux (télécentres, espaces de *coworking*...).

L'absence de définitions normalisées et d'enquêtes spécifiques dans le système statistique public français empêche d'évaluer finement l'évolution de la situation en matière de travail à distance, les définitions étant fixées au cas par cas en fonction de l'objectif des enquêtes menées. Même si les définitions du télétravail peuvent varier d'une enquête à l'autre, notons néanmoins que, depuis 2002, l'accord-cadre européen sur le télétravail le définit comme une forme d'organisation du travail utilisant les technologies de l'information et de la communication dans le cadre d'un contrat ou d'une relation d'emploi dans laquelle le télétravail, qui aurait également pu être réalisé dans les locaux d'un employeur, est effectué hors de ces locaux, de façon régulière. Ne sont toutefois pas en télétravail les salariés dits nomades ou mobiles, amenés, dans le cadre de leur fonction, à se déplacer fréquemment en dehors de l'entreprise ou travaillant dans l'entreprise, mais pas à un poste fixe.

Ainsi, selon une enquête menée en 2004 sur les Français actifs en emploi âgés de 18 ans et plus, 42 % d'entre eux réalisaient une partie de leur activité « à distance ». Plus précisément, 20 % passaient moins de la moitié de leur temps sur un autre lieu que leur base principale, 13 % y passaient plus de la moitié, et 9 % étaient en permanence en déplacement. La population des cadres et professions intellectuelles supérieures était particulièrement présente au niveau des mobilités intermédiaires : de 1 % à 74 % du temps passé à distance (Boboc, Dhaleine, Mallard, 2007).

Pour mieux comprendre le travail à distance, il convient de regarder les combinaisons de situations de travail (établissement, domicile, déplacement) traversées par une même personne. Sept configurations de travail spécifique peuvent être distinguées.

On identifie d'abord trois situations classiques : les « sédentaires » qui travaillent à 100 % de leur temps dans un établissement (que cela soit une entreprise, un établissement d'enseignement, un point de vente, le bureau d'une administration, etc.). Il y a ensuite « les sans lieu fixe », qui travaillent en permanence en déplacement (comme les chauffeurs routiers, les chauffeurs de taxi). On identifie enfin les « domiciliaires fixes », qui travaillent 100 % de leur temps à la maison. D'autres salariés articulent deux types de situation de travail : les « télétravailleurs » exercent leur activité pour partie en entreprise et pour partie à la maison ; les « mobiles » (ou les « voyageurs ») ont leur lieu de travail en entreprise, mais ils se déplacent par moments ; les « domiciliaires mobiles » sont basés à domicile et amenés à se déplacer. Enfin, il y a ceux qui travaillent sur les trois lieux, les « mixtes ».

Figure 1. Sept configurations spécifiques du travail

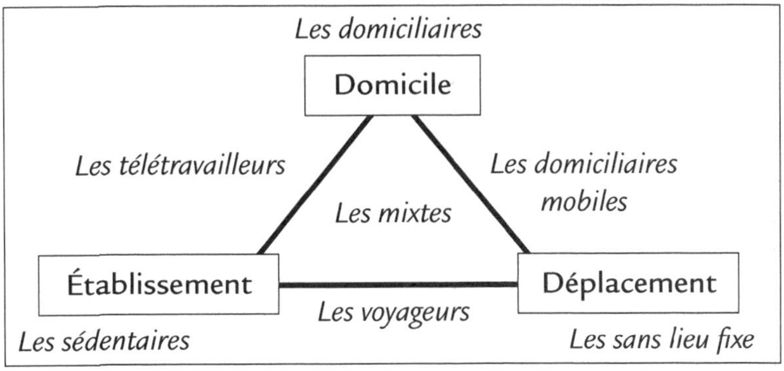

Source : Boboc, Dhaleine, Mallard, 2007

Les profils des travailleurs dans ces différentes situations sont bien distincts. Sans rentrer dans les détails de ces profils[3], en 2004 les *sédentaires* étaient plutôt des femmes, ouvrières et employées dans de grandes entreprises industrielles ; les *domiciliaires* étaient dans leur grande majorité des femmes et des travailleurs indépendants ; parmi les *télétravailleurs* (dans le sens restreint, ceux qui se partagent entre leur établissement et leur domicile), on trouvait plutôt des femmes, travaillant dans les secteurs de l'éducation, de la santé et de l'action sociale ; les *sans lieu fixe* seraient plutôt des hommes, ouvriers travaillant en déplacement, notamment dans les transports ; parmi les *domiciliaires mobiles,* les hommes étaient majoritaires : ce sont des travailleurs indépendants, artisans, commerçants, chefs d'entreprise, travaillant dans le secteur des services aux entreprises ou dans celui de la construction ; les *mixtes* étaient des hommes, cadres et professions intellectuelles, exerçant des fonctions de direction et des fonctions commerciales ; les *voyageurs* étaient à nouveau en grande partie des hommes, travaillant dans le secteur des services aux entreprises.

En ce qui concerne le télétravail, au fil du temps, les différents freins (juridiques, liés à l'équipement, à la formation des acteurs...) se sont estompés. Le principal frein qui reste en France est un frein culturel, la « culture de la présence » étant encore forte (Méda, Vendramin, 2013). Ce frein a, lui aussi, tendance à s'estomper notamment avec le développement du télétravail dans les grandes structures et avec le développement du management par les objectifs qui remplace le management par la

3. Pour plus de détails, voir Boboc, Dhaleine, Mallard (2007).

présence (c'est-à-dire que l'évaluation du travail repose sur les résultats obtenus et non sur le temps passé à leur réalisation).

Même si l'évolution du télétravail en France est difficile à saisir, il semble néanmoins qu'il connaisse une progression lente, mais régulière, comparable à la plupart des pays européens (Weltz, Wolf, 2010), tout en sachant que certains pays (comme le Danemark, la Lettonie, les Pays-Bas...) connaissent une progression plus rapide. Ainsi, en 2016, seulement dans 7 à 8 % des établissements (privé ou public), les salariés pratiquaient le télétravail, pendant les horaires habituels de travail, en se connectant au système informatique de l'établissement (Amira, 2016). Le confinement de 2020 accélérera, peut-être, le rythme de développement du télétravail en France.

En s'appuyant notamment sur l'enquête Sumer 2017 (Surveillance médicale des expositions des salariés aux risques professionnels), des analyses récentes de la DARES (Hallépée, Mauroux, 2019) donnent également quelques éléments de cadrage sur l'ampleur du télétravail en France. Dans ce cas, le télétravail est compris comme une forme d'organisation du travail qui désigne le fait de recourir à des outils numériques, pour effectuer, hors des locaux de l'employeur, de façon régulière, le travail qui aurait pu être réalisé sur le poste de travail habituel, qu'il s'agisse d'une partie ou de la totalité des tâches. Sous cette forme, en 2017, seuls 3 % des salariés le pratiquaient au moins un jour par semaine. Mais selon la définition élargie (c'est-à-dire la nouvelle définition du Code du travail de 2017 qui supprime le critère de régularité et assouplit la formalisation nécessaire), le télétravail régulier ou occasionnel concernerait 1,8 million de salariés, soit 7,2 % de l'ensemble en 2017.

Les caractéristiques de ces télétravailleurs sont dans le prolongement des tendances de 2004 : les télétravailleurs sont en 2017 majoritairement des cadres (61 %) et sont relativement plus nombreux dans les métiers de l'informatique et des télécommunications. Les femmes télétravaillent presque autant que les hommes. Les salariés avec un enfant de moins de trois ans sont plus souvent en télétravail. Le télétravail régulier est plus fréquent en Île-de-France et dans les zones urbaines denses, où les temps de transport domicile-travail sont longs. Plus d'un quart des télétravailleurs sont couverts par un accord collectif (d'entreprise, voire de branche), plus d'un cinquième par un accord individuel (entre le salarié et sa hiérarchie), alors que plus de la moitié le pratiquent en dehors de toute formalisation contractuelle. 4,2 % des salariés déclarent pratiquer occasionnellement le télétravail (quelques jours ou demi-journées par mois), soit un peu plus que ceux qui déclarent une pratique régulière. Le profil des télétravailleurs occasionnels est proche de celui des télétravailleurs réguliers, mis à part la taille de l'établissement (surreprésentation des 10 à 49 et des 250 à 499 salariés). Les cadres, suivis des professions intermédiaires, sont les plus nombreux à pratiquer cette forme de télétravail occasionnel. Ils sont plus nombreux à avoir une pratique occasionnelle (qui ne relève pas d'un télétravail formalisé juridiquement) qu'une pratique régulière.

On peut s'attendre à ce que la période de confinement vécue en 2020 donne envie à plus de salariés de demander le télétravail, à plus d'entreprises de s'organiser pour le proposer ou d'accepter plus facilement les demandes faites par les salariés. Il est donc possible de voir le pourcentage de télétravail augmenter en France. Cette évolution peut se traduire par des modifications du parc immobilier des entreprises et la réorganisation des espaces de travail, en recherchant, par exemple, le développement des bureaux partagés (voir la partie finale de ce chapitre).

Rappelons néanmoins que le confinement a été un révélateur des inégalités du monde du travail par rapport aux usages des outils numériques (évoquées dans le chapitre 2). Il s'agit, en particulier, des inégalités dans la capacité à télétravailler en fonction des secteurs d'activité et métiers qui doivent, peuvent ou ne peuvent pas maintenir leur activité, entre des entreprises de tailles variées qui sont préparées ou pas pour le travail à distance, entre des salariés qui doivent recourir au chômage technique et ceux qui peuvent télétravailler, entre ceux qui ont l'habitude de télétravailler, d'une manière occasionnelle ou régulière, et ceux qui ne l'ont pas, entre ceux qui peuvent télétravailler dans de bonnes conditions et ceux qui ne le peuvent pas. Ainsi, des déterminants de la sphère professionnelle (métier, position hiérarchique, spécificités de l'activité, etc.) et de la sphère personnelle (position dans le cycle de vie, structure du foyer, présence ou pas des enfants en bas âge, équipement aussi bien dans la sphère professionnelle que privée, organisation de l'espace à domicile, etc.) vont influencer la capacité des individus à organiser leur télétravail et à se déconnecter, à réorganiser leur activité et à maintenir la continuité de celle-ci. Ce télétravail de longue durée a donné un poids encore plus important aux déterminants de la sphère privée, tout en atténuant ceux de la sphère professionnelle (Boboc, 2020).

4.2. Distance et sociabilités en télétravail

Dans un contexte professionnel, la distance géographique renforce souvent d'autres sources de différenciation, voire d'inégalités entre les salariés, qui se soldent par des rapports plus distants entre eux. À titre d'exemple, ces sources peuvent être en lien avec la « barrière de la langue », les positions hiérarchiques, le capital culturel, social ou économique (avec des répercussions en termes de codes sociaux, de normes de comportement), les statuts juridiques (CDI, intérimaire, sous-traitant…), les cultures et codes de métiers, les rapports entre le client final, le producteur, le bénéficiaire, le prestataire.

Le présentiel, par l'intersubjectivité qu'il permet, est le meilleur moyen pour ajuster ces différents types de distances, en permettant un enrichissement de la sociabilité et un développement de son réseau relationnel.

Le numérique vient ajouter d'autres formes de distance par les différences d'équipement, d'habileté ou de connaissance informatique. Celles-ci peuvent renforcer les inégalités existantes et affaiblir l'intersubjectivité. Comment cet affaiblissement influe-t-il sur les relations au travail, sur la réalisation des tâches ?

Dans le cas du télétravail, par exemple, des changements apparaissent au niveau de la conception et organisation du travail, de la dynamique relationnelle au niveau des équipes de travail et de la culture organisationnelle (Mello, 2007).

En prolongement des transformations des activités engendrées par le numérique, présentées au début de ce chapitre, le télétravail peut avoir des effets sur la charge de travail (perçue ou réelle), la gestion de l'activité professionnelle, la motivation et la satisfaction au travail, l'identification aux normes et valeurs de l'organisation, la communication et la collaboration au sein des équipes, les relations et l'insertion socioprofessionnelle, la reconnaissance, la socialisation et l'évolution au sein de l'organisation, mais aussi la santé physique et psychologique (Vayre, 2019).

Les effets du télétravail en contexte professionnel peuvent être aussi bien négatifs que positifs. Parmi les effets bénéfiques induits par la mise à distance du lieu de travail, les études mentionnent : les diminutions d'interruptions professionnelles, de la perception du stress professionnel (notamment la réduction de la perception de la surcharge de rôle – par exemple la perception d'avoir plus de tâches à accomplir et des responsabilités très lourdes à assumer) et du temps nécessaire pour récupérer, après le travail, un accroissement de la concentration, une baisse du taux d'absentéisme et des niveaux d'intention de départ de l'entreprise (Vayre, 2019). Ces effets dépendent de différents facteurs, comme, par exemple, l'intensité du télétravail : plus les salariés ont une part élevée de télétravail sur leur temps de travail, plus ils sont impliqués envers leur organisation et moins ils sont épuisés émotionnellement. La position du supérieur hiérarchique est également importante, les télétravailleurs les plus « performants » étant ceux qui sont le moins contrôlés par leur supérieur. Du point de vue de l'organisation de l'environnement de travail à distance, avoir une pièce isolée pour travailler à la maison et disposer de matériel fourni par l'entreprise sont deux facteurs qui augmentent la satisfaction des télétravailleurs.

Les équilibres entre interactions en présentiel et à distance sont essentiels. Ainsi, en termes de sociabilité, les télétravailleurs les plus satisfaits sont ceux qui alternent de manière relativement équilibrée un nombre de jours hebdomadaire de travail en entreprise et de télétravail à domicile. Ce sont aussi eux qui ont un attachement et une implication organisationnelle plus importante que ceux qui sont en télétravail à temps plein.

Mais, en sens inverse, les effets négatifs du télétravail sont induits par le manque de communication non verbale qui caractérise les échanges médiatisés (comme le mail et la messagerie instantanée). Selon certaines études, les télétravailleurs considèrent avoir des échanges et des discussions moins fréquents, moins nombreux et de moindre qualité avec leurs collègues et leurs supérieurs lorsqu'ils sont à distance de leur entreprise. Ils considèrent de ce fait que le télétravail nuit à la communication et à la coopération au sein des équipes de travail (Vayre, 2019). Cette communication appauvrie, due en partie au manque d'interactions informelles ou spontanées, peut conduire à l'isolement professionnel et social (sentiment de solitude) ou encore à la fragmentation des collectifs de travail. La séparation physique avec les collègues de travail implique une séparation psychologique et un sentiment d'exclusion de l'organisation de travail qui affectent négativement la performance des télétravailleurs (Vayre, 2019).

L'éloignement du lieu de travail principal, avec le manque d'ajustements, nombreux en présentiel, conduit aussi à une augmentation du risque professionnel : les télétravailleurs pour lesquels les objectifs professionnels et les critères d'évaluation de leur travail ne sont pas explicités par leur manager, vivent le télétravail comme une mise à l'écart par rapport à des opportunités professionnelles, en termes d'activité et d'évolution de carrière. Leurs incertitudes peuvent les conduire au burn-out.

Ce manque de présentiel et d'interactions n'est pas la seule source d'effets négatifs. Le télétravail peut être à l'origine d'un sur-travail. Le temps de transport domicile-travail gagné en télétravail serait utilisé pour travailler, en rallongeant le temps dédié à l'activité professionnelle (Vayre, 2019). Par ailleurs, comme la progression du télétravail est lente, le fait d'être en télétravail est souvent considéré comme un privilège, pour lequel les télétravailleurs se sentent redevables et pour lequel ils fournissent, en échange, davantage d'efforts. Ce sur-travail peut être accompagné par d'autres risques professionnels (interruptions et pauses moins fréquentes) ou par une accélération de la survenue des troubles musculo-squelettiques.

Néanmoins, dans certains cas, ce manque de présentiel semble être atténué, notamment pour les personnes qui ont l'habitude de travailler ensemble. La notion de « distance transactionnelle » permet d'expliquer ce sentiment de proximité qui s'installe entre les personnes (présence sur les plans cognitifs, éducatifs et sociaux), alors qu'elles ne se sont pas rencontrées depuis longtemps (Jézégou, 2007).

4.3. Les effets du télétravail à la frontière entre vie privée et professionnelle

Le télétravail à domicile est aussi un cas emblématique des évolutions en termes de gestion des temps à la frontière entre vie privée et professionnelle.

En termes de gestion du temps, globalement, les télétravailleurs s'accordent à dire que le gain de temps auparavant consacré aux trajets diminue leur niveau de stress, permet une meilleure gestion et organisation des activités de la vie privée et professionnelle, donne plus de disponibilité pour les activités et relations familiales et, par là, améliore la conciliation des rôles à assumer (Vayre, 2019).

Néanmoins, la frontière entre vie privée et professionnelle ne semble pas toujours évidente à gérer en télétravail, car des tensions et des conflits avec l'entourage familial et amical peuvent survenir, allant jusqu'à la contagion de celui-ci par les problèmes professionnels du télétravailleur. Lorsque les responsabilités familiales et domestiques sont faibles, ces tensions ne sont pas perçues.

Les effets du télétravail sur la frontière entre les deux sphères sont marqués par le genre. Ainsi, les hommes utilisent leur temps de pause en télétravail pour des activités à l'extérieur du domicile (course à pied, chercher les enfants à l'école...), alors que les femmes les utilisent pour les activités domestiques (Vayre, 2019).

Pour les hommes, le télétravail formel favorise la perception d'un partage équitable des tâches (leur participation étant actée, légitimée), alors que pour les femmes, c'est le télétravail informel qui induit cette perception (elles utilisent ce type de télétravail si elles en éprouvent le besoin et elles ressentent ainsi moins de pression dans la sphère familiale).

Les effets du télétravail dépendent de la qualité du cadre organisationnel mis en place. Ainsi, les sphères privée et professionnelle se retrouvent mieux articulées lorsque les organisations définissent clairement leur politique de télétravail : accès pour tous, conditions pour y accéder, fourniture de l'équipement nécessaire, formation des managers afin d'encourager le télétravail, y compris par l'instauration des relations de confiance et de respect avec les collaborateurs en télétravail, redéfinition des processus d'évaluation de l'efficacité et de la performance au travail, changement de représentations véhiculées au sujet du télétravail. À l'inverse, c'est dans les entreprises qui sont dans un climat de méfiance vis-vis du télétravail que l'on retrouve les situations de stress professionnel, de débordement et surtravail, avec des effets négatifs sur l'articulation entre vie privée et professionnelle. La formalisation du télétravail incite à la mise en place des dispositifs d'accompagnement.

Ces mêmes effets dépendent également de la délimitation et l'aménagement d'un espace physique de travail à domicile, ainsi que des règles, routines, rituels instaurés également à domicile vis-à-vis de l'entourage familial.

Une bonne gestion temporelle de l'articulation entre les deux sphères suppose aussi l'acquisition de certaines compétences en termes de planification et d'auto-gestion des activités professionnelles (identification des tâches de fond à réaliser à domicile, répartition des tâches sur la semaine en fonction des jours où les tâches sont plus intéressantes à réaliser en télétravail, anticipation des plages horaires, structuration de la journée de télétravail...).

4.4. Travail à distance, télétravail et nouveaux enjeux pour la régulation managériale

Nous avons déjà pointé les enjeux managériaux liés aux régulations des pratiques de connexion continue.

Le développement du travail à distance (par rapport au management en présentiel) conduit, d'une manière plus générale, au renouvellement des enjeux managériaux, notamment en termes de gestion et régulation d'équipes.

Si les salariés peuvent alterner plusieurs situations de travail à distance (télétravail à domicile, travail en mobilité chez des clients, fournisseurs, travail depuis les différents sites de l'entreprise...), les managers se retrouvent à encadrer des équipes dont les membres combinent, de plus en plus souvent, ces différentes formes de travail à distance. Nous assistons par conséquent à une complexification des modes de management due aux différentes facettes de la distance qui influent sur la complexité d'une situation de travail, à un moment donné.

Le nécessaire équilibre entre échanges en présentiel et à distance

Avec le développement du travail à distance, les managers ont à reconstruire les équilibres entre présence et distance avec les télétravailleurs. Cela se traduit, dans un premier temps, par des efforts pour maintenir la communication et la cohésion au sein d'une équipe dans laquelle certains membres travaillent à distance, en menant un travail d'organisation et de gestion afin de maintenir tous les membres de l'équipe au même niveau d'information. Dans ce sens, les managers cherchent souvent à maintenir par exemple leur réunion d'équipe en présentiel, à organiser des points d'échange réguliers et à définir des « rites d'entrée en contact » (plages de disponibilités connues par tous, envoi d'un message instantané avant d'appeler, etc.), afin d'éviter que ceux qui sont à distance n'osent pas appeler en cas de besoin par peur de déranger (alors qu'une porte entrouverte permettait avant d'avoir des informations sur la disponibilité de l'interlocuteur).

Mais, d'une manière générale, les managers se voient de plus en plus jongler entre des réunions en présentiel et réunions à distance (réunions téléphoniques ou visioconférences). En se rapprochant davantage des conditions et des propriétés de coprésence physique, les réunions téléphoniques ou en téléprésence donnent l'illusion de pouvoir s'y substituer, mais la multiplication des problèmes interactionnels pointe rapidement leurs limites, même si les perturbations induites par la technologie sont rapidement dépassées par des adaptations dans l'interaction. C'est le « paradoxe de la téléprésence » : alors que les réunions à distance sont souvent organisées sur le modèle des réunions en présence, leur déroulement et leur contenu en diffèrent : les réunions à distance sont souvent plus courtes, plus formelles, elles laissent moins de place aux apartés et échanges informels. Or, en réduisant ces échanges informels, la multiplication des réunions à distance crée, de manière paradoxale, le besoin d'organiser de nouvelles réunions pour pallier ce manque d'échanges et pour recréer des espaces de paroles (Benedetto-Meyer, Metzger, 2007).

Les réunions à distance nécessitent donc une organisation particulière : ordre du jour pour cadrer les interventions, compte rendu pour rendre visibles les points d'accords et de divergence, gestion des intervenants distants, organisation des tours de parole et reformulation des échanges en présentiel. Elles engendrent aussi le développement de nouvelles compétences relationnelles et organisationnelles : être présent physiquement ou à distance dans une réunion peut renseigner sur l'engagement de la personne par rapport aux sujets traités en réunion (Benedetto-Meyer, Metzger, 2007). Clair-Antoine Veyrier montre comment, pendant les webconférences, la messagerie instantanée contribue, par exemple, à la gestion de l'activité principale (maintien de l'ordre de l'interaction et de la progressivité de l'activité) ou à l'introduction d'une multi-activité (initier des actions sans interrompre l'activité principale pour revenir sur ce qui a été dit ou introduire de nouveaux sujets). Elle permet aussi de rendre publique son indisponibilité à ceux qui ne sont pas dans la webconférence, car l'engagement dans celle-ci présuppose le maintien d'une forme de disponibilité et d'accessibilité mutuelle entre les participants (Veyrier, 2015).

Les dispositifs techniques qui cherchent à estomper la distance physique dans le cadre des réunions en téléprésence n'ont pas cessé de se développer. D'une manière récurrente, leurs limites ont été soulignées dans le cadre du courant CSCW (*Computer Supported Cooperative Work*) et des recherches en ethnométhodologie. Ainsi, par exemple, pour les vidéoconférences, des écrans cinétiques permettant aux collaborateurs distants d'avoir des vues panoramiques et de diriger les écrans en fonction des interlocuteurs auxquels ils s'adressent ont été expérimentés au fil du temps. Les résultats de ces expérimentations avec des dispositifs de présence incorporée montrent que les participants distants arrivent à se rendre plus présents aux yeux des participants co-localisés, mais ces dispositifs n'améliorent pas, en revanche, la perception de la situation pour les participants distants (Biehl, Avrahami, Dunnigan, 2015).

En plus des efforts pour assurer une circulation fluide de l'information au sein de l'équipe, avec le développement du travail à distance, les efforts des managers s'orientent aussi vers la gestion d'éventuels conflits qui peuvent naître entre des non-télétravailleurs et télétravailleurs (et d'une manière plus générale, entre ceux qui travaillent à distance), vers la prise en compte d'un besoin de reconnaissance accru pour certains travailleurs à distance et, plus globalement, vers le maintien d'un climat de confiance au sein de l'équipe. Cela met aussi l'accent sur l'explicitation de nouvelles modalités de contrôle, qui permettent de sortir de la culture du présentiel.

Les transformations du contrôle avec le développement du travail à distance

L'évolution des manières de contrôler la gestion de l'activité avec le numérique est une autre source de remise en cause pour les pratiques managériales. La diffusion du numérique est souvent associée au développement d'une surveillance accrue et généralisée des salariés. Dans ce sens, ces outils seraient des « mouchards » qui permettraient de donner des informations sur le temps de travail des salariés, de tracer leurs déplacements et d'évaluer l'avancement de leur activité. Les possibilités offertes par ces outils contribuent à nourrir les doutes autour des usages qui en sont faits et la perception des salariés d'un contrôle renforcé. Dans certains cas, la profusion d'informations permet un contrôle systématique et panoptique. C'est, par exemple, le cas du chronotachygraphe électronique pour les chauffeurs du transport routier, de la géolocalisation pour les livreurs, des pointeuses pour les aides à domicile ou des agents de nettoyage, des traces numériques pour les « travailleurs du clic » ou pour des travailleurs en centres d'appels, du scan des QR codes pour les facteurs qui enseignent sur les boîtes aux lettres qu'ils ont vidées (voir chapitre suivant). Dans d'autres cas, la surveillance est surestimée. Lorsque le contrôle par la messagerie électronique est analysé, les études montrent un écart entre les pratiques réelles de contrôle et la perception de contrôle des salariés (Rosanvallon, 2011). Mais le simple fait qu'un contrôle soit potentiellement réalisable suffit à donner aux salariés le sentiment qu'il est effectif et le flou qui l'entoure le renforce. La réalité du contrôle par les TIC ne dépend donc pas que de leurs usages effectifs, mais aussi des perceptions que s'en forgent les salariés. Cette perception est, bien sûr, elle aussi, influencée par la qualité des liens sociaux en place, par la confiance qui se construit ou déconstruit entre des collègues de travail ou avec les managers. Avec d'autres outils, comme les ERP, le contrôle est plus marqué, notamment par la production d'indicateurs individuels de performance (voir chapitre suivant). La perception du contrôle (liée en partie à la transparence sur le traçage) est donc un élément important à intégrer dans la compréhension des usages des outils numériques et de leurs conséquences sur le travail.

Notons, par ailleurs, les résultats des enquêtes sur les conditions de travail, qui indiquent une diminution de la pression du contrôle hiérarchique pour les salariés et une augmentation du contrôle informatisé, notamment pour les ouvriers non qualifiés (Mias, 2010).

Autrement dit, le déploiement du télétravail implique des transformations dans l'organisation du travail, dans sa gestion et son évaluation par les managers. Cela suppose que ces derniers :

1) soient à l'aise avec l'idée de laisser la liberté à leurs subordonnés d'organiser comme ils l'entendent leurs activités de travail, les missions et les projets qu'ils doivent mener à bien,
2) soient capables de déléguer et d'adopter une gestion décentralisée du travail,
3) développent de nouveaux dispositifs d'appréciation et d'évaluation de la performance au travail (Mello, 2007).

Ce sont autant d'aspects qui questionnent le contrôle et le pouvoir au sein des organisations.

Par-dessus tout, le développement du travail à distance semble réaffirmer le rôle de régulateurs des managers, dans un contexte où les réorganisations de plus en plus rapprochées, l'individualisation et la mise en concurrence réduisent les capacités d'apprentissage collectif, en rendant les ajustements entre les temps des individus et ceux des organisations de plus en plus difficiles. Comme cela a été souligné par J.-L. Metzger et O. Cléach (2004) au sujet du télétravail, l'absence d'une régulation institutionnelle dans l'articulation entre vie privée et vie professionnelle présente des risques pour l'efficacité collective, car les régulations que les individus arrivent à opérer individuellement entre les deux pans de leurs vies ne dépassent pas le cadre de leur propre expérience.

Comme nous l'avons montré, le télétravail suppose des évolutions du cadre organisationnel, avec la mise en place des politiques d'entreprise qui le favorisent. Dans ce cadre, les formations managériales pour l'accompagnement au télétravail se multiplient pour aider les managers à reconfigurer des « écosystèmes relationnels », ainsi que pour les aider à repenser leur fonction en profondeur (en dépassant les simples conseils ou « bonnes pratiques ») (Conjard, 2015 ; Vacherand-Revel *et al.,* 2016). Cette reconfiguration suppose de définir ou de relayer les critères et les conditions d'accès au télétravail ainsi que de déployer de nouvelles pratiques managériales, afin de maintenir la communication, la cohésion et la confiance au sein des équipes.

4.5. Sortir de l'isolement ? Les espaces de *coworking*

Pour sortir de l'isolement, l'une des pistes étudiées pour reconstruire la sociabilité professionnelle a été l'utilisation des espaces de *coworking* (Boboc, Bouchareb, Deruelle, Metzger, 2014). Ces espaces, qui représentent un type à part de tiers-lieux de travail (lieux de travail entre le domicile et le bureau), ne cessent de se multiplier en France, soit sous l'impulsion des collectivités locales, qui cherchent à attirer et à fixer des travailleurs tertiaires sur des territoires ruraux, afin de redynamiser l'emploi, soit autour d'un discours managérial prônant le développement des collaborations entre ceux qui fréquentent ces espaces. Ainsi, calqués sur ce discours, les espaces de *coworking* désignent la forme d'organisation du travail qui fait non seulement référence à un espace partagé, mais également à un regroupement de travailleurs qui, sous certaines conditions, favorisant l'échange et l'ouverture, peuvent former un collectif de travailleurs. Ces espaces sont fréquentés notamment par des indépendants, entrepreneurs et plus rarement par des salariés des petites entreprises (Tremblay, Scaillerez, 2020). Les recherches menées dans ces espaces sont souvent difficiles à cause d'un discours de légitimation qui masque la réalité de leur fonctionnement. Elles soulignent les efforts des gérants de ces espaces pour susciter une dynamique communautaire (Fabbri, Charue-Duboc, 2016).

En particulier, l'analyse des différents types d'espaces de *coworking* et des sociabilités qui s'y déploient met en avant une variation dans l'importance donnée à la dimension sociale et collaborative au sein de ces lieux. Certains vont accentuer la dimension communautaire, alors que d'autres vont privilégier la recherche d'un bénéfice économique (Boboc, Bouchareb, Deruelle, Metzger, 2014).

Dans le continuum des pratiques de sociabilité et d'inscription dans un collectif au sein de ces espaces de *coworking*, quatre stades de la sociabilité ont été distingués (Boboc, Bouchareb, Deruelle, Metzger, 2014).

Le premier stade correspond au respect formel des normes de la sociabilité élémentaire, manifestées lorsque des individus partageant un code culturel minimal se retrouvent ensemble dans un espace donné (des salutations d'usage, des marques de politesse en vigueur dans ces espaces professionnels – tutoiement, usage du prénom, décontraction affichée). Sans qu'il soit besoin d'échanger, le simple fait d'être en présence d'autres individus, d'autres corps, peut apparaître comme une solution, commode et peu coûteuse, face à l'isolement ressenti, tout en conservant une distance parfois nécessaire à l'exercice du travail.

Au deuxième stade, les coworkers se reconnaissent comme étant « membres » d'un même espace de travail, ils n'hésitent pas à tenir des conversations de tout ordre, notamment dans les espaces de détente. Les discussions informelles peuvent rester dans le registre de la banalité (ex. sur « l'actualité »), mais elles peuvent également s'avérer plus professionnelles (sur la nature des métiers des interlocuteurs, leurs projets, leurs parcours). Les individus, qui ne forment pas encore à proprement parler un collectif ou qui ne s'insèrent pas encore dans un collectif existant, mettent en place les ressources de base pour y parvenir, en se jaugeant, en identifiant les signes d'une affinité ou les promesses d'un intérêt, tout en conservant une certaine distance critique.

Le troisième stade est celui de l'émergence de collectifs de type réticulaire ou de l'inscription dans des collectifs préexistants. Il requiert la confiance basée sur une connaissance éprouvée de l'autre et une reconnaissance mutuelle des apports potentiels que chacun représente. On peut distinguer l'interactivité d'entraide, basée sur la demande d'avis, ou le micro-conseil économique ou technique (réseau d'entraide) et les pratiques stratégiques de réseautage, basées sur le partage de contacts (réseau instrumental).

Enfin, un quatrième stade, plus rare, est celui de la collaboration, voire de la coopération entre membres d'un collectif de professionnels. Plusieurs coworkers possédant des capitaux professionnels complémentaires et conscients de cette complémentarité, s'appréciant mutuellement, décident de collaborer sur des projets communs. On trouve généralement ce type d'interactions dans les espaces de *coworking* où la dimension collaborative est la plus développée par les gérants.

Fréquentés le plus souvent par des indépendants et autoentrepreneurs (non représentatifs pour l'ensemble des catégories socioprofessionnelles), ces espaces peuvent ainsi offrir une solution pour sortir de l'isolement d'un travail uniquement à domicile (motivation importante pour ce type de travailleurs), grâce à leur volonté affichée de privilégier la dimension communautaire.

Le fonctionnement de ces espaces favorise la réinscription dans des collectifs, le partage des savoirs et savoir-faire, ainsi que la confiance en soi et en ses capacités professionnelles, en s'appuyant sur des principes comme le respect des valeurs et l'autonomie d'engagement des intéressés, en cherchant à coordonner des personnes qui ont les mêmes centres d'intérêt et des compétences complémentaires et en développant des activités qui ont du sens et qui sont reconnues comme étant utiles et participer de la performance collective, elle-même non réductible à son versant financier.

Ces espaces peuvent offrir de nouvelles occasions de prendre du recul sur les pratiques professionnelles.

4.6. Des espaces de *coworking* au sein des entreprises ?

Les espaces de *coworking* avec leurs modes de fonctionnement, sont-ils transposables au sein des entreprises ?

Force est de constater que certaines structures tentent l'expérience en créant des espaces de *corpoworking*. Ces espaces se veulent à l'image des espaces de *coworking*, mais ils sont installés par une entreprise, à l'intérieur ou à l'extérieur de ses locaux, pour ses salariés. Ces lieux sont parfois ouverts à l'extérieur de l'entreprise, à des start-up (dans une volonté d'innover avec celles-ci) ou à des clients externes (qui peuvent venir tester et découvrir des produits). Les visées stratégiques des entreprises qui mettent en place ces espaces sont variées : introduire une culture de l'expérimentation (inciter à prototyper des idées, autoriser l'échec), familiariser les salariés avec de nouvelles méthodes, examiner l'impact du numérique sur l'organisation du travail, en mettant des équipes en situation pour tester de nouveaux modes de fonctionnement sur le principe du *living lab* (y compris en les mettant en contact avec des acteurs issus du secteur numérique), renforcer l'attention portée au sein de l'organisation à la question de l'usage, etc. (Bréchignac, 2017). L'initiative de ces projets managériaux revient à des directions variées (innovation, marketing, immobilier, ressources humaines).

Comme le souligne Pascal Ughetto, toutes ces transformations des espaces de travail arrivent avec la diffusion massive des discours émanant des start-up américaines sur les innovations ouvertes, discours qui portent de manière subliminale la critique de la grande entreprise et notamment de son fonctionnement en silos (Ughetto, 2018a).

Ces espaces naissent ainsi du sentiment que le numérique bouleverse les organisations, les modes de fonctionnement, de travail et de management et cherchent à devenir des « laboratoires de la transformation digitale », pour reprendre les termes souvent employés en entreprise.

Ce sont non seulement des laboratoires, mais aussi des vitrines de la « culture digitale », dans lesquels les entreprises cherchent à tester des organisations avec des niveaux hiérarchiques réduits, des organisations plus ouvertes (en intégrant des acteurs externes à l'entreprise, dans le cadre de réseaux de travail étendus), une systématisation du travail en mode projet sous des formes inspirées du développement informatique et du design (co-construction des solutions avec le client, prototypage rapide à moindre coût, tests, boucles itératives rapprochées), un nouveau rapport à l'espace et au temps, avec des équipes géographiquement distribuées, de nouveaux modes de management (le manager devenant un « facilitateur » des processus à l'œuvre, qui guide les salariés dans l'apprentissage d'une autonomie accrue) (Bréchignac, 2017).

Comme pour les espaces de *coworking*, on voit apparaître au sein de ces espaces de « *feel good managers* », qui cherchent à développer une dynamique entre les participants, en tentant de créer, organiser et gérer des liens sociaux sur le temps court d'une expérimentation, liens qui ne sont pas issus d'un passé commun de travail, de métier et qui ne se projettent de la même façon dans l'avenir, non plus. L'informel des échanges est là pour consolider l'engagement dans l'activité, « *business and hapiness* ».

Les salariés, qui fréquentent sur une période de temps limitée ces espaces, une fois revenus sur leur espace de travail initial, seraient censés diffuser les nouveaux modes d'organisation, ainsi découverts. Une fois de plus, en misant uniquement sur le pouvoir de diffusion de ces individus qui retournent au sein des leurs équipes, ces démarches rappellent l'oubli de l'importance des conditions collectives et organisationnelles nécessaires à un tel transfert.

4.7. Numérique et nouveaux espaces de travail : encore la « culture digitale »

La même « culture digitale » continue à diffuser d'une manière large au sein des espaces de travail, en entreprise. Sur fond de développement du travail à distance, de l'individualisation croissante du travail et de la diffusion des outils numériques, ces espaces se transforment également. Rares sont aujourd'hui les grandes entreprises qui n'aient pas de projets d'*open spaces*, voire de *flexible desk/flex office* (bureau flexible qui suppose l'absence de bureau attitré sur le lieu de travail[4]).

4. Lorsqu'il y arrive, le salarié, équipé de son smartphone et de son ordinateur portable, s'installe là où il trouve de la place.

Le numérique devient le « cheval de Troie » (Jemine, 2017) des changements que les entreprises, en quête de plus de collaboration entre les salariés et de « transversalité », mettent en place pour se « moderniser ». Les projets qui y conduisent sont globaux : les projets numériques sont menés en lien avec des projets immobiliers (aménagements physiques et gestion du bâtiment[5]...) et des projets RH, visant l'accompagnement dans l'adoption de formes de travail flexibles, qui incarnent le « changement de culture » formulé au niveau stratégique.

Le numérique et l'organisation des espaces de travail sont souvent des composantes des « modes managériales » qui cherchent l'accroissement de l'autonomie des salariés via de nouvelles pratiques de travail flexibles (Jemine, 2017).

Les modes d'aménagement traduisent spatialement les principes d'organisation valorisés et leurs visées, l'organisation de l'espace de travail étant un opérateur et révélateur de l'action managériale (Benedetto-Meyer, Cihuelo, 2017). Mais l'espace, comme les outils numériques, ne sont que des ressources pour l'action. Ils vont s'inscrire dans le prolongement des échanges déjà en place. Ce ne sont pas les espaces de travail qui vont créer la collaboration, voire la « sérendipité » tant recherchée. Au contraire, en voulant spécialiser les espaces (en identifiant, par exemple, un espace pour la discussion, un autre pour la concentration...) pour diminuer les nuisances sonores des *open spaces* (générées parfois par de simples discussions spontanées de travail), des barrières artificielles se créent dans la fluidité des tâches au quotidien (obligeant, par exemple, à sortir de l'*open space* pour prendre un appel... mais sans l'ordinateur qui s'avère nécessaire pour y chercher des éléments pendant la discussion).

Par ailleurs, le silence est aussi une ressource pour le travail, ce qui peut pousser les travailleurs en *open spaces* à développer le télétravail et/ou à transformer les échanges spontanés, en face-à-face dans des interactions médiatisées (par messagerie électronique ou instantanée pour éviter de déranger ses collègues situés sur le même plateau). Rappelons dans ce sens que l'appropriation des espaces dépend des spécificités des métiers : si des architectes travaillant en *open space* ont besoin de se pencher souvent ensemble sur des plans autour d'une même grande table ou si l'« écoute flottante » (Cihuelo, 2017) est très utile aux conseillers clients

5. Qui veulent aller jusqu'à la mise en place de projets dits de « *smart building* », permettant la gestion des espaces et de l'immobilier grâce à des capteurs qui recueillent des données comme le taux d'occupation des bureaux, la circulation des personnes, etc.

sur un plateau pour se tenir au courant des problèmes qui apparaissent et des solutions à apporter, dans d'autres situations professionnelles, les *open spaces* risquent de réduire les échanges et d'augmenter l'isolement, en jouant sur la santé physique et mentale des salariés (Herbig, Schneider, Nowak, 2015).

La cohérence entre l'organisation des espaces et celle des activités est de mise.

Par ailleurs, l'anthropologie des espaces professionnels souligne la nécessité de disposer d'un « espace à soi » (Monjaret, 2002). Les individus se réapproprient les espaces de travail proposés par l'organisation (souvent impersonnels et indifférenciés) pour en faire des lieux qui leur sont propres, gages d'autonomie, d'intimité, de singularité et de praticité. L'espace devient finalement le moyen de se reconnaître, d'interagir et de faire reconnaître son identité.

Conclusion

Les transformations des espaces et des temps avec le numérique sont en lien avec des changements plus profonds du monde du travail, largement portés par des projets managériaux visant plus de transversalité et plus de fluidité dans des organisations jugées lourdes et cloisonnées. Ainsi, au travail, les espaces s'ouvrent et les temps se raccourcissent.

Mais ces nouveaux modes de travail, pour lesquels l'organisation des espaces et des temps ne semble représenter qu'un « cheval de Troie », impliquent la recherche de nouvelles formes d'équilibre et d'organisation de la part des salariés et de nouvelles régulations de la part des managers. Face à ces changements, les salariés ne sont néanmoins pas égaux : leurs représentations, leurs usages dépendent des caractéristiques individuelles de leur environnement et de leur vie au travail et hors travail. Ces évolutions spatio-temporelles, qui ont, entre autres, des répercussions sur la réalisation des activités (fragmentation, dispersion, multi-activité...), risquent de générer de nouvelles inégalités. Le rôle des régulations managériales, aussi bien au niveau individuel, collectif qu'organisationnel, devient primordial. Celles-ci supposent la mise en place des cadrages nouveaux, des rééquilibrages entre présence et distance, l'explicitation des modes de contrôle et de l'évaluation de l'activité, mais aussi des espaces et des temps pour mettre en discussion les enjeux au niveau de l'équipe, notamment par rapport aux pratiques de connexion continue. Cela souligne, une fois de plus, la nécessité de recentrer l'activité managériale, éloignée du travail en train de se faire par des tâches transverses et de reporting, « désincarnée » (Dujarier, 2015), sur la compréhension de ce que c'est la difficulté de la tâche et de l'effort qu'elle nécessite de la part des salariés, sur le soutien à la réalisation de l'activité et sur une régulation du travail proche de ses conditions de réalisation.

Chapitre 4

La tentation de la rationalisation : le rôle des outils de gestion

La sociologie du travail française est marquée par une périodisation forte de ses objets d'analyse et de son intérêt pour les TIC. Après des années d'analyse centrées sur des questions d'automatisation du monde industriel dans les années 1960 et 1970 (portées par Georges Friedmann, Pierre Naville ou Alain Touraine), les années 1980 sont marquées par le foisonnement de recherches en sociologie sur la télématique et la bureautique notamment (Alter, 1985 ; Verdier, 1983), qui interrogent l'arrivée de l'informatique dans l'univers tertiaire. Au tournant des années 2000, ce sont les « progiciels de gestion intégrés » (PGI) la plupart du temps désignés par leur dénomination anglo-saxonne d'*enterprise resource planning* (ERP) qui nourrissent d'importants travaux. Les recherches actuelles s'intéressent davantage aux technologies issues des *big data*, des objets connectés ou capteurs intelligents, ou encore à la réalité augmentée et à la robotique, que cela soit dans l'industrie comme dans les services, avec un intérêt marqué pour des domaines jusqu'ici moins investigués (secteur médical, agriculture ou le journalisme, etc.).

Ces travaux participent, ce faisant, à des réflexions plus larges, qui courent sur plusieurs décennies, relatives à l'émergence d'un « nouveau modèle productif ». Celui-ci, en rupture avec le modèle taylorien-fordiste, n'en finit plus d'être annoncé comme imminent. Dès la fin des années 1980, les analystes faisaient valoir l'émergence de nouveaux principes de production qui s'accompagnaient de l'utilisation forte des technologies de l'information et transformaient le contenu du travail, son organisation, son management (Boyer, Durand, 1998). Les modèles suédois, japonais et américain se disputaient alors le devant de la scène pour dessiner ce « post-taylorisme », dont le secteur automobile était le fer de lance.

Le numérique a favorisé l'essor de la production à flux tendu, la circulation de l'information, la gestion au plus juste des matières et des stocks. Les TIC sont aussi au cœur de nouvelles manières de contrôler le travail, d'évaluer les compétences, de favoriser les échanges et, partant, de repenser le système de management. Peut-on pour autant avancer que la gestion et l'organisation des entreprises ont connu une véritable révolution et que de nouveaux modes de production alternatifs au taylorisme sont advenus ? Ce chapitre propose un panorama des travaux sur la question des transformations des modes de production et d'organisation du travail depuis les années 2000, en interrogeant les ruptures promises et effectives avec les modèles du XXe siècle.

•

1. De la rationalisation à la standardisation, portée et limites des ERP

1.1. La diffusion massive des ERP et le modèle de l'organisation intégrée

Les années 2000 sont indéniablement marquées par l'arrivée des progiciels de gestion (dont des formes plus anciennes existaient dans les années 1990 sous le nom de MRP, *Manufacturing Resources Planning*), qui se fondent sur une logique de planification, de maîtrise et d'intégration (Boullier, 2016). Concrètement, leur fonctionnement repose sur la centralisation de bases de données irrigant les grandes fonctions de l'entreprise. Prenons l'exemple d'un établissement scolaire ou universitaire. La mise en place d'une base de données centrale sur les enseignements réalisés ou prévisionnels permet de fournir des informations qui pourront être traitées pour la réalisation des plannings, la gestion des salles, le décompte des heures effectuées par les enseignants, le récapitulatif des heures suivies par les élèves ou les étudiants, la gestion des équipements (vidéoprojecteurs, micro...), etc. Regrouper les données permet donc une comptabilité fine (par salle, enseignant, étudiant, année, diplôme) et une gestion très précise des ressources en évitant de multiples saisies d'informations.

Les progiciels de gestion qui se sont diffusés dans les années 1990 et 2000 se sont déclinés sous plusieurs formes, sous l'impulsion des grands éditeurs de logiciels (parmi lesquels on peut citer SAP, Oracle...). À côté des ERP classiques comme celui que l'on vient de présenter ont émergé les dispositifs intégrant des données externes à l'organisation. Ainsi, les outils de gestion de la relation client (GRC, ou CRM en anglais pour *customer relationship management*), largement déployés dans les entreprises commerciales, intègrent les informations sur les clients et visent l'amélioration de la gestion, de la distribution et des approvisionnements, mais aussi le marketing direct (mailing ou SMS directement envoyés aux clients suite à un achat, par exemple), les prédictions d'achat ou de comportement des clients, etc. Ces dispositifs seront présentés dans le chapitre 7. D'autres dispositifs permettent la gestion de la chaîne logistique : c'est le *supply chain management* (SCM). Celui-ci intègre des données sur les fournisseurs, les entreprises clientes ou partenaires et vise l'optimisation de la chaîne d'approvisionnement, des flux de marchandises, des stocks et du transport (Maugeri, 2003). Certains dispositifs de gestion visent davantage l'amélioration de la gestion du personnel : les systèmes d'information des ressources humaines (SIRH) se sont spécialisés sur ce type de données (entrées, sorties, formation, évolutions...) pour optimiser la gestion de la paie, le calcul de la masse salariale ou encore des congés. Ils seront évoqués dans le chapitre 6.

Les ERP, dont le succès a été incontestable dès le milieu des années 1990 dans les très grandes entreprises, ont progressivement été implantés dans des structures plus petites et restent encore aujourd'hui au cœur des systèmes d'informations en entreprise. Trois grands éléments expliquent, selon Denis Segrestin (2004a), le succès de ces outils. Les ERP permettent tout d'abord de réduire les saisies dans des systèmes informatiques ne communiquant pas entre eux. Les informations circulent plus facilement, sans être confrontées aux problèmes d'interfaces spécifiques des logiciels, et sont plus fiables. La deuxième raison est que les ERP permettent de réaliser des tableaux de bord, indicateurs et autres « abrégés du réel » (Riveline, 1993), qui synthétisent les informations (au risque de les simplifier) et aident les managers ou chefs d'entreprise à prendre des décisions. Les ERP marquent ainsi l'essor du « reporting », la saisie de données qui doivent alimenter ces fameux tableurs et produire ratios, indicateurs, qui prennent une part de temps de travail croissant chez les cadres (Dujarier, 2015) et sont devenus des éléments incontournables dans le management des organisations. À cela s'ajoute une troisième raison justifiant cette adoption massive, c'est l'homogénéisation des pratiques, puisque les unités décentralisées ne peuvent plus détenir leur propre base de données ou système de gestion et développer leurs propres pratiques, contraintes par une certaine « discipline industrielle » (Segrestin, 2004a, p. 309). Les ERP véhiculent ainsi un modèle d'organisation, celui de l'intégration (Kocoglu, Moatty, 2010 ; Segrestin, 2004b), c'est-à-dire une organisation traitant de manière centralisée toutes les fonctions de l'entreprise (comptabilité, achats, production, vente, gestion des ressources humaines, etc.) dans une même logique de rationalisation et de formalisation.

Très vite sont pour autant pointés dans les travaux sociologiques deux risques majeurs : le risque de contrôle accru ainsi que la menace de standardisation des pratiques. Dans le secteur de la logistique, le *supply chain management,* les dispositifs de captation, de traitement et de transfert d'informations sur les biens et les flux font davantage penser à une re-taylorisation des pratiques et à la surveillance systématique qu'à un nouvel esprit de gestion des stocks (Maugeri, 2003). L'analyse des dispositifs de CRM témoigne également de la capacité à la fois à normer et surveiller les pratiques commerciales (par exemple, nombre de rendez-vous, résultats obtenus...) ainsi qu'à récupérer des données centralisées sur les clients de manière à les gérer automatiquement, au détriment de la connaissance pratique des commerciaux (Benedetto, 2003). En somme, les ERP formalisent et homogénéisent en imposant des manières de faire et d'agir qui nient la réalité de l'activité de travail, les connaissances et habiletés fondées sur des savoirs pratiques (Linhart, 2015). Plus encore, ils présentent le risque de voir se réaliser ce que Michel Berry pointait dans les années 1980 à propos des outils de gestion, qu'il qualifiait de technologies « invisibles » (1983). Pour cet auteur, ces dispositifs, extrêmement structurants, imposent leur logique et peuvent engendrer un certain automatisme dans les décisions et dans le comportement des managers. Le risque est alors que les décideurs cherchent à se conformer aux indicateurs et outils, sans interroger leur bien-fondé. Les décisions managériales ne se fondent plus sur la connaissance réelle des difficultés, mais visent à répondre aux exigences des tableaux de bord et des indicateurs de gestion. Le risque est alors que ce soit l'organisation qui s'adapte à l'outil et non l'inverse. De fait, la mise en place des ERP dans les grandes entreprises a souvent impliqué de lourdes refontes organisationnelles visant à homogénéiser les bases de données, et à faciliter la coordination horizontale et verticale de l'information (Kocoglu, Moatty, 2010 ; Segrestin, 2014b).

Analyser les usages d'un logiciel de gestion

L'analyse sociologique des outils de gestion en entreprise fait l'objet de demandes fréquentes de la part d'entreprises envers les chercheurs, les étudiants (notamment lors de thèses de doctorat réalisées en convention CIFRE) ou les sociologues praticiens. Si cet objet constitue une bonne opportunité de fournir des terrains de recherche souvent très riches et de répondre aux besoins des organisations (Granier *et al.*, 2018), l'analyse nécessite quelques points de vigilance dans la posture et la méthodologie. L'accès au terrain, les temporalités de la recherche et le fait même de répondre, même partiellement, à une « demande », doivent faire l'objet de clarifications dès le démarrage de la recherche. Dans une grande majorité de cas, l'appel à des sociologues se fait alors que les projets informatiques sont déjà lancés et que sont constatés de faibles usages ou des « résistances » face au projet (Benedetto-Meyer, Chevallet, 2008). Toute la difficulté alors est de ne pas en rester à ces constats, mais de saisir, d'une part, le projet, sa logique, ses intentions et son contexte organisationnel et de comprendre, d'autre part, comment les usages s'inscrivent dans les pratiques existantes, le sens du travail et les identités professionnelles. L'enjeu est de montrer ce que les « résistances » révèlent ou cristallisent, plus que de chercher à les « vaincre ».

D'un point de vue méthodologique, plusieurs principes s'imposent :

– il est toujours intéressant de retracer l'histoire d'un projet informatique et sa trajectoire. Interviewer le ou les initiateurs du projet, lorsqu'ils sont identifiés, s'avère souvent instructif pour comprendre le contexte, les intentions stratégiques, les différents acteurs impliqués et les positions de chacun, les choix techniques, le rôle des consultants ou autres prescripteurs. Malheureusement, si le projet a quelques mois, voire quelques années, les témoins sont souvent rares et les récits empreints d'« illusion biographique » (Bourdieu, 1986) ou de rationalisation *a posteriori*, gommant les hésitations, l'absence de visée stratégique, les effets d'imitation ou les conflits de paternité. La recherche doit être complétée par l'analyse documentaire : présentations, spécifications, comptes rendus de réunions, procès-verbaux de CE ou CSE, avis d'experts (qui peuvent être sollicités par les instances de représentations du personnel). Celle-ci fournit les éléments souvent très éclairants sur la genèse d'un outil, ses enjeux et la manière dont ont été réalisés les choix techniques.

– L'analyse des usages à proprement parler peut s'appuyer sur les informations ou « traces » informatiques (le taux d'utilisation d'un outil, le nombre de connexions à un serveur, le taux de remplissage d'une base ou le nombre de problèmes techniques ayant fait l'objet d'une demande d'intervention, par exemple). Elles ne permettent, bien sûr, pas de comprendre les usages en profondeur, mais de les identifier, de les qualifier et parfois de les quantifier.

Le croisement avec des données individuelles (âge, niveau hiérarchique, genre, catégorie d'emploi, etc.) permet de formuler des hypothèses.

– Le passage à une analyse qualitative des pratiques est fondamental. L'analyse des usages peut se réaliser en situation de travail, par l'observation. Certaines pratiques (la saisie de données, la manipulation d'applications...) peuvent néanmoins être difficiles à saisir uniquement en étant placé, même plusieurs heures, à côté du travailleur. L'entretien d'explicitation permet de revenir sur les choix, les arbitrages du salarié face aux outils, le non-respect de procédures, les tâtonnements, voire les incompréhensions. Les entretiens sociologiques permettent également d'aborder les représentations du projet, ses effets perçus, les craintes qu'il suscite ou « ce que l'on en dit ». L'analyse des entretiens permet d'aller au-delà des justifications souvent formulées spontanément par les usagers pour expliquer leur faible utilisation (le manque de temps, les bugs ou la faible fiabilité de l'outil, la force de l'« habitude »...) pour identifier les facteurs individuels, collectifs et organisationnels, parfois liés à des appartenances identitaires, à des tensions avec d'autres règles ou à l'éthos professionnel.

Dans d'autres cas de figure, le sociologue est interpellé en amont des projets, pour « analyser les besoins », faire remonter les souhaits (en termes de fonctionnalités, par exemple). Parfois, il est question d'analyser « l'acceptabilité » des outils, voire de participer à leur conception (voir encadré chapitre 5). Là encore, adopter une posture sociologique, c'est reformuler ces demandes en proposant avant tout de comprendre l'existant (pratiques, représentations du projet), de saisir la logique du projet et suivre les expérimentations sans prétendre apporter une visée prédictive, ni une aide à la recherche de « solutions toutes faites ».

Si la standardisation semble être inscrite dans la logique des outils ERP, les travaux empiriques sur ces outils et leurs usages soulignent, pour autant, qu'ils ne semblent pas engendrer l'avènement de nouvelles formes d'organisations fondées sur la centralisation des décisions et la standardisation des process. Les résultats de l'enquête publique « Changements organisationnels et informatisation »[1] ont, par exemple, souligné combien la diffusion des TIC s'accompagnait de transformations paradoxales au sein des entreprises, comme si les nouvelles formes organisationnelles se caractérisaient finalement par leur caractère ambivalent. Les intitulés des publications scientifiques sur le sujet témoignent d'ailleurs, dans le choix des qualificatifs, de ces tensions : entre « rigidité et malléabilité »

1. Pour une présentation détaillée de ces enquêtes coordonnées par le Centre d'Etude pour l'Emploi en 1997 et 2006, voir https://www.enquetecoi.net et les numéros de la revue *Réseaux* n° 134 paru en 2005 et le numéro 162 en 2010.

(Lemaire, Valenduc, 2004), « local et global » (Licoppe 2007), « flexibilité et centralisation » (Benghozi, 2001).

Les ERP ont donc des effets variables et en partie contradictoires. La littérature esquisse plusieurs éléments d'explication : tout d'abord le type de logiciel et d'éditeur de logiciel choisi est déterminant : les logiciels développés en interne permettent de tenir compte davantage des spécificités de l'entreprise, alors que le fait de passer par un éditeur proposant des logiciels dits « sur étagère », c'est-à-dire standards, limite l'adaptation à des opérations de paramètres et réduit la place des utilisateurs dans le processus de conception (Mayère, 2004). Cette difficulté ne fera que s'accroître quelques années plus tard avec la diffusion des ERP en mode SaaS (Software as a Service ou Logiciel en tant que Service, en français). Le mode SaaS (l'une des catégories de *cloud computing*) est un modèle de distribution de logiciels au sein duquel un fournisseur tiers héberge les applications et les rend disponibles pour ses clients par l'intermédiaire d'internet. Les évolutions ou mises à jour sont centralisées (elles sont les mêmes pour tous les clients, pour une application donnée), ce qui accentue la standardisation des outils (nous reviendrons sur ce point avec l'exemple des applications RH, au chapitre 6).

Par ailleurs, quel que soit le type de logiciel, la mise en œuvre suppose l'accord des directions des entités concernées (achat, ressources humaines, production...) qui ne voient pas toujours d'un très bon œil l'implantation d'un logiciel centralisé remplaçant les bases de données propres à leur entité, faisant perdre aux directions locales l'exclusivité des informations (sur les clients, les produits, les stocks...). Ces enjeux de pouvoir constituent un frein important à la mise en place de ces outils (Benedetto, 2003). Les discussions ou négociations qui en découlent conduisent parfois à des échecs, parfois à la mise en œuvre d'outils et de procédures pétris de contradictions, ou incomplets (Segrestin, 2004b). Nombre d'organisations ne sont ainsi pas allées au-delà de l'intégration de quelques fonctions principales, notamment la comptabilité, la finance, et le contrôle de gestion (Kocoglu, Moatty, 2010). En étant implanté partiellement, l'ERP perd de sa logique et de son sens, son implantation laissant parfois l'impression d'un échec.

Face à ce constat émerge, dans les années 1990, une nouvelle activité, celle de « l'accompagnement des changements ». Proposée par des consultants (parfois sous forme de module « vendu » à l'entreprise en même temps qu'un logiciel de gestion type ERP), il s'agit d'une nouvelle prestation qui prend son essor dans les années 2000 et qui n'a cessé jusqu'à aujourd'hui de se développer et de se structurer (Benedetto-Meyer, Willemez, 2017). Souvent axée sur la communication et la formation (censée vaincre les fameuses « résistances au changement »), l'accompagnement des changements intègre parfois également des groupes de travail enjoints à donner leur avis sur certains choix (ergonomie de l'interface, fonctionnalités...). Mais, dans les faits, peu de groupes de travail se font avec des salariés concernés eux-mêmes : ce sont plutôt leurs managers (ou des opérateurs choisis par leurs managers) qui participent à ces ateliers. L'accompagnement des changements a souffert de n'être souvent considéré que comme un leurre, un outil de communication pour s'assurer de la mise en œuvre des projets, sans passer par une analyse fine de l'existant, des pratiques, des logiques professionnelles qui justifient les craintes et, partant, expliquent les oppositions ou les faibles usages.

On peut donc dire que l'articulation entre changements techniques et organisationnels (abordés dans le premier chapitre) est au cœur de la compréhension de ces échecs. L'introduction des ERP et autres logiciels de gestion se confronte, en effet, à une question prégnante : celle de sa cohérence ou de son « encastrement » (Musselin, 2001) dans des modes d'organisation du travail et de management.

C'est sur cette question que nous souhaitons nous attarder à présent en allant au-delà du seul cas des ERP pour comprendre le rôle du numérique en général dans les transformations des modes d'organisation du travail. Comment penser le rôle des outils de gestion dans la diffusion des nouvelles formes organisationnelles qui ont marqué le tournant des années 2000, et ne cessent de proposer des alternatives aux organisations taylorisées, bureaucratisées, tout en s'appuyant sur des outils dont nous avons vu qu'ils sont finalement structurants et peu flexibles ?

1.2. Renouvellement des modes d'organisation et de management : le rôle ambivalent des TIC

Transversalité, fluidité ou formalisation et rigidification ?

La diffusion des ERP doit être comprise comme concourant à la réalisation d'une ambition plus forte, celle de la quête de nouveaux modes d'organisation du travail et de la production fondés sur une meilleure circulation des informations, dont le toyotisme et le *lean* restent emblématiques.

Le toyotisme, élaboré dans les années 1960 par Ohno, s'est diffusé dans les années 1980, opposant à l'organisation scientifique du travail de Taylor un nouveau modèle, fondé notamment sur la polyvalence, l'enrichissement des tâches et la fluidification des circuits d'informations. Au cœur du toyotisme se trouve l'idée que les nouvelles technologies permettent de « penser à l'envers » (Coriat, 1991), c'est-à-dire de l'aval vers l'amont ou, autrement dit, de la demande du client vers la production. Ce pilotage de la production par la demande, qui se fonde sur les outils de gestion des flux (d'informations, de produits, de données), aboutira, dans les années 1990, au développement du *lean production* (« production au plus juste ») qui dit rendre possible « la production de biens diversifiés, de qualité, à prix très compétitif, grâce à une main-d'œuvre et à des fournisseurs associés à l'amélioration continue des performances » (Boyer, Freyssenet, 2000, p. 3). Présenté comme l'opposé du fordisme (qui reposait sur la production de masse fondée sur les économies d'échelle), de l'organisation taylorienne du travail (fondée sur la division horizontale et verticale du travail), le *lean production* (essentiellement dans le secteur automobile), le *lean manufacturing* (principe de production étendu à l'ensemble du monde industriel), puis le *lean management* (généralisé à l'ensemble des secteurs, y compris les entreprises de services, l'administration ou l'hôpital), n'a eu de cesse de se développer et d'être une mode managériale d'une longévité rare (Pardi, 2015), des années 1980 jusqu'à aujourd'hui (Ughetto, 2012), dont les mots d'ordre sont toujours les mêmes : flexibilité, réactivité, décloisonnement et transversalité.

L'introduction des outils de gestion a accompagné le développement de ces modes managériales. Les ERP ont permis, par exemple, de mettre en place un management dit « par les processus » (Segrestin, 2004a), qui permet de décomposer les processus (livrer un client, éditer une facture, lancer un réapprovisionnement…) en activités successives (par exemple, la suite d'actes à réaliser de l'achat du client à sa livraison), en identifiant à chaque étape les acteurs, les outils, les procédures. Dans la droite lignée du *lean manufacturing*, le management par les processus entend permettre une gestion « au plus juste », adaptable, centrée sur la finalité productive. Il s'accompagne souvent de démarches dites « qualité » (« qualité totale », « zéro défaut », « certification par les normes Iso », « 5 S », etc.), qui sont souvent très contraignantes. Il s'agit donc de formaliser et rationaliser tout autant que décloisonner les « silos », rompre avec une organisation par grandes fonctions de l'entreprise (service achat, comptabilité, livraison, etc.) pour penser des processus transverses et permettre des ajustements directs entre des entités jusqu'ici compartimentées (Guillaume, 2008).

Cette tendance ira plus loin encore avec le management par projet (Giard, Midler, Garel, 2001 ; Bagla 2003), c'est-à-dire la mise en place d'équipes transversales (composées de membres ayant des fonctions différentes : marketing, ingénierie de production, qualité...) autour de la réalisation commune d'un projet (une innovation, un produit, un projet informatique...). Ces équipes projet, temporaires (puisqu'elles sont dissoutes lorsque le projet est réalisé), peuvent coexister avec le maintien d'une organisation hiérarchique classique, dessinant alors des organisations dites matricielles (c'est-à-dire permettant une lecture verticale de l'organisation – par fonction ou métier – et une lecture horizontale – par projet). La coordination des équipes projet est assurée par un chef de projet qui, sans autorité hiérarchique, doit veiller à la bonne allocation des tâches et à la réalisation du projet (Bensoussan, Barbier, 2013 ; Coutant, Foureault, 2019).

Ces modes de management témoignent d'une volonté de rompre avec une vision de l'organisation comme addition de spécialités, de « fonctions », réparties dans un organigramme pyramidal et de mettre en lumière des formes de coordination transversale. On y voit également l'image d'une organisation dynamique, traversée de « flux ». Le rôle des logiciels de gestion de ces flux y est fondamental. Les ERP, mais également les outils de *workflow* et de *groupware* (dont il sera question au chapitre 5), aident précisément à transmettre les informations tout au long de la chaîne de production et facilitent la collaboration entre les salariés (Cardon, 2000).

Ces modes de management risquent néanmoins de devenir de plus en plus complexes, et porteurs de tensions, entre souplesse et formalisation. Ils portent les contradictions déjà pointées par la logique des ERP et autres outils de gestion, qu'ils prolongent en quelque sorte. Le management par projet peut conduire à un brouillage des collectifs (à la fois moins stables, multiples dans le cas des organisations « matricielles », plus éphémères, puisqu'ils sont dissous à la fin des projets), générer un sentiment d'incertitude (lié également aux temporalités réduites des projets). Le risque d'un management éloigné du travail, de confusion sur le rôle des managers ou, plus largement, le manque de régulation, déjà pointés avec la mise en place des outils de gestion, sont renforcés par ces modes d'organisation du travail (Conjard, 2015).

La question de l'autonomie et des démarches participatives

Aux questions de normalisation et de standardisation portées par les logiciels de gestion, s'ajoutent d'autres tensions relatives à l'engagement, l'implication et l'autonomie dans le travail. Le *lean management*, en effet, s'inscrit dans la longue histoire des démarches dites participatives (qui sont prônées dès la fin des années 1960 en réponse à un taylorisme trop « vertical »), pour les renouveler et les prolonger. C'est le principe de l'amélioration continue (ou *kaizen* dans la terminologie du *lean*) qui mise sur la remontée d'informations et de suggestions d'amélioration des opérateurs via des cercles de qualité, et sur l'autonomie relative dans le travail et l'enrichissement des tâches avec notamment la prise en charge des petites opérations de maintenance.

La sociologie française a accueilli avec méfiance ce discours, soulignant les limites de la dimension dite « participative » de ce modèle, qui impose, dans les faits, une implication et une responsabilisation forte des opérateurs, sans pour autant reconnaître et valoriser leurs savoirs réels (Linhart, 2015). En outre, l'autonomie est relative, puisqu'elle s'accompagne (comme nous l'avons vu déjà à propos des ERP) d'un fort contrôle de l'activité de travail, de formes d'individualisation du contrôle et de l'évaluation. L'implantation des TIC a, de ce point de vue, eu un rôle paradoxal, en facilitant l'autonomie, mais aussi le contrôle et la coordination à distance des travailleurs nomades, comme des agents techniques intervenant auprès de clients (Datchary, 2017) ou d'aides à domicile qui ont vu leur activité et leur planning quotidien « télégérés » à distance (Dussuet *et al.*, 2017), au nom d'une organisation plus fluide.

Loin de rompre avec le travail à la chaîne et sa cadence imposée, les nouvelles formes d'organisation du travail ordonnent l'activité via une « chaîne invisible » (Durand, 2004) à laquelle il est de plus en plus difficile de se soustraire et de s'opposer. Ce constat a pu amener certains à taxer ces nouvelles organisations de « néo-taylorisme » (et non de post-taylorisme), pour souligner l'absence de rupture véritable du *lean* avec les principes des modèles précédents, faisant toujours la part belle à la rationalisation et l'intensification du travail (Linhart, 1991).

Les résultats des enquêtes « Conditions de travail » de la Dares permettent de confirmer ces tendances contradictoires[2] : la capacité à régler par soi-même les incidents a augmenté faiblement au cours des dernières décennies, passant de 58 % des salariés en 1991 à 62,4 % en 1998, 64,8 %

2. Les données sont présentées et synthétisées par Lallement (2016), p. 19-22.

en 2005 et 66,5 % en 2013. La possibilité de ne pas toujours appliquer les consignes données, voire de ne pas recevoir d'instruction, progresse également (de 58 % en 1991, à 66,5 % en 2013). Pour autant, sur la même période, la possibilité de choisir soi-même la façon d'atteindre ses objectifs de travail a légèrement diminué (de 85,1 % des salariés en 1998 à 79,8 % en 2013). L'existence d'un rythme de travail imposé par un contrôle ou un suivi informatisé (qui concerne plus du tiers des salariés) ou le fait de ne pas pouvoir quitter son travail des yeux augmentent (15,5 % des salariés en 1984, 39 % en 2013) et le fait de devoir abandonner une tâche pour en réaliser une autre plus urgente (respectivement 48 % et 64,3 %) donnent le sentiment d'évolutions contradictoires, que certains ont qualifié « d'autonomie contrôlée » (Appay, 2005 ; Craipeau, 2001) ou d'alternance entre autonomie et contrôle (Ughetto, 2018a).

Tension entre autonomie et contrôle dans la distribution de courrier

Un exemple illustre cette tension entre autonomie et contrôle. Dans un groupe de distribution de courrier et colis, les opérateurs utilisent, lors de leurs tournées, un smartphone doté d'une application de géolocalisation. L'application leur permet d'identifier les lieux précis où ils doivent récupérer des plis ou colis à expédier. Sur chacun de ces lieux, l'opérateur doit obligatoirement passer son smartphone sur un QR Code afin de valider son passage. Interrogés sur leur perception de ce dispositif, la plupart des opérateurs se plaignent d'être « fliqués », puisqu'il est possible de connaître avec précision leur heure de passage, leur parcours, et donc le fil de leur activité. Le traçage permet également d'accroître la pression temporelle et d'engager leur responsabilité des opérateurs en cas de plainte d'un client estimant que l'heure de passage n'a pas été respectée, par exemple. Un opérateur exprime cependant la double dimension de ce dispositif qui est, selon lui, à la fois un « mouchard », mais également un outil pour mieux organiser sa tournée en fonction des lieux identifiés, de décider de l'ordre de passage (en respectant cependant les horaires sur lesquels son entreprise s'est engagée) et s'assurer de manière autonome, en fin de tournée, qu'il n'a pas oublié un point de collecte.

Les années 2000 sont donc marquées par la diffusion d'outils de gestion informatisés qui, inscrits dans de nouveaux modes d'organisations du travail, eux-mêmes portés par une logique de maîtrise, de performance et de rationalité (Boussard, 2008), donnent lieu à des organisations paradoxales, qui prônent la transversalité tout en centralisant les informations, qui standardisent tout en cherchant la souplesse et qui prônent l'autonomie et la participation tout en exerçant des formes de contrôle et d'imposition des règles.

Plus récemment, dans ces organisations jugées trop rigides et qui disent faire face à une « accélération du rythme d'innovation »[3], certains dispositifs misent sur une « libération » de ces processus d'innovation, en donnant plus de place aux idées émises par les salariés. La spécificité de ces dispositifs réside dans l'appel au vote de tous pour sélectionner et mettre en lumière les idées proposées, avant qu'elles ne soient étudiées ensuite par un comité d'experts. Une fois de plus, le fonctionnement de ces dispositifs pose problème, d'une part, en termes d'inégalités entre les salariés dans la remontée des idées, d'autre part, en terme de reconnaissance de ces « innovateurs » et dans le manque d'ajustements organisationnels pour accompagner ces dispositifs (Boboc, 2021).

Les évolutions récentes en matière de numérique interrogent alors : les nouvelles technologies vont-elles permettre de sortir de ces contradictions et proposer une alternative sérieuse et durable au modèle taylorien dont on ne cesse de critiquer les limites sans changer de paradigme ?

2. L'usine du futur : prolongement des tendances ou rupture paradigmatique ?

Sans prétendre ici disposer d'une quelconque capacité de prédiction sur l'avenir du travail et des organisations, on peut souligner quelques tendances et s'interroger sur la manière dont ces évolutions s'inscrivent dans les mutations déjà soulignées depuis les années 1990. La littérature professionnelle regorge de discours sur « l'usine du futur » ou « 4.0 », à laquelle est associée une liste d'innovations (*big data*, réalité augmentée, *cloud*, internet des objets, systèmes intégrés, impression 3D), dans une approche souvent techniciste mettant en avant le potentiel de ces technologies plus que leur philosophie et leur dimension organisationnelle. Les travaux, rapports ou « livres blancs » produits par des acteurs de cette économie (industriels ou consultants), sont à analyser avec recul. Ils permettent néanmoins de saisir ce qui se joue autour de ces discours futuristes et en faire ressortir des interrogations sur les transformations du travail.

3. Samir Bedreddine et Arnaud Saint-Martin, « La pensée magique de l'innovation », *Le Monde*, 2 mars 2020.

2.1. Homme robotisé ou augmenté ?

Le terme d'industrie 4.0 a été proposé initialement par l'économiste allemand Klaus Swab (fondateur et président du Forum économique mondial) pour désigner sa vision du futur de l'industrie et souligner l'entrée, selon lui, dans la quatrième révolution industrielle. Celle-ci se caractérise par l'extrême connectivité entre les systèmes et la circulation toujours plus dense d'informations. L'adaptabilité et la réactivité qui en découlent permettent de répondre de plus en plus vite à des demandes de plus en plus personnalisées, jusqu'à produire des lots uniques, sur demande. Le client, toujours davantage « au centre » de l'organisation, peut commander un bien sur mesure, le modèle économique ne reposant plus sur les économies d'échelles, mais sur l'extrême réactivité et adaptabilité des biens produits. L'exigence de flexibilité, de « modularité » des équipements, mais également de connectivité est permise grâce à des systèmes « cyber-physiques » (Kohler, Weisz, 2018) ou CPPS (*Cyber-Physical Production Systems*) qui comprennent des installations de production connectées. Celles-ci reposent sur un système de machines et d'équipements reliés aux infrastructures internet, des capteurs qui recueillent et permettent le traitement automatique de données, qui déclenchent instantanément des actions. La production est ainsi ajustée aux demandes des clients et aux besoins d'optimisation des ressources internes et externes (par exemple, en ajustant la production en fonction des variations des prix des matières premières ou de l'énergie).

On trouve, bien sûr, dans ce mode d'organisation les grandes tendances déjà relevées autour des mondes productifs : flexibilité, réactivité, gestion des flux prolongent plus qu'ils ne remettent en cause les évolutions du *lean* par exemple. La circulation de données toujours plus importantes et précises et leur traitement toujours plus rapide permettent aux machines de s'adapter automatiquement. La « maintenance prédictive » permet ainsi de connaître, grâce à des capteurs, l'état de dégradation d'une machine ou d'un bien pour intervenir avant sa détérioration complète. Les équipements des opérateurs sont, par ailleurs, également transformés sous l'effet des outils de robotisation et de virtualisation (réalités virtuelle et augmentée) et de technologies multiples (internet des objets, le *cloud computing*, impression 3D, capteurs intelligents, *deep learning*...) qui doivent aider la prise de décision et l'action.

On a déjà évoqué les inquiétudes fortes que ces évolutions entraînent en matière d'emploi, sur fond de bataille de chiffres et de prédictions.

En ce qui concerne le contenu du travail et ses conditions de réalisation, les travaux ne sont pas moins sujets à discussion. L'automatisation remet sur le devant de la scène des questions sur la (dé)qualification du travail qui parcourent la sociologie du travail depuis ses fondements. L'opposition entre Georges Friedmann et Pierre Naville autour de la déqualification, opposant vision substantialiste de la qualification (qui s'intéresse aux savoirs et savoirs faire ouvriers) et relativiste (mettant l'accent sur le fait que la qualification est un rapport social incorporant des hiérarchies socialement construites), se prolonge ici à travers le débat qui oppose les tenants d'une vision du numérique comme réduisant les savoirs et savoir-faire, prolongeant ainsi le mouvement de déqualification du travail ouvrier, et ceux qui voient grâce aux transformations des activités, l'émergence de nouvelles compétences d'agencement, d'organisation, voire de collaboration, à condition que celles-ci soient reconnues et valorisées socialement.

Les tenants de la thèse de la déqualification liée au numérique occupent une large part des recherches françaises. Les travaux récents sur la logistique, par exemple, mettent l'accent sur la déqualification du travail des préparateurs de commandes dans les entrepôts liés à l'implantation de nouveaux outils comme le guidage vocal (ou *voice picking*).

La commande vocale dans les entrepôts, source de déqualification du travail

Ce dispositif, qui s'est massivement déployé au tournant des années 2010, consiste à guider le préparateur de commandes à travers les rayons de l'entrepôt grâce à un logiciel de gestion des commandes qui indique oralement (par une voix de synthèse), dans un casque, la localisation des articles à aller chercher, un par un, de manière séquentielle. L'opérateur doit valider en retour, en s'exprimant dans un micro, l'information ainsi que le fait qu'il a chargé l'article. Ce système qui vise, bien sûr, une plus grande productivité du travail des préparateurs, les « libérant » de tout support papier ou même d'écran leur permettant de suivre les instructions, est, du point de vue des conditions de travail, générateur d'une forte intensification du travail, d'isolement et d'individualisation de l'activité, mais également d'une forte déqualification de l'activité du préparateur de commande qui perd toute latitude dans la manière d'organiser son travail. « Le fait de recevoir les commandes sur un support papier donnait la liberté d'anticiper sur le déroulement de son travail. La tâche était prescrite, mais le temps de l'activité, sa chronologie immédiate, demeurait déterminé par l'exécutant [...]. Sous commande vocale, sans support papier, le préparateur est informé de la nature de la commande point par point, colis après colis. Il n'a donc plus la possibilité de "faire mentalement la palette", de construire son parcours au préalable, en fonction d'une estimation du poids et du volume des colis. Il doit se contenter de prendre les colis un à un, tel que le lui indique la voix numérique » (Gaborieau, 2012). Les opérateurs en viennent à se représenter eux-mêmes comme des robots, exécutant mécaniquement des tâches sans y trouver du sens et des formes d'implication. Cette tendance s'accompagne d'un recours massif à une main-d'œuvre plus précaire (intérim notamment) qui permet d'adapter la main-d'œuvre en fonction des fluctuations du marché et de mettre les ajustements marchands au cœur de l'organisation du travail. On assisterait alors à une triple disqualification de cette main-d'œuvre : statutaire, organisationnelle et marchande (Tranchant, 2018).

L'économie des plateformes, emblématique du renouvellement du monde industriel, n'échappe pas à la critique et au risque également de voir le numérique mis au service de la déqualification et de la surveillance permanente des travailleurs. Le cas chauffeurs de VTC (voitures de tourisme avec chauffeur) est emblématique : en dépit de leur statut « d'indépendants », ils sont soumis à un « management algorithmique » (Rosenblat, Stark, 2016) puisque la fixation des tarifs ne leur revient pas, ni la possibilité de choisir leur course, et qu'ils subissent l'évaluation permanente des clients (Bernard, 2020b). Les données et algorithmes déterminent une partie de leur activité, de leur charge de travail et de leur rémunération.

En ce qui concerne les activités de maintenance et de réparation industrielles, les outils à base de « réalité virtuelle »[4] et plus encore de réalité « augmentée » (RA) laissent entrevoir des effets plus nuancés. Ces technologies de RA permettent d'incruster, sur une image réelle (visualisée à travers un casque, une tablette, un masque), des informations (documentation, modes opératoires, données historiques...) sous forme de textes ou d'images virtuelles qui se superposent à la visualisation de l'environnement de travail réel. Un opérateur peut, par exemple, visualiser l'image d'un branchement ou d'une installation telle qu'elle devrait être, et par comparaison avec la situation réelle, identifier facilement ce qui doit être réparé. L'incorporation des données peut se faire en continu, grâce aux technologies d'IoT (internet des objets) qui réactualisent automatiquement les représentations à partir des informations reçues par les capteurs. Ces dispositifs interrogent : permettent-ils d'accroître

4. La réalité « virtuelle » permet une représentation d'un monde virtuel, en trois dimensions dans lequel un individu, doté d'un équipement adapté – masque, casque – peut évoluer et avec lequel il peut interagir. Ces outils de simulation peuvent être utilisés en formation (simulation d'un environnement de travail ou d'une situation donnée) ou en conception.

les capacités cognitives, afin de réaliser plus rapidement ou aisément certaines tâches, grâce au traitement plus efficace des informations, et faciliter la prise de décision, ou bien vont-ils, à l'inverse, rendre le travailleur « diminué, dépendant à la technologie » (Gauttier, 2017) ? Au fond, deux usages de technologies se dégageraient selon leur degré de prescription sur les pratiques : si la RA est de nature « informative », elle permettrait de « libérer » l'individu (en lui donnant accès à certaines informations, à des capacités de calcul décuplées, etc.), mais si elle est « prescriptive » imposant des formes de représentation du monde, elle risque de déposséder l'individu de ses savoirs et de sa capacité à résoudre des problèmes (Gauttier, 2017).

Cette idée semble donc voir se rejouer des débats anciens sur les effets de l'automatisation et l'industrie de process sur l'avenir du travail ouvrier, et le risque de polarisation entre, d'une part, une main-d'œuvre d'opérateurs-surveillants sans qualification, appliquant des procédures en fonction des signaux émis grâce aux technologies, et, d'autre part, une population de techniciens polyvalents, capables d'opérer des activités de contrôle et de maintenance plus collective, d'interpréter, d'anticiper et d'intervenir face aux aléas (Freyssenet, 2012).

À cela s'ajoutent, bien sûr, les capacités de contrôle et de récupération de données personnelles beaucoup plus importantes avec les technologies (les capteurs peuvent récupérer toutes sortes d'informations sur les pratiques des agents) qui génèrent également des inquiétudes.

Ces mêmes interrogations autour de la déqualification sont pointées, de manière plus surprenante, dans des activités intellectuelles, fortement qualifiées, comme, par exemple, le travail des ingénieurs de conception. L'activité de ces derniers a connu, déjà avec les logiciels de CAO (conception assistée par ordinateur), une vague d'intensification et de déqualification de leur activité liée à la forte procéduralisation des processus de conception (pensés comme une succession de modules ou de séquences obligatoires) et à la formalisation des méthodes (Petit, 2016). Cette tendance ne fait que se confirmer avec les dernières technologies de simulation : « les grands éditeurs de logiciels et d'outils de simulation (...) offrent au travers de leurs logiciels une conception prédécoupée, avec peu de marges de liberté, à des bureaux d'études qui voient leur travail allégé, mais aussi, et surtout, entravé d'une créativité qu'ils souhaiteraient sans doute développer » (Paraponaris, 2017). Les maquettes numériques et autres outils de virtualisation sont intégrés dans des logiciels dits de PLM (*product lifecycle management*), qui permettent à plusieurs professionnels de travailler simultanément autour des maquettes virtuelles, mais également de stocker et partager des documents de travail (cahiers des charges, spécifications techniques, nomenclatures...) et les informations nécessaires au travail de conception, ce qui conduit à une forme de formalisation et de bureaucratisation des pratiques (Paraponaris, 2017), qui n'est pas sans rappeler les constats suite à l'implantation des ERP il y a deux décennies : les ingénieurs doivent partager le même langage, suivre les mêmes étapes de conception, fournir les mêmes types de « livrables » et se référer aux mêmes bases de données de connaissances sur les produits. La co-conception – de nature plutôt collaborative (autour de l'idée de la mutualisation et du travail conjoint) – aurait cédé la place à la conception distribuée, plutôt coopérative : le travail est réparti, distribué plus qu'il ne se co-construit. Si pour certains concepteurs, le PLM entraverait leur prise d'initiatives, les travaux montrent néanmoins que pour d'autres, c'est un outil qui pourrait néanmoins les libérer « des contraintes de recherche d'information et [alléger] les temps d'harmonisation » (Paraponaris *et al.*, 2018).

On notera enfin que la tendance est, en outre, à l'externalisation de certains modules de conception, confiés à des plateformes externes où des créateurs et concepteurs en free-lance peuvent rivaliser d'ingéniosité... au détriment de l'activité de conception des concepteurs traditionnels. Ce phénomène pourrait entraîner à terme un « affaiblissement des capacités d'innovation à l'échelle du système industriel » (Paraponaris, 2017).

On voit donc que la « digitalisation » ne met pas fin aux tendances à la procéduralisation ou gestionnarisation déjà pointées, malgré la mise en place de technologies et d'organisations souples. On trouve des résultats semblables dans le secteur du bâtiment où se sont largement diffusés les outils de BIM (*Building Information Modeling*), système de modélisation de données permettant, là encore, la visualisation et la collaboration de plusieurs acteurs (appartenant à des organisations différentes) autour de maquettes 3D, de technologies de géolocalisation ou de visites virtuelles pour faciliter la construction, puis le suivi d'un bâtiment (de sa conception jusqu'à sa démolition). Les recherches sur l'évolution du travail avec le BIM offrent des constats plus nuancés (Boton, Forgues, 2019) : pour les projets de construction, si la logique des outils est toujours caractérisée par l'idéal de collaboration autour d'un plan d'exécution réaliste et applicable, co-construit entre les acteurs avec l'aide de « gestionnaires BIM » qui facilitent les échanges et la collaboration, dans les faits, les processus prévus sont jugés toujours trop théoriques, généraux, inadaptés à la réalité du terrain pour être appliqués. Les effets de pression temporelle qui s'accroissent avec la réalisation du projet, le passage à une logique de production, la gestion des aléas rendent, de fait, les efforts de collaboration et de co-construction illusoires. En outre, les outils de virtualisation ne font pas disparaître les échanges de croquis ou les discussions informelles en face à face pour faciliter la coordination. Le rôle des gestionnaires BIM va alors bien au-delà d'une seule aide technique pour la co-conception : ils aident tout au long du projet à la coordination et deviennent de nouveaux chefs de projets qui permettent de rendre ces outils opératoires et de faire dialoguer le prescrit et le réel.

Ces éléments permettent de souligner avec Pascal Ughetto (2018a) que, si le décloisonnement et la réactivité ont marqué les tendances des dernières décennies, ils s'accompagnent aujourd'hui de nouveaux mots d'ordre, portés à la fois par de nouvelles technologies, de nouvelles modes managériales, voire de nouvelles formes d'organisation : celui de l'innovation et de la collaboration (p. 64). Ces nouveaux impératifs donnent lieu à une évolution sensible des modes de management et des modes d'organisation du travail.

2.2. Libération et agilité : vers de nouvelles formes organisationnelles ?

Si le modèle bureaucratique semble toujours servir de modèle repoussoir aux nouveaux modèles émergents, les discours se distinguent depuis quelques années par quelques traits saillants : la valorisation des organisations de petite taille fait place à des années de domination des grandes entreprises, les modes de fonctionnement itératifs succèdant au management rigide par les processus et des modes de gouvernance semblant aller au-delà du participatif (pour prôner le mode délibératif) se font jour.

Examinons ces trois tendances. La première repose sur la valorisation forte des petites entreprises comme les start-up, formes organisationnelles idéalisées, dont la définition stricte (au-delà de leur jeunesse et de leur petite taille) n'existe pas précisément (Flécher, 2019). Érigées comme modèles de développement en France, valorisées pour leur capacité à proposer des innovations de produits et de services, soutenues par les politiques, les start-up sont fortement valorisées, notamment par les jeunes en recherche d'emploi (Ughetto, 2108a), dans un pays où longtemps les grandes entreprises avaient une place centrale dans l'économie et semblaient à la pointe des équipements technologiques ou des modes managériales. Ce mouvement a entraîné, de la part de certaines grandes entreprises, une tendance à externaliser auprès des start-up leur activité de recherche et de développement, nouant des relations ambiguës avec ces petites structures, entre fascination et domination (Bedreddine, 2020).

Les start-up sont également devenues des modèles en termes d'organisation du travail, valorisées pour leur souplesse, leur dynamisme, la prise de décision rapide, l'initiative et l'autonomie qu'elles laissent aux individus, leur mode de management « cool » (Flécher, 2018). Elles se fondent sur le mythe des start-up californiennes, dont « l'esprit » serait résolument tourné vers l'innovation, dont les travailleurs, souvent jeunes, savent s'engager dans l'activité sans tomber dans un attachement qui entraverait leur mobilité, savent également allier forte capacité de travail et esprit joueur, alterner entre individualisme et sens du collectif.

Ce modèle irrigue aujourd'hui les grandes structures, qui valorisent les petites équipes, enjoignent leurs managers de proximité d'abandonner toute forme d'autoritarisme pour devenir des « facilitateurs » au service de la prise d'initiative et de l'innovation (Dudézert, 2018).

La quête de l'innovation permanente va de pair avec la valorisation du changement, de la transformation, qui devient, au fond, un mode d'organisation quasiment en soi (Metzger, 2012). Dans ce contexte, même le management de projet, avec sa planification, ses jalons et la formalisation du rôle des différents interlocuteurs paraît trop rigide. Dans le monde de la conception informatique, l'apparition du « mode agile » propose de bousculer ce modèle, en lui opposant un mode de fonctionnement basé sur des temporalités très courtes. Le principe général des méthodes agiles (dont l'approche *Scrum* est la plus fréquente) consiste à concevoir des applications ou logiciels informatiques sur un temps court, voire très court (quelques semaines), afin de les faire tester ou expérimenter rapidement, sans attendre que les fonctionnalités en soient complétement finalisées, et faire remonter les manques ou dysfonctionnements très régulièrement pour procéder de manière itérative à des corrections et améliorations. Dans le mode agile, les différents acteurs engagés dans le processus (concepteurs, développeurs...) collaborent sans hiérarchie, ni chefs de projets. Seuls des leaders ou ambassadeurs ont un rôle d'animation et veillent à la coopération de tous. Ces nouvelles manières de créer et produire entendent rompre avec les lourdeurs du modèle bureaucratique. Mais elles reposent aussi sur des valeurs ou principes qui renvoient au management ou à des modes de coordination et de coopération. En ce sens, elles font écho à d'autres modes managériales qui, elles, se préoccupent davantage de penser les nouveaux modes de gouvernance et de management. C'est la troisième tendance qui marque l'époque actuelle, rendue emblématique par le modèle des « entreprises libérées » (qui désigne dans les faits des organisations très contrastées). Ce terme, initialement proposé par Tom Peters (1993), repris par Isaac Getz et Brian M. Carney (2012), désigne les organisations qui repensent la place de leurs managers de proximité, procèdent à la diminution du nombre de niveaux hiérarchiques, voire la suppression de l'encadrement de premier niveau. Plus encore, il s'agit de privilégier l'animation à la supervision, de voir les responsables hiérarchiques devenir des animateurs, des facilitateurs, voire « *servants leader* » au service de leurs équipes (ce qui, dans certains cas, va jusqu'à faire coopter les « chefs » par leurs subordonnés ou les soumettre à l'évaluation de leurs « collaborateurs »). Il s'agit, enfin, d'abolir les « privilèges » ou attributs symboliques réservés aux cadres et encadrants (comme les bureaux fermés, places de parking ou équipements technologiques...). Un certain nombre d'entreprises libérées procèdent également à la réduction des postes dans les fonctions dites support (c'est-à-dire non opérationnelles : administration, ressources humaines, services juridiques, contrôle de gestion...), considérant que ces dernières contraignent (par la surveillance, l'évaluation, la normalisation) le travail des opérationnels (Graeber, 2018). Ces tendances en matière de management s'accompagnent, enfin, d'une politique visant le bien-être, voire le « bonheur » en entreprise. Cette politique se traduit par des mesures d'aménagement des espaces de travail (dotés de salles de détentes, *baby-foot* ou espaces de relaxation), d'animation (orchestrées par un « *chief happiness officer* ») et d'organisation des temps (télétravail, horaires à la carte, congés illimités...).

Après le bilan en demi-teinte des nouvelles formes d'organisation du travail du tournant des années 2000, peut-on, cette fois, considérer que ces modèles d'entreprise offrent une alternative durable à la grande entreprise, au modèle fordiste et à la bureaucratie ? Plusieurs éléments viennent nuancer ces annonces. Tout d'abord, les études empiriques montrent les limites de ces promesses lorsqu'elles se confrontent à la réalité de leur mise en œuvre : le management des start-up n'exclut pas la pression managériale (Flécher, 2008), le mode agile se révèle source de nouvelles lourdeurs (Hodgson, Briand, 2013 ; Bretesché, 2019), la libération des entreprises relève davantage de l'injonction au bonheur et d'un management participatif timide que de la mise en place d'organisations résolument délibératives, ouvertes aux débats et à la contradiction (Rousseau, Ruffier, 2017 ; Detchessahar, 2018). Les principes et valeurs prônés par ces nouvelles organisations s'avèrent, finalement, confrontés à la réalité des organisations, sources de contradictions et de tensions plus que d'un réel « changement de paradigme », comme le promettent les discours (Boboc, Metzger, 2020).

Les travaux sociologiques font aussi remarquer que ces nouvelles organisations ne vont pas toujours au bout de leur logique : si le rôle des managers de proximité est en ligne de mire de ces organisations, rares sont celles qui vont jusqu'à refonder entièrement leur mode de gouvernance, c'est-à-dire leur système de décision jusqu'au sommet de leur organisation. Mais certaines communautés héritières de l'esprit de la contre-culture américaine des années 1960 ou de la tradition libertaire et des *hakers* (Lallement, 2015) proposent néanmoins depuis quelques décennies des modes d'organisation et de décision résolument alternatifs et qui ont trouvé résonance dans certains Fablabs ou autre *makerspaces* (Berrebi-Hoffman *et al.*, 2018) ou encore les communautés de logiciels libres (Demazière *et al.*, 2007).

Mais ces communautés demeurent marginales : les start-up, organisations libérées ou agiles et, plus encore, les grandes entreprises ayant opté pour la sociocratie, des principes de démocratie délibérative ou des modes de régulation originaux sont bien rares. Les grandes entreprises, bien qu'imprégnées de ces modèles, semblent encore loin d'avoir délaissé leur organisation en « cathédrale » pour un fonctionnement horizontal et peu formalisé comme le bazar, pour reprendre les images d'un célèbre essai (Raymond, 1999).

Conclusion : utopie ou dystopie numérique ?

En 1984, quasiment au lancement de la revue *Réseaux*, Paul Beaud proposait deux termes pour opposer deux visions des TIC. Celle annonçant une évolution sans remise en cause du fonctionnement en profondeur des organisations était qualifiée de « reproduction évolutive » des organisations. Celle qui percevait dans les technologies un moyen de renouveler les organisations par les acteurs eux-mêmes et leurs usages émergents renvoyait au qualificatif « d'auto-production ». Ainsi opposait-il, d'une part, les travaux défendant que les TIC font perdurer, voire renforcent, au sein des organisations, la distinction entre exécution et conception et prolongent ainsi le modèle taylorien-fordien et, d'autre part, d'autres travaux mettant en avant le fait que « les acteurs de l'entreprise s'emparent activement des innovations (...) pour transformer l'organisation » (Mallard, 2013, p. 53).

Les débats actuels sur l'émergence de nouveaux paradigmes s'inscrivent bien dans cette alternative. Sommes-nous à l'aube d'un changement social, qui serait porté par une idéologie résolument nouvelle ? Si l'épuisement des vieux modèles est évident, les nouvelles formes d'organisations émergentes ne procèdent-elles pas davantage d'une « récupération de la critique » antibureaucratique[5] pour finalement renforcer les formes de rationalisation ?

Les plateformes numériques marquent-elles l'avènement des « communs » et de nouvelles formes de collaboration ou sont-elles le signe de nouvelles formes d'exploitation ?

Les logiciels de gestion et les modes managériales qui les ont portés ont échoué à rendre les organisations résolument nouvelles parce qu'ils ont mis de côté la question du sens du travail, des savoir-faire et de la capacité pour les travailleurs d'innover. Les esquisses de nouvelles formes organisationnelles semblent rendre davantage justice à ces aspirations et à celles, émergentes, de nouvelles formes d'engagement, avec de nouvelles façons de travailler, de collaborer, de décider (et sans doute de consommer).

Ces questions dépassent celles du numérique, puisqu'elles engagent la capacité des entreprises à se refonder (Segrestin, Hatchuel, 2012), trouver de nouvelles formes de régulation et s'inscrire, sans doute, dans un changement sociétal plus profond.

Pour l'heure, à la lumière de l'analyse des outils de gestion que l'on vient de balayer, peut-on dire que les grandes entreprises semblent encore loin d'avoir opéré leur mue vers les « utopies numériques ». Toujours est-il qu'il convient sans doute de rester attentif et suivre cette « sociologie qui prend au sérieux, et sans forcément y adhérer, le discours de ceux qui, forts d'une culture numérique originale, inventent aujourd'hui un nouveau monde social » (Berrebi-Hoffmann *et al.*, 2015).

5. En référence au nouvel esprit du capitalisme (Boltanski, Chiapello, 1999) fondé sur la récupération de la critique artistique.

L'étude des formes de collaboration permises par d'autres types de dispositifs, qu'on qualifie d'outils collaboratifs, permettra dans le prochain chapitre d'interroger, au-delà des modes de gestion, les nouvelles formes d'entraide, de coopération et de collectifs qui évoluent dans les organisations avec le numérique.

Chapitre 5

Nouvelles formes de mise en visibilité et coopération au travail : l'apport des outils collaboratifs

Introduction

La frontière entre les outils de gestion et les outils à visée collaborative est ténue. Comme nous l'avons vu dans le chapitre précédent, les outils visant la rationalisation, le suivi ou la planification des activités ont peu à peu intégré des fonctionnalités permettant les échanges, le partage d'informations, la collaboration, voire la co-construction. Les outils de gestion n'ont pour autant pas disparu avec les projets de renouvellement des modes d'organisation du travail, et sont porteurs de formes très ambivalentes de logiques organisationnelles (entre autonomie et contrôle, procéduralisation et souplesse...). Nous allons voir que, symétriquement, les outils dédiés à la collaboration qui portent en eux une visée de transformation des collectifs, des identités professionnelles et des relations hiérarchiques ne sont pas exempts, non plus, d'ambiguïté dans leurs mises en œuvre et leurs usages.

Les outils dits collaboratifs sont conçus pour permettre le partage d'informations entre plusieurs personnes (sous la forme de documents, vidéos, messages...), la coédition (c'est-à-dire l'intervention à plusieurs sur ces documents, le plus souvent à distance) ou pour stocker et gérer des connaissances en les rendant disponibles à tous (bibliothèques, portails, annuaires, bases des connaissances, etc.). Ces dispositifs permettent de concevoir, de rédiger, de co-construire ou de se coordonner collectivement. Ils prennent la forme d'espaces partagés (wiki, forums, serveurs partagés, plateformes ou réseaux sociaux internes) et peuvent proposer des fonctionnalités plus proches des réseaux sociaux, allant de la présentation de pages personnelles personnalisables à la constitution d'un réseau de contacts, en passant par la participation à des « communautés » en ligne, à caractère professionnel (communauté de métier, de fonction), voire extra-professionnel (autour de loisirs communs, par exemple).

Ces outils ne sont pas récents : ils sont apparus à peu près en même temps que les outils de gestion et de communication présentés dans les précédents chapitres (mails, ERP...). Mais, à leur différence, ils ont fait l'objet d'une introduction en entreprise et surtout d'un usage plus lent, l'appropriation passant par une inscription organisationnelle qui ne va pas de soi. Coopérer ou, plus encore, participer à une « communauté » (selon les termes utilisés sur les plateformes et réseaux sociaux) c'est supposer la transversalité et la prise d'initiative. Le risque est alors de se heurter à la coordination formelle, pensée au sein des entreprises à l'aune de la division du travail, de la répartition des tâches et d'une organisation hiérarchisée. Nous allons rendre compte de ces tensions au cours de ce chapitre.

Après une rapide mise en perspective des travaux sur les « machines à coopérer » pour souligner l'ancienneté et la permanence des débats que ces outils ont soulevés (1), nous montrons que l'on peut identifier deux générations d'outils collaboratifs, dont l'émergence et la diffusion sont étroitement liées à la fois aux usages qui se développent dans la sphère domestique (avec l'apparition du « web 2.0 », notamment et l'essor des réseaux sociaux) et aux transformations organisationnelles qui, parallèlement, font jour dans les années 2005 à 2010, prônant le décloisonnement et « l'innovation participative » (2). L'inscription organisationnelle du collaboratif, même si elle se pose différemment, demeure la pierre d'achoppement de ces dispositifs. On s'intéressera enfin (3) aux pratiques de réseautage (que nous qualifierons de « collaboration faible ») qui se développent sur les réseaux sociaux numériques à visée professionnelle.

À travers ces études d'usages, on mettra en avant deux grandes questions transverses aux recherches sur les outils collaboratifs : d'une part, celle relative à l'exposition de soi et de la construction de son « identité numérique » sur des espaces professionnels et, d'autre part, celle qui vise à interroger les transformations des liens interindividuels et collectifs induits par ces nouvelles manières de partager informations et connaissances à distance.

1. Des « machines à coopérer » ? Une histoire ancienne

Les « machines à coopérer » ont très tôt fasciné les chercheurs en informatique, pressentant dès les années 1980 l'émergence d'une « nouvelle manière de connecter les collectifs de travail » (Cardon, 1997). Cette préoccupation a d'ailleurs donné naissance au courant CSCW (*Computer Supported Cooperative Work*), communauté interdisciplinaire regroupant des chercheurs en informatique, psychologie, sociologie ou ergonomie, spécialisés dans la conception et l'analyse d'usages de ce type de dispositif qui a émergé au milieu des années 1980 et ne cesse, jusqu'à aujourd'hui, de s'intéresser à ces dispositifs[1]. En effet, parce que leurs usages sont incertains et se construisent souvent « chemin faisant », ces outils font l'objet de nouvelles méthodes de conception prenant en compte le plus en amont possible les usages ou l'expérience des utilisateurs. Pourtant, malgré la dynamique de cette communauté et ses trente années de recherche, l'inscription de ces outils dans les pratiques de travail se confronte à de multiples freins.

Ces outils portent, en effet, des promesses au fond peu renouvelées depuis leur émergence, comme celle de « créer des espaces de travail communs permettant de partager des applications, d'échanger des documents animés ou sonores, d'écrire sur un même texte, de faire circuler dans les réseaux des conférences, des cours ou des diagnostics... » (Cardon, 1997, p. 16). Comme les outils de gestion (et les emblématiques ERP, vus au chapitre 4), la diffusion de ces outils est concomitante aux évolutions du management par projet et en réseau, qui commence à se diffuser à cette époque, et à la centralité des débats sur les modèles productifs dits flexibles des années 1980 et 1990 (Mallard, 2014). Parce qu'ils sont « dotés du pouvoir d'abolir les distances et de faire naître entre ses membres une connectivité généralisée » (Cardon, 1997, p. 16), ils correspondent au besoin grandissant de transversalité, de coordination à distance et de rupture avec le fonctionnement rigide, bureaucratique,

1. Pour plus d'information, on peut consulter le programme des conférences internationales du CSCW http://cscw.acm.org/ et de sa version européenne ecscw https://ecscw.eusset.eu/

des grandes organisations. Il ne s'agit donc plus, ou plus seulement, de diffuser de l'information, de coordonner des salariés ou de rationaliser des process, mais de coproduire (du moins dans l'esprit des concepteurs) un résultat commun (document, planning...) de manière synchrone ou asynchrone.

Pour autant, ces outils de travail collaboratifs ont été, dans leur première phase de diffusion, davantage utilisés pour centraliser, planifier et rationaliser que pour permettre le partage d'informations à des fins de collaboration. L'exemple des *groupware* (ou « collecticiels ») permet d'illustrer ce constat. Dans les années 1990, ces logiciels entendent s'opposer aux *workflow*. Ces derniers permettent la transmission d'informations tout au long d'une chaîne de fabrication (en proposant une visualisation graphique de l'état d'avancement d'une production étape par étape, précisant par exemple qui a fait quoi à chacune de ces étapes), et sont massivement utilisés dans le secteur industriel (pour le traitement de commandes, par exemple) comme dans les banques ou les assurances. À ces outils de gestion, fondés sur une vision centralisée de l'information, les logiciels de *groupware* opposent donc des fonctionnalités permettant de faciliter le travail collaboratif en partageant des informations sur un support numérique commun, de faire circuler l'information de manière décentralisée, sans forcément que cela suive les processus de l'entreprise : l'information est accessible et modifiable par tous et peut être mobilisée et enrichie à n'importe quel maillon de la chaîne.

Pour autant, malgré l'intérêt que le *groupware* peut présenter en terme d'organisation du travail, les travaux empiriques des années 1990 et 2000 font souvent le récit d'échecs ou d'un usage finalement très traditionnel, comme s'il s'agissait d'un outil de gestion. Ainsi Wanda Orlikowski (1993), pionnière dans l'analyse des usages du logiciel de *groupware Lotus Note,* extrêmement répandu dans les grandes organisations à cette époque, montre que les promesses de collaboration et de partage contrastent avec des usages très conventionnels de l'outil (faisant en l'occurrence du *groupware* un simple tableur permettant un *reporting* ou compte rendu d'activité plus qu'un usage collaboratif). L'autrice pointe également la compétition entre les personnes et le fait que les salariés semblent utiliser le logiciel davantage à des fins personnelles que collaboratives. Ces travaux permettent de souligner la manière dont les usages de ces dispositifs s'inscrivent dans les logiques organisationnelles et le cadre managérial préexistant et peinent à faire évoluer ces derniers.

Les groupwares à l'épreuve des rigidités organisationnelles dans les années 2000

Au tournant des années 2000, plusieurs travaux de recherche illustrent le détournement des logiciels de *groupware*, comme celui d'une entreprise de services (Muhlmann, 2001) au sein de laquelle le logiciel se présente comme un moyen de rendre potentiellement les chargés d'affaires plus autonomes dans la relation avec leur client (grâce à l'accès à une base de données sur les clients, aux contrats, à une meilleure circulation de l'information, etc.). Or le *groupware* est, dans les faits, étroitement articulé à la mise en place d'un *workflow* instaurant un circuit de validation et d'édition des contrats extrêmement rigide. Dans cette entreprise, les chargés d'affaires devaient en effet faire transiter les contrats qu'ils obtenaient par leur assistante afin que celle-ci édite les documents et, dans certains cas, devaient également faire valider certaines informations par le directeur des ventes. Cette mise en dépendance des chargés d'affaires se doublait d'une mise en visibilité de leur activité et de leur emploi du temps par le management, accroissant encore l'effet de contrôle. Cette situation permet d'avancer que la mise en réseau s'avère finalement « une manière d'attacher le chargé d'affaires à l'organisation » (p. 336), ce qui va donner lieu à de multiples stratégies et jeux d'acteurs. En effet, les chargés d'affaires, pour ne pas se soumettre à ces contraintes, vont développer des usages alternatifs, en partie tolérés par leurs managers (privilégier la coordination par mail pour faciliter le suivi des contrats, ne pas remplir certains documents pour maintenir une certaine opacité des pratiques...). Le cas souligne ainsi, d'une part, l'articulation difficile des systèmes techniques hétérogènes porteurs de logiques différentes, et d'autre part, l'importance des jeux d'acteurs dans les choix d'usages des technologies.

Les premières analyses mettent ainsi l'accent sur deux écueils. Tout d'abord, une certaine ambivalence est mise en évidence dans ces technologies qui, n'étant ni totalement ni uniquement orientées vers des usages collaboratifs, ne vont pas au bout de leur promesse de rupture avec les outils de gestion et de normalisation gestionnaire. Le cas d'un intranet mis en place chez France Télécom (Beaudouin, Cardon, Mallard, 2001) montre que celui-ci se présente à la fois comme un dispositif de rationalisation (en offrant la possibilité aux salariés de saisir eux-mêmes leurs demandes de congés ou leurs frais de mission), d'accès à l'information (en diffusant, par exemple, des informations commerciales sur les produits et services mis sur le marché par le groupe), mais également comme un support d'entraide et de mutualisation de pratiques (à travers notamment des forums sur des sujets variés) et, enfin, un support de créativité avec la possibilité de créer des pages personnelles, dans une logique ici à l'avant-garde du Web 2.0 qui se diffusera quelques années plus tard.

Au-delà de cette première difficulté liée à l'ambivalence des technologies et leurs multiples fonctionnalités, des critiques plus radicales font jour, qui rejoignent celles formulées à propos des ERP (cf. chapitre 5) : malgré l'« illusion d'horizontalité » (Durand, 2009), ces outils favorisent davantage la centralisation (Benghozi, 2001), la responsabilisation, l'engagement subjectif et l'intensification du travail. En s'inscrivant dans la logique du flux tendu et la culture de l'immédiateté, les outils collaboratifs favoriseraient la contrainte permanente, de contrôle et de « visibilité généralisée » (Durand, 2004, p. 141) puisque personne ne peut plus masquer ses retards et ses faiblesses. Par ailleurs, les *groupwares*, en formalisant l'informel, en rendant publiques des pratiques et des connaissances tacites ou connues seules des travailleurs, ont tendance à déposséder ces travailleurs de leurs savoirs professionnels (Craipeau, 2001). Les bases de connaissance (notamment dans le cas des outils de gestion des connaissances ou *knowledege management*) sont indépendantes des individus qui portent ces savoirs, ce qui les affaiblit en les rendant finalement interchangeables. Enfin, la critique porte sur le fait que les collectifs institués artificiellement par les outils sont éclatés, non stables et ne se fondent pas sur des collectifs de travail partageant des pratiques ou des valeurs partagées, ce qui, là encore, fragilise les travailleurs.

Cette relecture des premiers travaux empiriques sur les usages des outils collaboratifs permet de voir émerger dès les années 2000 des débats qui sont encore très présents dans les travaux actuels, tout en prenant des formes différentes à mesure que les dispositifs intègrent des fonctionnalités nouvelles et prennent place dans un environnement qui évolue, tant dans la sphère professionnelle que domestique.

La sociologie au service de la co-conception

Le chapitre 4 a montré que la sociologie peut, à certaines conditions, répondre à des demandes opérationnelles d'analyse des usages de nouveaux outils numériques en entreprise.

La question de la participation à des processus de conception ou de co-conception, voire d'accompagnement du changement pour favoriser les pratiques collaboratives et pour mieux articuler changement technique et organisationnel, est une question plus délicate.

Si un certain nombre de recherches dites « partenariales ou collaboratives » (Gillet *et al.*, 2017) défendent cette posture, elles restent souvent à la marge de la sociologie académique et intéressent davantage les sociologues praticiens. Pourtant la sociologie peut contribuer à l'aide à la conception ou à l'amélioration de dispositifs existants en fournissant des informations précieuses sur les pratiques, l'activité de travail, les représentations ou les identités. En associant alors souvent d'autres disciplines (ergonomie, informatique, sciences de gestion, design), ces éléments permettent la mise en place de démarches de co-conception orientée usages ou de conception participative qui « consiste à mettre en œuvre un travail collaboratif impliquant tous les acteurs devant concourir au développement d'un nouveau produit/service, et ainsi faire tomber les barrières entre utilisateurs, concepteurs et développeurs » (Lewkowicz, 2017, p. 33). Par des processus itératifs impliquant les acteurs (sous forme de groupes de discussion ou d'ateliers de travail), les utilisateurs participent aux choix techniques (par exemple, en élaborant les règles de gestion des copies et des modifications des documents dans le cas de la co-édition de documents, ou bien en arbitrant entre une architecture centralisée autour d'un serveur et un réseau dit « distribué », c'est-à-dire pair à pair). Cette conception participative ne dispense pas, bien sûr, d'un suivi des usages et des formes d'appropriation des techniques. Dans certaines situations, le travail peut conduire à la formulation de recommandations pour la re-conception du système, sur la base notamment d'observation d'interactions en situation de travail (Velkovska, Zouinar, 2007).

Les recommandations peuvent même, dans certains cas, aider à la définition même du périmètre du projet informatique. Ainsi, la mise en discussion peut porter, par exemple, simplement sur le tableau de bord du projet informatique (Dumont *et al.*, 2008). À travers la mise en débat des critères et indicateurs à choisir pour le tableau de bord, les différents acteurs sont amenés à expliciter les enjeux qu'ils perçoivent du projet informatique et ses objectifs. S'entendre sur le dispositif de suivi du projet permet de lever des malentendus et tensions possibles dans la conception et le déploiement de ce projet.

Au fond, la mise en place d'une démarche participative et/ou de co-conception permet d'initier une démarche collaborative... qui sera au cœur de la philosophie même du dispositif co-conçu, puisque celui-ci doit favoriser la collaboration des utilisateurs finaux.

2. Nouveaux outils collaboratifs : de l'horizontalité à la désintermédiation

2.1. L'esprit du web social

L'usage du terme « collaboratif » s'est largement diffusé depuis les années 2000 et, plus encore depuis 2010, dans le monde du travail comme dans d'autres sphères pour désigner toute sorte de dispositifs et de pratiques, dès lors qu'ils reposent sur la participation et la coopération (on parle ainsi d'économie, d'espaces ou de plateformes collaboratives). La collaboration devient un « nouvel impératif » (Ughetto, 2018a, p. 64-65), qui semble renvoyer à de nouvelles façons d'agir. Celles-ci iraient au-delà de l'injonction au participatif qui caractérisait les précédentes décennies et seraient caractérisées par de nouvelles règles : les collectifs y semblent plus mouvants, moins organisés, et ne pas se fonder – en apparence du moins – sur des rapports de pouvoir (Gardère *et al.*, 1999). Au sein des organisations, c'est un nouvel idéal de travail qui paraît émerger, fondé sur l'horizontalité et la désintermédiation.

Dans la lignée des années 1990 qui ont vu se développer (voir chapitre précédent) de nouveaux modes de management invitant à une plus grande transversalité et à une certaine souplesse (avec le management par projet, les méthodes dites « agiles », etc.), on assiste, cette fois, à l'appel à « l'intelligence collective » et à la mise en place « d'organisations collaboratives », grâce notamment à de nouvelles technologies qui seraient « poétiques » ou « créatrices » (Graeber, 2015). Il s'agit d'aller plus loin que le simple décloisonnement et la débureaucratisation. Les années 2010 sont, en effet, marquées par l'apparition d'une nouvelle génération d'outils ayant une proximité indéniable avec ce qu'on a appelé dans les années 2005-2010 le « web 2.0 » (Cardon, 2009 ; Benel, 2019) ou web participatif. Par ce terme sont désignés toutes sortes de dispositifs (réseaux sociaux, espaces partagés, wiki...) dont l'architecture (sous forme de plateforme) et les fonctionnalités (profils, posts et commentaires, mises en relation...) reposent sur une nouvelle logique de fonctionnement : le contenu est généré par les usagers eux-mêmes, qui partagent, font circuler des informations, entrent en relation et forment des communautés qui ne semblent ni institutionnalisées, ni régulées fortement. L'exemple de *wikipédia* en est emblématique, permettant à tout contributeur (sans qu'il soit reconnu comme expert) de participer à la rédaction d'une encyclopédie dont la fiabilité repose sur l'auto-organisation et l'auto-régulation entre contributeurs, et non sur la certification par une instance légitime des savoirs (Joubert, 2019).

Dans le domaine de la consommation, les plateformes collaboratives dont les usages commencent à se développer vers 2010-2015 permettent également à chacun de proposer des offres de services marchands (hébergement pour *Airbnb*, covoiturage pour *Blablacar*), de mettre en contact directement des individus demandeurs sans passer par des institutions ou acteurs intermédiaires organisant l'échange et la rencontre, grâce aux plateformes collaboratives. Ce sont donc la co-production de contenu et la désintermédiation qui qualifient ces nouveaux échanges.

Qu'en est-il en entreprise ? Dans les années 2010 se diffusent des dispositifs qui partagent cette même idée d'« horizontalité », de collaboration, de prise de parole libre et de désintermédiation. Mais cela n'est pas sans soulever des questions de coordination interne : si les nouveaux outils collaboratifs permettent à chacun de produire du contenu, d'une part, et de construire des réseaux propres, d'autre part, c'est toute l'organisation du travail (traditionnellement hiérarchique et/ou en mode projet) qui est interrogée.

Les outils qui se diffusent sont alors très variés : « réseaux sociaux internes », « plateformes », « espaces partagés »... Il est difficile d'en lister les fonctionnalités précises, mais on peut dire que celles-ci « offrent la possibilité d'articuler de multiples registres d'interaction unilatérale (messagerie instantanée) ou multilatérale (microblogging, fils de commentaires, etc.), publique ou fermée, ainsi qu'une pluralité de formats de contenu (texte, image, vidéo, etc.) » (Dalmasso *et al.*, 2018, p. 105-106). Quatre grandes possibilités d'usages sont offertes simultanément par les artefacts, ce qui les distingue des outils de communication (Treem, Leornardi, 2012) :

- la mise en visibilité de soi et/ou de ses activités (que l'on peut souvent paramétrer, mais qui reste une possibilité caractéristique de ces dispositifs),
- la persistance des conversations ou informations (puisqu'à la différence d'échanges synchrones qui peuvent ne pas laisser de traces, les échanges en ligne sur les réseaux, blog ou wiki sont destinés à rester),
- le travail d'édition ou de mise en forme (c'est-à-dire la possibilité de corriger des fautes, de rendre invisibles des modifications successives et donc de réaliser un travail de rédaction et d'édition plus poussé que dans une simple conversation en ligne),
- et la création de liens entre personnes, entre sites (sous la forme de communautés, de groupes, ou de liste de diffusion ou simplement de « tags » qui permettent de relier des individus autour d'un sujet ou d'un document).

En 2017, une étude estimait que les réseaux sociaux internes étaient présents dans 40 % des entreprises et 80 % des entreprises du CAC40[2].

2. Selon une enquête du *Journal du Community Manager*, le 9 mai 2017, citée par Imhoff (2019).

Trois caractéristiques propres à ces outils de coordination décentralisées s'avèrent, dans les faits, être des freins puissants à leur adoption (Guesmi, Rallet, 2012) : ces outils se fondent tout d'abord sur la valorisation de l'initiative individuelle et sur un principe d'égalité entre participants, qui vont à l'encontre des liens de subordination inhérents au statut de salarié. Leur caractère auto-organisé et auto-généré s'oppose, par ailleurs, à la nature hiérarchique de l'organisation. L'information enfin devient partageable, publique, alors que sa détention (voire sa rétention) revêt un caractère stratégique majeur (Crozier, Friedberg, 1977). Le cas du réseau social interne dans une multinationale étudiée par Boboc et ses collègues (2015) présenté ci-dessous (cf. encadré p. 136) en est l'illustration parfaite. Les auteurs relèvent à quel point la logique de transversalité portée par un outil favorisant les échanges et le partage de compétences dans une entreprise fortement hiérarchisée se heurte à la perplexité des salariés qui vont utiliser la plateforme davantage comme un espace de partage de fichiers parmi d'autres, dans le prolongement de pratiques existantes, que dans une perspective de renouvellement de leurs pratiques.

Pourtant, contrairement aux outils de la précédente génération, les nouvelles technologies introduites en entreprise s'accompagnent de peu de prescriptions en matière d'usage ou d'organisation du travail. Au fond, une fois énoncé leur objectif (comme « créer du lien social », « favoriser l'interconnaissance », « partager des savoirs »), les dispositifs semblent peu ancrés dans les pratiques et les modes d'organisation du travail, ne proposant ni process, ni modes opératoires, ni parfois même de règles d'usage (Benedetto-Meyer, 2017).

Leur principale différence par rapport aux outils collaboratifs de la génération antérieure est « qu'ils engendrent des interactions qui ne sont ni prévisibles, ni définies ex ante, alors que les outils antérieurs (...) proposaient une forme de formalisation *ex ante* de l'action avec toutefois une coordination *ex post* par la hiérarchie » (Guesmi, Rallet, 2012, p. 142).

Au fond, tout se passe comme si à l'imprécision des nouveaux modes d'organisation du travail véhiculés par la mode des « entreprises libérées » (voir chapitre 4) répondait l'imprécision des usages proposés par ces outils. Ces caractéristiques permettent alors d'interroger les usages des technologies sous un angle relativement nouveau : il va moins s'agir de faire apparaître des « tensions » entre logique technique et logique organisationnelle ou de mettre en avant des « détournements » ou de « contournements » dans l'appropriation des outils, puisque les prescriptions d'usage sont faibles. Les travaux visent finalement davantage à observer la manière dont les usagers vont construire du sens et des normes d'usages à partir de ces faibles prescriptions et opérer un « travail d'organisation » (Terssac, 1998) ou d'*organizing* (Ughetto, 2018b) pour inscrire organisationnellement les outils (voir chapitre 1). Les « communautés » qui se constituent en ligne sont-elles durables ? Peut-on y voir l'émergence de nouvelles formes organisationnelles qui ne seraient pas régulées, comme auparavant, par des relations hiérarchiques, des normes et procédures, mais qui seraient auto-régulées ou auto-organisées, sans qu'y soit distribué le pouvoir ?

2.2. Trois freins majeurs

Les études empiriques sur les usages des outils collaboratifs sont, au fond, assez convergentes et pointent une utilisation faible, en particulier des réseaux sociaux internes ou réseaux sociaux d'entreprises (RSE) au sein des organisations qui ont, pourtant, largement diffusé ces dispositifs depuis quelques années (Li, 2015). Les recherches permettent d'identifier les freins majeurs à l'utilisation de ces outils.

Trouver une motivation

Un premier frein est que les outils collaboratifs récents comme les réseaux sociaux internes ou les plateformes d'échanges sont à la fois peu clairs dans leurs objectifs, comme on vient de le souligner, et souvent fondés sur la libre utilisation, c'est-à-dire que leur usage se fonde sur le volontariat, la collaboration spontanée (Imhoff, 2019) contrairement aux outils de gestion ou applications « métiers » dont l'utilisation est souvent imposée.

Une des questions qui se pose alors est de savoir comment amorcer les usages, alors même qu'une des conditions pour que les utilisateurs puissent s'emparer des dispositifs et développer des usages qui fassent sens, est que ceux-ci aient atteint une « masse critique », c'est-à-dire qu'ils génèrent suffisamment de contenus (liens, documents, échanges...) pour être pertinents et attirer encore davantage les utilisateurs. Les travaux empiriques sur les usages des outils numériques montrent que ceux-ci sont souvent, du moins dans un premier temps, de types exploratoires : les salariés s'inscrivent sur les RSE souvent d'abord par curiosité, dans l'idée de « voir ce qui s'y passe » sans s'impliquer eux-mêmes avant d'être sûrs que l'outil va être pertinent et utilisé (Boboc *et al.*, 2015 ; Dalmasso *et al.*, 2019). Comme en contexte grand public, la plupart des travaux

(Boboc *et al.* 2015 ; Beaudouin *et al.*, 2001 ; Caby-Guillet *et al.*, 2009 ; Dalmasso *et al.*, 2018) convergent dans l'observation d'un déséquilibre entre un noyau dur de contributeurs actifs, alors que le nombre de *lurkers* (c'est-à-dire d'observateurs passifs souvent non visibles) y est important. Les *community managers* jouent un rôle d'animateur et sont à l'origine d'une grande partie des publications (sous forme de questions, de quiz, d'informations…) afin d'inciter aux échanges et favoriser les interactions, sans pour autant être investi du rôle du « tiers-coordinateur » formellement puisque les contributeurs sont censés s'auto-organiser sans règles, ni process (Imhoff, 2019).

Le fait d'apparaître comme actif sur un réseau interne revêt en outre des significations différentes selon le contexte professionnel. Que l'on songe simplement au fait qu'il est très courant et d'une certaine manière, valorisé, au sein des entreprises, d'être surchargé, de ne pas avoir de temps disponible et d'être extrêmement sollicité. Le fait de contribuer à un réseau social ne va-t-il pas laisser penser qu'un cadre traditionnellement « débordé » aurait du temps disponible, voire du temps « à perdre » pour des pratiques professionnelles secondaires, optionnelles ? Dans un certain nombre d'enquêtes, le manque de temps est largement invoqué par les salariés pour justifier leur manque d'implication (Dalmasso *et al.*, 2018 ; Benedetto-Meyer, 2017). Au-delà de la réalité d'un temps de travail qui s'intensifie et laisse peu de loisir aux salariés pour se hasarder sur des espaces dont l'efficacité n'est pas immédiatement perceptible, on comprend que la contribution à un réseau social pourrait être en tension avec la figure du cadre comptant son temps et ses investissements. Ceci explique peut-être que certaines enquêtes (Jullien *et al.*, 2011) relèvent une certaine forme de pragmatisme dans les motivations et l'engagement de contributeurs à des collectifs de production en ligne, soulignant par-là que, dans une logique professionnelle, la participation à un espace collaboratif suscite une attente de « retour sur investissement » (que cela soit en termes de carrière, de visibilité, de réseau ou simplement d'acquisition de connaissances ou de compétences) de la part des contributeurs. Ainsi, les travaux montrent que les nouveaux arrivants et les personnes éloignées des centres de décision sont les plus présents sur les réseaux sociaux d'entreprise, ces groupes recherchant les moyens d'acquérir ou conserver la « culture » de l'entreprise (Thom-Santelli *et al.*, 2011). À l'inverse, l'usage des outils peut s'avérer être un marqueur valorisant pour signaler son appétence au numérique, aux pratiques collaboratives ou à l'innovation (Roudaut, Jullien, 2017). Camille Imhoff (2017) souligne sur ce point la tension entre l'injonction à utiliser ces outils collaboratifs et l'extrême individualisation du travail (et des formes de reconnaissance du travail) qui marque les relations en entreprise aujourd'hui, qui peut, là encore, être source d'incompréhension et susciter la prudence des salariés vis-à-vis de ces dispositifs.

S'exposer

Le deuxième frein est relatif à l'exposition de soi. Les outils comme les réseaux sociaux internes ou certains intranets offrent la possibilité aux utilisateurs de remplir leur profil ou d'avoir un « mur » personnel où s'affichent des informations les concernant. Le choix d'apparaître ou de ne pas apparaître va donc être déterminant dans les pratiques d'usage. Bien sûr, ce point est commun avec les réseaux sociaux grand public[3], mais en contexte professionnel la signification et les manières de se rendre visible dans ces espaces ne répondent pas, là encore, tout à fait aux mêmes logiques. À la différence des outils utilisés par le grand public, l'utilisation de pseudonymes est rarement possible au sein d'une entreprise. Les réseaux sociaux internes ou plateformes sont accessibles avec l'identifiant du salarié. Il n'est pas rare, en outre, que les outils (intranet, réseau social, mail) soient interconnectés, permettant l'identification automatique des utilisateurs dès qu'ils ouvrent une application collaborative. Ces informations génèrent trois formes d'identités numériques que l'on peut reprendre à Fanny Georges (2011) : les informations renseignées par le salarié (comme sa fonction ou ses compétences) forment « l'identité déclarative », les informations relatives à son activité en ligne (comme les billets ou commentaires) construisent une « identité agissante » et les données répertoriées par le système informatique (statistiques de connexion, par exemple) sont qualifiées d'« identité calculée ». Face au risque de dévoilement à travers ces trois formes d'identités, les usages demeurent prudents et l'exposition de soi reste mesurée au sein des organisations. Ainsi, sur leur profil, les utilisateurs remplissent « les champs les moins personnels, les plus simples et immédiats pour laquelle l'information contenue est la moins sensible » (Boboc, Rosanvallon, 2013). S'ils sont invités à lister leurs compétences, les utilisateurs vont davantage mettre en avant des connaissances très génériques (maîtrise de langues étrangères, connaissances en gestion de projet...) au détriment de connaissances spécifiques

3. Pour une synthèse des résultats de recherche, voir Beuscart *et al.*, 2019.

ou plus rares, de peur d'être trop sollicités ou de dévoiler (parfois à leur propre hiérarchie) des compétences qu'ils ne souhaitent pas exposer (Benedetto-Meyer, 2017).

L'articulation avec les usages réalisés à titre personnel est également délicate et peut éveiller des craintes dans l'exposition de soi, les utilisateurs souhaitant maintenir une distinction entre vie privée et vie professionnelle et segmenter leurs usages, de manière plus ou moins avertie et efficace (Roudaut, Jullien, 2017). Finalement, les réseaux sociaux internes se chargent, comme les réseaux sociaux grand public, de normes implicites sur la présentation de soi, les formes attendues des échanges pouvant s'apparenter à une « instrumentalisation marketing et managériale des relations sur le réseau » (Imhoff, 2019). Or cette capacité à s'exposer ou à jouer de sa visibilité et la connaissance des normes de comportement sur les réseaux sociaux internes sont très inégalement distribuées, les salariés détenteurs de capitaux (comme les cadres ou les plus anciens) étant plus à l'aise et habiles dans la manière de se rendre visibles sur un réseau social interne (Boboc *et al.*, 2015 ; Beaudouin, 2001), comme cela a été souligné au chapitre 2 du présent ouvrage, rejouant ici les inégalités déjà étudiées dans les usages des réseaux sociaux externes (Beuscart *et al.*, 2019). Dans ce contexte, ce sont les personnes dont le domaine professionnel est « proche des usages permis par les outils de réseau social (communication, marketing, innovation) » qui sont plus utilisatrices du réseau social interne étudié (Roudaut, Jullien, 2017).

Le cas d'un réseau social d'entreprise

Dans une entreprise multinationale de 100 000 personnes environ, un réseau social d'entreprise a été mis en place en 2010. Une recherche réalisée en 2013, à partir de deux études qualitatives (l'une auprès des utilisateurs et l'autre auprès des animateurs de communautés), complétées par une enquête quantitative et l'analyse des traces d'usages, donne des indications sur sa perception et ses premières utilisations (Boboc, Gire, Rosanvallon, 2015).

Le réseau ne fait l'objet d'aucune obligation ou norme d'utilisation, sinon celle d'y respecter règles de bienveillance et de confidentialité. Au moment de la réalisation de la recherche, mi-2013, ce réseau comptait 38 000 inscrits en France. Les années suivantes, les usages de ce réseau social d'entreprise n'ont cessé de se développer : en 2017, l'équipe en charge du réseau annonce 53 000 utilisateurs actifs, 24 000 communautés, 70 000 vues chaque jour, en moyenne et 90 000 questions dont 70 % résolus sur ce réseau.

Le réseau est caractérisé par trois fonctionnalités principales :

- **le profil personnel**, prérempli sur la base de l'annuaire interne de l'entreprise, avec la possibilité d'enrichir certains items (parcours professionnel, études, projets antérieurs, langues parlées, centres d'intérêt, etc.) ; toutes ces informations sont, par défaut, visibles par l'ensemble des membres de ce réseau, le salarié disposant de la possibilité d'afficher ou non certains champs,
- **la liste de contacts**, visible par tous les salariés connectés au réseau social de l'entreprise,
- **la création et participation à des communautés de discussion** portant sur des thèmes tant professionnels que personnels ; pour certaines, l'inscription est totalement ouverte, alors que pour d'autres, elle doit être motivée et validée par l'animateur.

Qui s'inscrit sur le réseau ? Qui l'utilise ? Quelle visibilité de soi en entreprise ?

L'analyse du réseau met en avant la surreprésentation des cadres, des métiers techniques (liés à l'informatique et aux infrastructures de réseau) et des fonctions support (communication, RH, marketing) parmi les inscrits. Les divisions opérationnelles sont sous-représentées. Les cadres, davantage habitués à se montrer, à prendre la parole et à valoriser leurs initiatives individuelles, sont très présents sur ce réseau.

Les usages des inscrits sur le réseau renseignent également sur la manière de se rendre visibles (ou pas) aux yeux des autres utilisateurs au sein de l'entreprise :

- **leurs profils** n'ont été enrichis que par 29 % des inscrits (et seuls 11 % ont rempli plus de 3 champs). Dans la plupart des cas, on y retrouve de simples compléments d'informations par rapport à l'annuaire de l'entreprise, voire d'autres éléments comme la liste des postes occupés. Les salariés ne dévoilent donc d'eux-mêmes que peu d'éléments supplémentaires à ceux déjà diffusés au sein de l'entreprise. Les salariés interrogés expliquent leur crainte que certains éléments soient utilisés dans un but non souhaité (par exemple, être sollicité sur un projet sur lequel la personne ne souhaite pas travailler) ;
- **l'affichage du réseau de contacts** peut être, pour sa part, perçu comme un élément stratégique, car il donne des informations sur le capital relationnel de la personne, sur ses aspirations professionnelles (il s'agit, en effet, d'un capital à mobiliser en cas de besoin). Même si cette fonctionnalité était la plus utilisée (54 % des inscrits ayant utilisé cette fonctionnalité), seuls 9 % des inscrits ont ajouté plus de 10 collègues ;

- **l'activité au sein des communautés** est faible : deux ans après le lancement du réseau social interne, 90 % des utilisateurs n'avaient jamais écrit sur la plateforme et les 10 % ayant déjà contribué étaient par ailleurs les auteurs de la plus grande partie des contributions. Ainsi, comme sur les réseaux sociaux grand public, une petite minorité d'utilisateurs contribue à alimenter l'activité au sein des communautés.

Leur visibilité et leur manière de se rendre visibles dépendent de :

- **facteurs individuels**, comme, par exemple, l'activité de travail (le fait d'avoir un travail sur écran, de publier régulièrement sur d'autres supports), leur parcours dans l'entreprise (l'ancienneté favorise le fait d'avoir un grand nombre de contacts facilement mobilisables) ou bien la position hiérarchique (les managers disent davantage faire attention aux traces écrites qu'ils laissent) ;
- **facteurs collectifs** : cette visibilité dépend aussi de l'ancrage de ces usages dans des pratiques professionnelles (le fait de donner/rechercher des réponses au sein d'une communauté, de compléter/modifier/commenter des comptes rendus qui s'y trouvent...) et elle peut renseigner sur les compétences des participants, sur leur volonté à participer aux prises de certaines décisions, etc.

Ces logiques d'exposition (publicité de soi, entraide, recherche/collecte d'informations...) ne sont pas exclusives et peuvent parfois se cumuler. Elles sont mouvantes, toujours en construction.

Transversalité, collaboration ?

Parmi les salariés qui ont répondu à l'enquête en ligne (760 répondants sur 5 000 questionnaires envoyés en ligne à un échantillon représentatif des inscrits appartenant à la branche française de l'entreprise), seuls 19 % des salariés inscrits sur ce réseau déclarent s'y rendre au moins une fois par mois ou plus. Rares sont ceux qui s'y connectent quotidiennement ou même de façon hebdomadaire. Au total, on estime que plus de la moitié des inscrits n'a fait que s'inscrire ou passer brièvement sur la plateforme sans jamais y revenir. Ce résultat va dans le sens d'une difficulté d'appropriation de ces outils décentralisateurs dans des entreprises qui restent, quant à elles, très centralisées.

Si on exclut de la communauté ceux qui ne s'y connectent jamais, 29 % des utilisateurs se servent de ce réseau pour échanger ou diffuser de l'information liée à leur activité et jusqu'à 43 % sous forme de simple consultation pour rechercher des informations et des conseils utiles dans leur travail. Cette **consultation** peut prendre la forme d'une véritable « veille », construite autour du suivi de l'activité de communautés spécifiques, en fonction des mots-clefs sélectionnés à l'avance.

En ce qui concerne **l'échange ou la diffusion d'informations**, il peut également s'agir, par exemple, d'une « entraide », lorsque des salariés cherchent des solutions à des problèmes rencontrés dans le cadre de leur travail ou proposent leur aide à d'autres collègues. Ainsi, certains salariés travaillent sur des projets communs et mettent à jour ainsi les différentes versions des documents. D'autres rédigent et font circuler entre eux des comptes rendus de réunion en les validant par une lecture croisée.

Mais, pour ces outils, le lien avec les pratiques et les processus métier est en permanence pointé. Le fait que les initiatives ne soient pas reconnues et valorisées (lors des entretiens d'évaluation notamment) est un frein à l'investissement de certains.

Par ailleurs, comme cela a été également souligné dans ce chapitre, le partage autour des savoir-faire au sein d'une communauté, leur « dévoilement public », peut susciter des craintes, notamment dans des contextes particuliers de réorganisation ou de fermeture de sites.

Le rôle paradoxal des managers

Enfin, un des freins majeurs relevés dans l'ensemble des travaux de recherche sur les outils collaboratifs porte sur l'absence de soutien managérial dans la mise en place de ces outils.

Les travaux convergent en effet dans l'idée que l'encadrement ou, de manière plus large, des « intermédiaires » (Howells, 2006) devraient jouer un rôle majeur dans l'innovation comme dans l'appropriation de ces outils, comme l'illustre le cas d'un wiki d'une entité de recherche où le rôle des responsables de programmes et de projets a été fondamental dans la participation de tous (Caby-Guillet *et al.*, 2009).

Pourtant, concernant un certain nombre d'outils collaboratifs, les chercheurs relèvent souvent l'absence de politique RH (Ologeanu-Taddei *et al.*, 2014), voire les difficultés des directions intermédiaires (Beaudouin *et al.*, 2001) à impulser, par des politiques de reconnaissance ou d'animation, le développement des usages, en dépit, parfois, de l'intérêt *a priori* des salariés. Ce constat amène certains à penser que si « la participation doit peu à l'implication du management » (au sens où elle peut reposer sur un noyau dur motivé), « la non-participation doit beaucoup à l'absence d'implication du management » (Dalmasso *et al.*, 2018).

Cette faible présence des relais managériaux peut s'expliquer par le fait que ce sont souvent les managers de proximité qui aident, en situation de changement, à construire du sens, des conventions d'usages et à guider le « travail d'organisation » (Terssac, 1998) nécessaire à l'appropriation des changements. Or, si classiquement la direction et ses relais managériaux sont à l'initiative de l'introduction du numérique et sont moteurs dans l'accompagnement des outils de gestion, leur rôle en matière d'outils collaboratifs est plus délicat : comment imposer ou penser pour autrui la coopération et la collaboration, alors même qu'elles passent par la prise d'initiative individuelle, la construction de réseaux et la transversalité ? On peut souligner à cet égard le caractère complexe et délicat du management aujourd'hui, alors même que sont promues de nouvelles formes organisationnelles plus souples, moins cloisonnées et hiérarchisées, dans laquelle la figure du manager est remise en cause. Dès lors, l'accompagnement de la transformation numérique consiste, d'une certaine manière, à demander aux managers de mettre en œuvre des changements qui remettraient en cause leur savoir, leur légitimité et qui sont sources d'incertitudes sur leur propre activité comme celle des membres de leur équipe (Benedetto-Meyer, Boboc, 2019).

Favoriser l'entraide entre salariés sur un réseau social en ligne, récit d'une nouvelle expérimentation

Quelques années plus tard, une autre expérimentation a été menée sur le réseau social d'entreprise décrit dans l'encadré précédent. Il s'agissait de proposer de nouvelles fonctionnalités permettant la mise en relation des salariés sur une plateforme pour favoriser l'entraide (par exemple, pour solliciter une aide à l'utilisation d'un logiciel, une traduction, la connaissance d'une procédure, etc.). Ce soutien pouvait être ponctuel (par de simples échanges d'informations) ou plus important de la part du salarié aidant (sollicité, par exemple, sur plusieurs jours de travail pour venir en aide au demandeur). À terme, cet outil devait être intégré au réseau social, articulé aux profils remplis par les utilisateurs. Dans un premier temps, ce sont les salariés qui ont dû déclarer leurs compétences, et, le cas échéant, exprimer leur besoin d'aide.

Cette initiative s'est confrontée à plusieurs freins :

- l'injonction à présenter dans le détail ses compétences a rencontré les mêmes réticences que celles à les exposer sur le réseau social classique (peur de s'exposer, risque de sollicitations multiples...) ;
- la mise en visibilité du besoin d'aide du demandeur, elle-même, a été perçue comme un risque de révéler son manque de capital relationnel : le fait de faire appel à l'outil serait synonyme d'une incapacité à trouver la personne dans son réseau ;
- du côté de l'« offreur », le fait de proposer son aide peut susciter là encore des suspicions quant à une éventuelle sous-charge de travail, qui pourrait être interprétée, par exemple, comme un manque de compétences ou d'appréciation ;

– enfin, du côté des managers, certains ont perçu dans l'outil un moyen de contourner leur rôle de validation des compétences des membres de leur équipe (puisqu'elles sont ici auto-déclarées), mais aussi surtout un déni de leur rôle de validation des besoins et d'allocation des ressources. En effet, même si l'entraide a toujours existé dans l'entreprise, le fait de la formaliser pose la question de sa reconnaissance dans la gestion du temps de travail et de la validation du temps passé à l'entraide par le manager des salariés concernés.

Une fois de plus, la recherche a montré qu'un outil qui vise la décentralisation des échanges entre salariés se heurte aux logiques centralisées de l'entreprise. Par conséquent, les appropriations se font localement, en fonction de la valeur ajoutée que les utilisateurs trouvent à ces outils dans leurs contextes de travail et en étroit lien avec leur activité.

2.3. Des usages « dans la continuité des pratiques »

Les freins identifiés expliquent en partie la faiblesse des usages ou plutôt leur faible renouvellement, les pratiques coopératives attendues laissant place, souvent, davantage à des usages dans la continuité des pratiques existantes, à savoir le partage de documents ou les échanges au sein de communautés déjà existantes. Au sein des collectifs plus récents, les usages se centrent sur la lecture, la veille, la recherche d'informations, tandis que les interactions sont faibles (Roudaut, Jullien, 2017 ; Imhoff, 2019).

La comparaison de six enquêtes réalisées autour d'un même outil, *Livelink* (outil de gestion de contenu relativement souple) dans six grandes entreprises très différentes en termes d'organisation du travail, permet de souligner la variété d'usages de cet outil multifacettes (Ologeanu-Taddei *et al.*, 2014). Ainsi, à l'instar des *groupware* de la première génération, les fonctions collaboratives (forums, communautés de pratiques...) sont, en fait, peu développées ou bien elles sont utilisées pour de la simple transmission d'informations ou pour une modalité d'archivage et de référencement de la documentation. Les auteurs rapportent plus encore que les *brainstorms* (lancements d'idées, réflexions collectives) se font essentiellement... par mail ou par téléphone, qui restent des outils centraux dans les interactions complexes. Les usages dans le cadre de groupes-projets restent éphémères et font peu l'objet de capitalisation. Concernant l'effet en termes d'organisation du travail, la comparaison des six cas d'entreprise permet de montrer que « dans les organisations dont le fonctionnement est plus décentralisé et moins intégré, l'usage de ce logiciel est perçu comme un renforcement de la centralisation et du contrôle, [alors que] dans les organisations dont le fonctionnement est plutôt hiérarchique et bureaucratique, l'usage du logiciel est vu comme l'"assouplissement" du fonctionnement bureaucratique, voire comme un moyen de "court-circuiter" la hiérarchie ». Le même outil serait donc au fond investi d'effets de déstabilisation, voire de remise en cause des modes de coordination existants, quel que soit le type d'organisation initial.

Cette difficulté à effectuer un « travail d'organisation » nécessaire pour trouver du sens à un outil collaboratif est également illustrée dans le cas d'un dispositif mis en place dans une grande entreprise de télécommunication (Benedetto-Meyer, Klein, 2017). Ce dispositif est présenté comme un moyen de faciliter l'interconnaissance et le partage d'informations entre différents acteurs de la relation client (vendeurs, conseillers en plateforme téléphonique, techniciens d'intervention, etc.). L'analyse des usages montre que, si les rencontres entre métiers physiques, ponctuelles, sont appréciées parce qu'elles donnent l'occasion d'échanger sur les pratiques et de partager sur les modes de prise en charge des clients, la mise en place d'outils collaboratifs (réseau social interne, partage de dossiers clients à distance, possibilité de proposer un rendez-vous avec un client dans l'agenda d'un collègue, etc.) est vue comme « génératrice de surcharge cognitive et d'intensification du travail » : en s'ajoutant à une organisation complexe saturée de systèmes d'informations, de procédures, et organisée autour de la valorisation des performances individuelles, les nouveaux outils collaboratifs ne font que brouiller les cartes, sans proposer des modes de fonctionnement alternatifs. Ils sont même délaissés progressivement, alors que les mails, coups de fil ou échanges physiques continuent d'être les meilleurs moyens de pallier ponctuellement les rigidités organisationnelles sans les remettre en cause profondément.

Ces résultats semblent finalement proches de ceux qui ont pu être présentés sur les outils de *groupware* de la première génération. Cependant, si certains travaux mettent l'accent, comme Guesmi et Rallet (2012) à propos des *social software*, sur le fait ces outils « apparaissent inadaptés à l'organisation de l'entreprise pour une diffusion verticale », ils semblent néanmoins, selon ces mêmes auteurs, « trouver une place dans des logiques locales de résolution de problèmes ou de travail collaboratif à petite échelle ». Ainsi, selon eux, « les outils du web 2.0 et les outils de coordination décentralisée constituent des cordes supplémentaires à l'arc de la coordination et de la collaboration », même si la coordination par mail et téléphone reste centrale.

Ainsi, un outil de coordination à distance entre plusieurs sites dans une entreprise spécialiste des gaz industriels, conçu pour transmettre des informations sur le fonctionnement et les anomalies d'un site à l'autre, ne va faire l'objet d'aucun usage sur dix sites étudiés. Seul un site l'a adopté et s'en sert de « cahier de liaison » entre les équipes au sein d'un centre de production (Lewkowicz, Liron, 2019). Les usages sont donc facilités au sein de communautés de pratiques constituées, partageant connaissance du travail et identités communes.

Les travaux de recherche sur ce point montrent que les cas de « coopération forte » (élaboration conjointe de documents, formalisation des pratiques et des savoirs) sont plus fréquents dans le cas de communautés préexistantes comme celle des géomaticiens étudiés par Jullien et ses collègues (2011) ou de collectifs de chercheurs ayant déjà l'habitude de travailler ensemble (Caby-Guillet *et al.*, 2009). Pour ces utilisateurs-là, l'outil fait sens et permet de développer des usages avancés. Le même constat est fait par rapport au développement des communautés collaboratives sur un grand réseau social d'entreprise (Boboc *et al.*, 2015).

On trouve également des usages plus intensifs des plateformes d'échanges et outils de partage d'informations dans des organisations de petites tailles, notamment celles qui revendiquent un fonctionnement alternatif, fondé sur un esprit communautaire, comme, par exemple, dans certaines petites sociétés informatiques qui affichent des valeurs de transparence et d'horizontalité (Fondeur, 2020) ou dans les communautés de logiciels libres (Demazière *et al.*, 2009), formes organisationnelles que nous avons qualifiées au chapitre précédent d'utopie numérique pour en souligner le caractère marginal.

La crise sanitaire de la Covid-19 et le confinement ont permis de mettre à l'épreuve une nouvelle fois ces outils, dans un contexte différent et bien particulier. Le marché des outils proposant appels vidéo, partage de documents ou suivi de projet collectif s'est vu dynamisé avec le travail à distance et l'utilisation a crû considérablement, permettant à des salariés parfois rétifs de se familiariser avec ces outils. Cependant, même s'il est trop tôt pour en tirer des conclusions, il semble que cette utilisation croissante n'a pour autant pas démenti les résultats des recherches précédentes : ce sont avant tout les collectifs déjà institués (équipes de travail, groupes projets formels), qui ont utilisé ces dispositifs pour pallier la distance en reproduisant ou transférant les pratiques traditionnelles (informations descendantes, reporting…), sans que soient engagées de véritables pratiques de co-construction ou de co-édition. Il serait également intéressant d'analyser finement les usages et les pratiques de ces outils dans le cadre de ce travail à distance : les hiérarchies y ont-elles été gommées ? Les prises de paroles étaient-elles davantage égalitaires ? Il semble, dans tous les cas, trop tôt pour interpréter l'utilisation croissante de ces outils comme le signe de transformations organisationnelles caractérisées par des dynamiques collaboratives et l'aplatissement des hiérarchies. À l'inverse, le travail en confinement a montré, en creux, la difficulté pour les collectifs informels, émergents (communautés de métier, collègues d'un même site ou partageant le même statut d'emploi – apprentis, stagiaires) à trouver leur place dans un contexte où les échanges spontanés se sont raréfiés et l'incapacité des outils collaboratifs à pallier cette invisibilité.

Nous avons considéré la coopération jusqu'ici comme une forme de partage de connaissances ou de contribution à des savoirs partagés. Dans cette acception, on vient de voir que les enquêtes montrent des freins importants à l'échelle de l'entreprise, mais que les outils peuvent trouver leur place lorsque l'usage est motivé par des formes d'engagement dans la production d'un bien commun (Jullien *et al.*, 2011), souvent au niveau d'un collectif institué, homogène et stable. Nous proposons à présent de considérer d'autres formes de coopération, celles qui se nouent à travers la création de réseaux ou de « liens faibles » (Granovetter, 1973), dans une logique plus utilitariste ou opportuniste de tissage de liens et d'accumulation de contacts qui servent, d'une part, à afficher son réseau relationnel et qui, d'autre part, pourront être mobilisés, si besoin. Si l'on s'intéresse à ces formes de « coopération faible » (Caby *et al.*, 2009), on observe que les questions d'exposition de soi ou de prises de parole en ligne répondent à des logiques légèrement différentes.

3. Le réseautage ou les coopérations faibles

La « coopération faible » ou le « réseautage » vise davantage l'élargissement de son cercle, la mise en visibilité de son capital et la recherche de gains individuels (nouvel emploi, nouveaux clients…) que la production d'un bien commun. Les pratiques et manières de se comporter, dans cette perspective, répondent donc à une logique légèrement différente. Ces pratiques de réseautage se prêtent aisément à l'analyse sur les réseaux numériques à caractère professionnel comme *LinkedIn, Viadeo* ou sur des sites spécialisés permettant l'échange au sein de certains groupes professionnels. Contrairement aux cas présentés majoritairement jusqu'ici, il ne s'agit pas d'outils internes aux entreprises (qui visent la coopération ou l'innovation), et ce sont des dispositifs qui ont des objectifs plus précis (la circulation d'informations, la recherche d'évolution de carrière ou de nouveaux marchés) qui mettent en relation des individus d'organisations distinctes. Dès lors, les pratiques sont différentes mais, on va le voir, elles supposent là encore l'intégration de normes dans la présentation de soi et la constitution de son répertoire de contacts.

3.1. Articuler identité numérique et identité professionnelle

La notion d'identité numérique (Boyd, Ellison, 2007) pose la question de son articulation avec les autres composantes de l'identité civile et sociale des individus. Dans la sphère grand public, les individus peuvent opérer certains écarts à leur identité « réelle » (Cardon, 2008) par le jeu de l'invisibilité de soi et de la publicisation de leur identité.

Dans la sphère professionnelle, les recherches montrent que la fabrique d'une identité sur un réseau comme *LinkedIn, Viadeo* ou sur un réseau reliant des professionnels comme GéoRezo, réseau de géomaticiens (Jullien *et al.*, 2011), passe avant tout par l'articulation avec son identité professionnelle ou l'éthos professionnel de son groupe d'appartenance. L'exposition de soi repose alors sur l'acquisition de savoirs spécifiques qui doivent combiner la connaissance des normes sociales et des usages des réseaux sociaux grand public (présentation de soi, construction de son réseau, etc.), les incitations du dispositif lui-même (par exemple, dans le cas de LinkedIn, incitation à augmenter le nombre de ses contacts, de « noter » les compétences de son réseau…) avec les conventions qui sont celles du monde professionnel. Pour certaines activités ou secteurs comme dans la communication ou le commerce, la capacité à se vendre, à se rendre visible, voire à cultiver sa « marque personnelle » (Amato, 2016), suppose de savoir quels sont les éléments valorisant un profil, éléments qui peuvent être spécifiques au groupe professionnel concerné (par exemple, le type de photo à afficher, les compétences valorisées, la quantité et la qualité souhaitable du réseau). Au fond, les réseaux numériques professionnels semblent reproduire ou prolonger d'une certaine manière la logique des annuaires papiers (type « Who's who ») qui étaient à la fois une manière de « montrer » son capital et « un moyen de manifester à travers l'expression de ses dispositions sociales et culturelles, sa conformité à l'éthos propre à l'élite dominante » (Collovald, 1988).

Sur le réseau *LinkedIn*, les usages diffèrent des réseaux grand public puisque l'exposition de soi, comme de ses contacts, répond souvent à une finalité précise (trouver un emploi, trouver de nouveaux marchés ou clients, etc.), comme le souligne l'analyse de 53 profils de jeunes professionnels de la communication (Dupont, Perticoz, 2016). Ceux-ci doivent concilier plusieurs jeux de contraintes comme être conformes à l'éthos préalable de ce groupe professionnel (en utilisant, en l'occurrence, les termes valorisant l'idée de réseau, de flexibilité, de polyvalence, mais aussi d'engagement, d'implication), tout en respectant le « genre CV » imposé par l'outil (présence d'une photo, du récit chronologique de son parcours) et en faisant, en outre, la preuve de la maîtrise du langage professionnel, des outils et des méthodes en vogue (en ponctuant son profil d'anglicisme ou de jargon plus ou moins spécialisé) témoignant de leur maîtrise des « ficelles du métier ». Les jeunes professionnels doivent, par exemple, montrer qu'ils sont à l'aise avec le numérique tout en montrant qu'ils ne « surutilisent » pas certaines fonctionnalités de *LinkedIn* (comme la personnalisation du fond d'écran…) qui pourraient trahir un manque de distance vis-à-vis des fonctionnalités proposées et considérées comme des « gadgets ». Il ressort de cette recherche que *LinkedIn* renouvelle la présentation de soi, mais instaure un processus d'expressivité au fond très normée et donc une forme d'uniformisation.

On ajoutera, en outre, que se présenter professionnellement ou parler de son entreprise sur les réseaux sociaux numériques doit aussi respecter un certain devoir de loyauté envers son employeur, même si la liberté d'expression est au cœur du principe des réseaux sociaux.

Ainsi, les prises de paroles de salariés sur Facebook et Twitter ayant donné lieu à des pratiques judiciaires témoignent de la difficulté pour les salariés à trouver un équilibre entre liberté d'expression, loyauté et protection de l'e-réputation de l'entreprise, dans un contexte où, « si c'est l'obligation de loyauté qui limite la liberté d'expression, cette loyauté recouvre un contenu flexible selon les circonstances » (Pereira, 2017, p. 68), ce qui rend la notion de diffamation, par exemple, extrêmement délicate et variable.

On peut en déduire que les usages des réseaux sociaux professionnels doivent faire face, d'une part, à une certaine prudence liée à la faible maîtrise des informations diffusées et, d'autre part, à une certaine conformité à un ensemble de pratiques professionnelles partagées.

3.2. Savoir créer des liens en milieu professionnel et constituer son réseau

Si l'objectif du « réseautage » est bien compris de tous les usagers des réseaux professionnels, comment s'y prend-on concrètement pour constituer son réseau ? Bien entendu, l'activité de présentation de soi et celle de connexion entre individus sont liées : la confiance va se fonder à partir des informations et des contacts exposés (Dugan *et al.*, 2008) et « la fiabilité des revendications identitaires de l'utilisateur » va se vérifier par ses réseaux affichés (Donath, Boyd, 2004, p. 78). La constitution de ce réseau, qu'il soit externe ou interne à l'entreprise, est donc un acte qui peut sembler très rationnel et stratégique. Une des questions posées dans la littérature est de savoir si les réseaux numériques élargissent les relations des salariés, ce qui semble être parfois le cas (Dalmasso *et al.*, 2018) ou s'ils ne font que reproduire les liens existants (Ferrona *et al.*, 2001).

Les travaux de Di Micco *et al.* (2008) permettent de différencier plus finement les ressorts des activités de « réseautage » en ligne. À partir de données sur les usages d'un réseau social interne à l'entreprise IBM, les auteurs distinguent trois types de motivations dans les mises en relation interindividuelles. La demande de relation ou contact peut relever tout d'abord du *caring*, c'est-à-dire la recherche de relations avec des collègues avec qui sont entretenus plutôt des liens faibles (contacts issus de collaborations passées, par exemple). Le *climbing* correspond pour sa part à la recherche de contacts utiles pour sa carrière au sein de l'entreprise. D'une dimension nettement plus stratégique, ces connexions permettent de s'informer et de communiquer sur soi avec des salariés de statut supérieur ou dans des entités où l'utilisateur projette d'évoluer professionnellement. Enfin, le *campaigning* vise l'échange d'idées ou de projets dans le but de réaliser des projets ou de promouvoir des idées nouvelles.

Trois tendances proches ont été repérées par Julien Mesangeau dans les usages du réseau *LinkedIn* par d'anciens diplômés d'une grande école qu'il qualifie de *Netmining* (multiplier les contacts sans stratégie particulière), de *Networking* (multiplier les contacts, mais chaque relation est rigoureusement choisie) et enfin de *Netsticking* (l'utilisateur n'est pas à la recherche de contacts « utiles », mais reproduit en ligne un réseau personnel basé sur la confiance). Ces typologies sont éclairantes sur les motivations et les usages dans la constitution des liens. Elles montrent que ceux-ci vont voir s'entremêler stratégies délibérées et actions non calculées, prolongement de liens préexistants et recherche de nouveaux contacts, liens stables et éphémères, logique de recherche de gains à court ou moyen termes (en termes de carrière ou de connaissances) et pure logique d'accumulation de « liens faibles », rejouant ici ce qu'on trouve dans la sphère grand public et dans les réseaux hors ligne (Putnam, 2000) opposant *bridging* (nouveaux liens non redondants) et *bonding* (renforcement des liens existants).

Les travaux convergent pour constater, par ailleurs, une forte « homophilie » (Skopek *et al.*, 2010) parmi les contacts tissés, c'est-à-dire une tendance à privilégier les contacts avec des travailleurs de CSP, d'âge, de statut comparable, comme on peut l'observer dans la sphère non professionnelle.

Ces réseaux peuvent aussi devenir des espaces de discussion et de partage d'informations sans générer, là encore, de dynamique communautaire ou de manière quasi fortuite. L'exemple des usages d'un réseau d'expatriés grecs sur LinkedIn (Koukoutsaki-Monnier, 2013) permet d'observer que si les participants échangent beaucoup de contenus relatifs à leur pays d'origine, cela ne génère ni des échanges nourris (beaucoup de posts ne génèrent aucune réponse), ni des logiques d'entraide ou de soutien professionnel avancées (comme l'aide à la recherche d'emploi, par exemple). Les résultats de la recherche sur le réseau social des géomaticiens GéoRezo (Jullien *et al.*, 2011) montrent de manière complémentaire que la constitution d'une véritable « communauté » de partage et de construction d'un « bien commun » entre professionnels peut venir de la rencontre de contributeurs peu motivés, initialement, par une logique d'engagement. Celle-ci se constitue dans le temps, par étapes, à mesure que les collectifs parviennent à produire des savoirs en ligne et demeurent, au fond, fragiles. Le cas des échanges sur un forum d'assistantes maternelles montre enfin que ces espaces de discussion peuvent aussi permettre des formes de sociabilité grâce aux échanges de pratiques professionnelles, de savoirs (notamment juridiques) et de mise en relation, ce qui contribue ainsi à « structurer sous une forme souple le groupe professionnel » (Havard, Duclos, 2018), groupe caractérisé par un risque d'isolement et une faible dimension collective.

Conclusion

Les outils collaboratifs proposent des manières d'interagir qui passent outre les barrières organisationnelles et qui dépendent de la volonté individuelle de participer à un collectif non institué (parfois qualifié de « communauté »), qui ne cherche ni l'institutionnalisation, ni l'ancrage dans une forme organisationnelle stable.

Nous avons essayé dans ce chapitre de répondre aux questions que la collaboration au sein de ces collectifs pose : comment ceux-ci sont-ils reconnus, accompagnés, encouragés au sein des organisations ? Peuvent-ils coexister avec des collectifs de travail plus traditionnels et plus encadrés (équipes de travail, groupes projet…) ou préfigurent-ils de nouvelles formes organisationnelles souples, voire auto-régulées autour de ces collectifs qui mettraient à mal l'organisation hiérarchique classique du travail ?

Certaines recherches permettent, à cet égard, de pointer l'écart entre une vision de l'entreprise fondée sur la collaboration, la transversalité et la co-conception et une réalité plus nuancée, démontrant encore une fois, que « les entreprises ne peuvent attendre [des réseaux sociaux d'entreprises] qu'ils fonctionnent sans pilotage » (Dalmasso *et al.*, 2018, p. 117). Les usages témoignent en effet, tout d'abord, de la nécessité d'articuler changement technique et organisationnel (en repensant ici les modes de coordination, d'évaluation, de supervision du travail, en accordant autonomie et initiative aux salariés, afin que la logique des outils techniques puisse s'appuyer sur une organisation propice à leur usage). Le rôle du management de proximité et de la ligne managériale dans son ensemble est primordial dans la réussite de ces articulations, qui passe par la recherche collective d'un sens et une valeur ajoutée à l'usage de ces outils au travail, par la remontée et la prise en compte des changements nécessaires suite à ces nouveaux usages et donc, par l'inscription des conditions de ces derniers au niveau de l'organisation. La place faite aux espaces de discussions autour de l'usage du numérique au sein des équipes de travail par rapport à leur activité est très importante, alors que l'accent reste encore souvent sur des modes d'accompagnement qui privilégient la « descente de décisions managériales » et la communication massive autour des formations ou des ateliers de présentation d'un outil (Boboc, 2017).

Sans prise en compte des contraintes venant du travail, les dispositifs se confrontent à la rigidité organisationnelle, au cloisonnement et au maintien d'une hiérarchie traditionnelle incompatible avec le développement et la reconnaissance de nouvelles pratiques. Dans ce cas, nous avons vu que les dispositifs, s'ils suscitent au mieux un élan de « participation » (remplissage de profils, création de réseaux de contacts, etc.), celle-ci n'est pas comparable à une action de collaboration, puisqu'elle n'engage pas les acteurs dans un travail commun ou partageant une finalité commune. Les collaborations sont plutôt de type « faibles », c'est-à-dire qu'elles relèvent plutôt du « réseautage » que de la coopération. Mais plus les appropriations continuent donc à se faire dans le prolongement des échanges existants et prennent forme en fonction des contextes de plus en plus locaux (Boboc, 2017), plus les collaborations sont fortes. Ainsi, dans les organisations alternatives, non conventionnelles (de type start-up, *maker spaces* ou fablab), déjà gagnées par l'esprit du collaboratif, érigeant celui-ci en valeur, les outils de partage d'informations, voire de co-édition, trouvent leur place plus facilement.

Un autre résultat saillant des recherches sur les usages des outils collaboratifs concerne la socialisation qui semble nécessaire pour en maîtriser les rouages, connaître les conventions et normes qui guident leur utilisation, que cela soit dans une logique de coopération forte ou faible. Remplir son profil, choisir ses contacts, partager des informations nécessite au fond moins de connaître les usages des outils grand public que de comprendre les normes de comportement en entreprise et être conforme à l'éthos professionnel partagé. On retrouve ici la question des dispositions (déjà abordées au chapitre 2) inégalement réparties qui permettent à certaines catégories professionnelles (cadres, professions commerciales, professionnels de communication...) de savoir construire leur capital relationnel en ligne, doser leur investissement et leur engagement dans les nouveaux outils, répondant à l'injonction de se rendre visible et d'accepter ce que certains qualifient de « surtravail » (puisque le travail sur les réseaux sociaux est non obligatoire, mais soumis à des incitations fortes – voir sur ce point Imhoff, 2017), tout en maîtrisant les frontières entre privé et professionnel (Ollier-Malaterre, 2018).

En ce sens, les limites de ces outils rejoignent celles formulées à propos des outils de gestion, interrogeant finalement la dimension disruptive et résolument novatrice des outils collaboratifs, tout du moins dans les usages qui en sont faits actuellement.

Chapitre 6

Les recompositions de la fonction RH avec le numérique : recrutement, gestion des carrières et nouvelles modalités d'apprentissage en entreprise

Ce chapitre s'intéressera aux évolutions de la fonction RH avec le numérique, en abordant, d'une part, les questions de recrutement et de mobilité et, d'autre part, les questions liées à la formation avec le numérique en contexte professionnel, aussi bien du côté des apprenants que des formateurs. Ce deuxième pan de questions vient en écho au chapitre 2, qui a mis en évidence les inégalités face au numérique, pour insister sur l'importance des conditions socio-organisationnelles dans la réduction des inégalités relatives à l'apprentissage avec le numérique en contexte professionnel.

1. Les prémices de la numérisation de la fonction RH : référentiels et bases de données

Pour mieux comprendre la place du numérique dans la fonction RH, intéressons-nous d'abord à l'histoire de la fonction RH et à la place que les instruments y ont occupée, avant même la période de numérisation que nous connaissons. La fonction Personnel, puis celle des Ressources humaines se sont développées en prenant en charge des tâches de gestion de la main-d'œuvre autrefois réalisées par les contremaîtres et en les assumant à distance des lieux de production et de travail (Ughetto, 2014). Les gestionnaires de cette fonction RH en construction se sont beaucoup retrouvés en concurrence avec les ingénieurs tayloriens des méthodes (Chatzis, 1999), dans l'instrumentation de la valeur reconnue du travail, par la description des postes et leur évaluation.

Dans les années 1980 et 1990, la fonction RH a connu un essor important, avec l'utilisation massive de la notion de compétence et du « modèle de la compétence » (Zarifian, 2001b), en rupture avec celui de la qualification (Dugué, 1994). Cette approche, au fondement de l'individualisation de la gestion du personnel (de son évaluation à sa rémunération en passant par la gestion de sa carrière), reposait en partie sur la construction de référentiels de compétences, qui ont permis à la fonction RH d'être plus crédible et plus influente dans les comités de direction. Or ces référentiels, parce qu'ils avaient pour vocation d'instrumenter la notion de compétences et d'optimiser la gestion de la main-d'œuvre, se sont beaucoup centrés sur les questions d'emplois (mobilités, recrutements, carrières) au détriment de la compréhension de l'activité de travail (Combes, Ughetto, 2004).

En outre, se développant, la fonction RH a connu également une division interne croissante, qui a conduit à une spécialisation telle que la fonction a pu perdre en cohérence et en visibilité, en multipliant ses domaines activités (communication interne, « dialogue social », gestion des emplois…). Dans ce contexte, l'instrumentation et le numérique ont pu contribuer, du moins dans un premier temps, à renforcer ces tendances en proposant des outils de plus en plus spécialisés.

La construction des référentiels de compétences (premiers instruments d'ampleur de la fonction RH) a été d'autant plus difficile que peu de salariés étaient demandeurs de cet outil. Les directions opérationnelles, dont la fonction RH avait besoin pour construire ces référentiels, ne voyaient pas particulièrement l'intérêt de le faire et s'interrogeaient sur l'utilité de l'outil. Dans ce contexte, les responsables RH ont été preneurs de toute formule capable de faciliter leur travail d'élaboration d'instruments, comme le triptyque « savoir, savoir-faire, savoir-être », emprunté à la pédagogie pour adultes. Derrière ces termes, chacun pouvait entendre ce qu'il souhaitait et les responsables RH avançaient aisément dans l'obtention des accords autour de l'outil, même si les effets en termes de développement du travail s'estompaient, la gestion des compétences étant largement réalisée au bénéfice des acteurs de la production (Lichtenberger, 1999).

Ainsi, mettre en place des instruments supposait d'expliciter ce qui était implicite, tout en faisant des choix pour y aboutir et remettre en discussion des notions que l'on pensait stabilisées ou qui l'étaient localement. « L'instrument est contraint à formaliser, une fois pour toutes, là où on agissait en composant avec la complexité, le non-dit, l'ambiguïté et en se réservant le droit d'inventer un nouveau cadre » (Ughetto, 2014). De par ces choix, concevoir un instrument est un travail politique. Il l'est aussi par le cadrage que les RH vont donner pour favoriser certains usages en fonction des catégories d'utilisateurs. Et il est technique, bien sûr, par les définitions des caractéristiques à trouver (degré du détail des rubriques, vocabulaire utilisé, etc.).

Les référentiels de compétences, par le formatage des compétences qu'ils ont généré, ont préparé le terrain pour les outils numériques RH, qui doivent, eux aussi, articuler des enjeux politiques et des enjeux relatifs à la reconnaissance des activités et des métiers. Les bases de données constituent un des tout premiers outils RH, avec lequel ont émergé des questions et des tensions qui sont toujours présentes aujourd'hui avec des outils plus récents, comme ceux mobilisant l'IA RH. Ainsi, les bases de données sur la gestion de la mobilité en entreprise (Ughetto, 2013a), bien que conçues pour garantir aux organisations syndicales que l'employeur ne contraint pas ses salariés à des mobilités forcées, ont obligé les gestionnaires dits « conseillers mobilité » à les alimenter, sans y trouver de valeur ajoutée dans leur travail (Ughetto, 2013a).

Les enjeux du numérique pour les RH consistent donc à faire de ces outils des moyens pour gagner en crédibilité auprès des directions métier. Leur légitimité passe ainsi par la mise en place d'outils qui rationalisent, objectivent et dépersonnalisent les relations, notamment pour le recrutement et la gestion des carrières. En ce sens, ils ont joué un rôle comparable aux dispositifs de gestion dont se sont emparées les autres fonctions (ERP, SCM...). Mais l'outillage gestionnaire, s'il permet de construire des catégories et de bâtir sur ces catégories des pratiques rationnelles, présente deux risques : celui de s'éloigner de la compréhension du travail « réel » (c'est-à-dire de l'activité « en train de se faire », qui n'est pas réductible à ce qu'en disent les indicateurs ou autres référentiels) et, d'autre part, celui de mettre en place des outils qui s'autonomisent et échappent finalement aux RH : si le recrutement se fait en ligne, si les parcours internes sont guidés par des algorithmes, si les salariés communiquent entre eux via les réseaux sociaux internes, si les formations se réalisent à distance, la fonction RH ne se trouve-t-elle pas menacée et sommée de se réinventer ?

2. Le recrutement à l'épreuve du numérique : la promesse de transparence

L'essor d'internet a été un accélérateur du développement des outils RH. Depuis les années 1990, internet a participé à transformer la manière de mettre en relation offres et recherche d'emploi. Le marché de travail entièrement numérique est-il pour autant devenu transparent et réactif ? La réalité est, bien sûr, plus nuancée et complexe.

2.1. Recrutement et internet

Les outils de recrutement ont été parmi les premiers à se développer avec internet, en facilitant considérablement l'accès à l'information, pour les candidats comme pour les employeurs.

Les sites dédiés à la recherche d'emploi (simples ou agrégateurs d'offres d'emplois), auxquels s'ajoutent ceux qui sont plus généralistes (sites de petites annonces...) et les sites internet propres aux entreprises recruteuses, permettent de relayer les offres massivement et très rapidement. L'une des conséquences de l'utilisation d'internet pour le recrutement a été la banalisation de l'acte de candidature : la possibilité de se porter candidat en quelques clics a abaissé le niveau d'autocensure des candidats et suscité un accroissement des candidatures dites « non qualifiées » (Fondeur, 2006), en obligeant les recruteurs à faire face à une « inflation documentaire » (Corbillé *et al.*, 2018).

L'enjeu du recrutement en ligne devient alors, pour les candidats comme pour les employeurs, celui de la visibilité : il s'agit de faire émerger son CV de la masse, mais aussi de soigner son image numérique (à travers les traces de soi laissées sur les réseaux sociaux) et connaître les codes de présentation de soi lors de recrutements en ligne.

L'analyse des annonces d'offres d'emploi permet de montrer que le canal internet est sélectif, car il mentionne systématiquement les critères de formation et d'expérience (Bessy, Marchal, 2006). Comme les exigences augmentent avec la qualification du poste à pourvoir, internet semble plus efficace pour les emplois des cadres, ces derniers se prêtant mieux à une sélection à distance sur la base de repères d'appariement objectivables. Les auteurs relativisent ainsi l'idée de la « fracture numérique », basée sur le manque de familiarité avec l'outil, en affirmant que « plus que des inégalités de ressources informatiques, c'est l'adéquation de l'outil avec les critères d'évaluation jugés les plus pertinents pour occuper l'emploi qui serait déterminante » (*ibid.*, 2006, p. 38). Ils montrent également une forte hétérogénéité du recours à internet selon le type d'entreprise et le secteur d'activité (*ibid.*). Ainsi, la probabilité qu'un recrutement ait fait l'objet d'une offre d'emploi sur internet est plus grande dans les établissements de plus de 500 salariés que dans ceux de moins de 10 salariés. En ce qui concerne les secteurs d'activité, la réception des candidatures et la passation d'annonces sur internet sont plus fréquentes dans les secteurs de l'énergie et des activités financières, et moins fréquentes dans le secteur de la construction. La catégorie socioprofessionnelle des recrutés marque aussi des différences dans les usages d'internet : dans le cas des informaticiens, internet est le premier canal de recrutement (*ibid.).*

Les études en socio-économie ont souligné la variété des modes d'organisation de la coordination entre offreurs et demandeurs de travail sur internet, en lien avec la pluralité des manières d'exprimer les compétences et les niveaux de qualification. Les gestionnaires des sites de recherche d'emploi y jouent un rôle important dans la mise en forme de l'information portant sur les qualités des candidats et des postes : le format ou le paramétrage des outils contribuent à structurer fortement les interactions entre l'offre et la demande : rechercher et répondre à des offres sur le site « leboncoin », « Pôle Emploi » ou « Indeed » supposent quelques adaptations. Les « mots-clés » utilisés lors des recherches sont ainsi déterminants. Pour le chercheur d'emploi, cela implique la nécessité de faire le lien entre l'espace de la recherche et l'espace de la qualification. Cette capacité à se tenir informé sur les conventions et les usages des recruteurs est socialement déterminée. Elle suppose également que les chercheurs d'emploi sachent mettre en forme leur profil, comprendre l'implicite d'une annonce. Pour cela, il s'avère nécessaire de puiser dans d'autres mondes sociaux « intermédiaires », à travers la presse écrite ou en fréquentant des communautés professionnelles, afin de refaire les liens entre des compétences tacites localisées et les standards codifiés de coordination reconnus et mis en circulation (Mellet, 2006). D'une manière plus générale, que ce soit pour le recrutement ou pour la recherche d'emploi, internet est souvent utilisé en parallèle d'autres canaux et les informations piochées sur des sites de recrutement sont constamment enrichies avec d'autres informations issues des milieux professionnels.

2.2. Recrutement et réseaux sociaux

Les réseaux sociaux occupent une place importante dans le recrutement des cadres (Coviaux, Petit, 2019). La communication sur ces réseaux présente l'intérêt d'être plus rapide, moins formelle et de se diffuser « de proche en proche ». Elle illustre parfaitement la « force des liens faibles » (Granovetter, 1973), c'est-à-dire la capacité et l'intérêt à pouvoir mobiliser un réseau relationnel large (plutôt fait de simples connaissances, de relations lointaines...), pour obtenir une information, un coup de main, un emploi.

Selon un rapport de l'APEC, de 2019, concernant le recrutement des cadres sur les réseaux sociaux (Coviaux, Petit, 2019), plus de huit entreprises sur dix mobilisent, d'une façon ou d'une autre, les réseaux sociaux pour recruter des cadres (dont notamment LinkedIn, réseau social dit « professionnel », mais aussi des réseaux pour le grand public, comme Facebook, ou encore des réseaux spécialisés, pour certains métiers ou secteurs, notamment). Ces dispositifs permettent aux recruteurs d'élargir le vivier de candidats potentiels. Néanmoins, faute de règles et de procédures systématiques, leur utilisation reste encore empirique et opportuniste. Les deux pratiques les plus répandues sur les réseaux sociaux sont la diffusion des offres d'emploi et le développement de la « marque employeur » (c'est-à-dire le travail de l'image de l'entreprise), ainsi que le *sourcing* (recherche de candidats). Les salariés constituent un puissant relais de la diffusion des offres et de la « marque employeur » (Coviaux, Petit, 2019), même si tous les réseaux sociaux ne se valent pas, à l'instar de Facebook perçu négativement par les jeunes diplômés qui estiment davantage que ce réseau est personnel (et non professionnel) (Pélissier, 2018).

En 2012, un autre rapport APEC, distinguait quatre profils types de jeunes diplômés utilisant les réseaux dans la recherche d'emploi en fonction de leur capital économique, culturel ou social (Balmette *et al.*, 2012) :

- les « héritiers » : des jeunes issus d'un milieu social aisé où l'importance du réseau de relations va de soi, ce qui réduit l'importance des réseaux en ligne pour la recherche d'emploi ; ils se dirigent vers des postes à responsabilité choisis en fonction d'un projet défini à l'avance ;
- les « stratèges » : des jeunes d'origine plutôt modeste, sans capital hérité, qui ne compte que sur eux-mêmes ; ils font attention à leur image en ligne, ils maîtrisent l'usage des réseaux professionnels dans lesquels ils sont actifs ; ils complètent ces usages par d'autres sites spécialisés dans leur domaine ;
- les « contestataires » : des jeunes qui ne sont pas dépourvus d'un certain capital économique, culturel ou social, mais qui ne cumulent pas ces trois aspects contrairement aux « héritiers » ; ils entretiennent sur Facebook des contacts à visée professionnelle ; ils ne sont pas très présents sur les réseaux professionnels, dont la philosophie ne correspond pas à la leur, et où leurs milieux professionnels ne sont pas très bien représentés ; ils comptent avant tout sur les rencontres ;
- les « enfermés » : des jeunes d'origine modeste qui ont effectué des recherches sans beaucoup de passion ou d'acharnement, qui sont parfois obligés d'accepter des emplois alimentaires dont ils ont du mal à sortir ; ils sont absents des réseaux professionnels et leurs contacts Facebook n'ont pas de visée professionnelle.

La familiarité qu'ils ont tous avec Facebook peut être un handicap, dans la mesure où celle-ci ne dispense pas de la maîtrise des modes de communication plus formels. Le fait d'être identifiable professionnellement sur le web demande des apprentissages de la part des étudiants, même s'ils ne pensent pas qu'une telle visibilité à une forte valeur stratégique (Georgy, 2017).

2.3. Les progiciels RH

Dans les années 1980-1990, les systèmes d'information des entreprises ont intégré des progiciels RH directement articulés aux processus de recrutement (en totalité ou en partie, de la demande d'embauche à l'intégration du candidat finalement recruté) ou pour d'autres processus RH (mobilité interne, GPEC, paie, formation...).

Depuis quelques années, les progiciels de recrutement semblent essentiellement utilisés pour la publication des offres d'emploi sur internet, la réception, la centralisation et tri des candidatures, la construction de viviers de candidats (CVthèques internes), la gestion des relations avec les candidats, la formalisation et la traçabilité du processus de recrutement (permettant d'encourager certaines « bonnes pratiques », voire de les imposer). L'enjeu est donc clairement celui de la rationalisation, de l'industrialisation, mais également de l'objectivation des processus de recrutement (Bonnevaux *et al.*, 2017).

Une étude de l'APEC[1] précise que 27 % des entreprises étaient équipées d'un progiciel de recrutement en 2017. Ce taux s'élève à 68 % pour les entreprises de plus de 5 000 salariés, tandis qu'il n'atteint que 13 % pour celles de 50 à 100 salariés. Les entreprises de l'ingénierie-R&D sont les plus équipées (40 %), suivies de près par celles de l'hôtellerie-restauration-loisirs (39 %), de la banque-assurance (37 %) et de l'informatique (35 %).

Pour autant, 30 % des entreprises équipées déclarent ne pas avoir utilisé leur outil lors de leur dernier recrutement de cadre, mais avoir davantage eu recours à un intermédiaire pour le recrutement ou avoir recruté une personne déjà connue. Les entreprises qui ont mobilisé un progiciel lors du dernier recrutement de cadre l'ont fait notamment pour recueillir des candidatures, formaliser et suivre le processus de recrutement, trier les candidatures et diffuser leurs offres d'emploi (Bonnevaux *et al.*, 2017).

Aujourd'hui, les outils numérisés de gestion dédiés au recrutement ne cessent de se multiplier au sein de grandes entreprises, sous l'effet de diffusion d'internet, de la nécessité perçue de se constituer une « image employeur », de lutter pour la diversité et contre les discriminations (à travers, par exemple, les tentatives de généralisation des CV anonymes) et par souci de répondre aux indicateurs de gestion afin d'optimiser les processus de recrutement (Fondeur *et al.*, 2011 ; Fondeur, 2014). Cette optimisation passe par la normalisation de ces processus, et s'inscrit dans l'évolution des instruments RH présentés jusqu'à présent. Ainsi, comme pour les référentiels métiers (Ughetto, 2014), la fonction RH y voit une opportunité de valoriser son rôle, en appuyant cette normalisation sur

1. Enquête quantitative auprès d'un échantillon d'entreprises représentatif des entreprises françaises du secteur privé, selon le critère des effectifs de cadres par secteur d'activité.

des « bonnes pratiques » qu'elle développe, met en place et inscrit d'une manière plus pérenne dans les fonctionnalités des logiciels.

L'essor des progiciels de recrutement a été facilité également par leur mode de distribution, SaaS (*Software as a Service*), qui se fonde sur le principe selon lequel, d'une part, l'entreprise loue un droit d'usage de l'application (elle n'achète pas la licence) et, d'autre part, l'hébergement et la maintenance de l'application sont assurés par l'éditeur, qui reste propriétaire de celle-ci. Les coûts en sont diminués. Les utilisateurs y accèdent à distance via internet et un navigateur web (Fondeur *et al.*, 2011). En outre, le mode SaaS permet un déploiement rapide (de quelques jours à quelques semaines) puisque le processus de recrutement inscrit dans le progiciel se résume à une sélection d'items parmi une liste de paramètres préétablis. Ainsi, le mode SaaS impose le maintien d'une seule version de l'application partagée par tous les clients, ce qui permet de faire des économies d'échelle et de simplifier la maintenance et les évolutions de version. Les clients ne disposent donc plus d'une solution « sur mesure » qui tienne compte des activités ou modes de fonctionnement de l'entreprise. En ce sens, le mode SaaS contribue, lui aussi, au développement d'un certain « isomorphisme organisationnel » (DiMaggio, Powell, 1983), évoqué dans le chapitre 1.

Les acteurs qui œuvrent au déploiement de ces outils au sein des entreprises (consultants, chefs de projets...) se saisissent volontiers de cette injonction à l'utilisation d'une version donnée du progiciel, pour légitimer l'abandon des pratiques internes au profit de pratiques standardisées, en soutenant que l'outil permettrait ainsi de découvrir des « bonnes pratiques adoptées » ailleurs, sur lesquelles il conviendrait de s'aligner (Fondeur *et al.*, 2011).

Certains progiciels RH permettent également de réaliser le *sourcing*, c'est-à-dire une aide à la recherche/l'identification de profils (notamment sur les réseaux sociaux) répondant à une liste de critères précis pour une offre de poste donnée. Pour les RH, ces outils portent des espoirs en termes de création de nouveaux types de relations médiées, et revivifient l'attrait pour leur métier. Les études montrent que le développement du *sourcing* cohabite avec des pratiques plus traditionnelles de recrutement (voire avec des outils plus anciens, comme les tableaux Excel). Cette hybridation permet d'atténuer la normalisation des usages que cherchent à imposer les outils, voire la réification des candidatures et profils ou leur réduction à des informations chiffrées et codées (Corbillé, Foli, Tassel, 2018).

3. La gestion de la mobilité au sein des entreprises à l'heure des *big data* et de l'intelligence artificielle

Comme nous l'avons vu jusqu'à présent, grâce à un outillage de plus en plus sophistiqué, la fonction RH poursuit sa « professionnalisation ». Elle continue à étendre sa juridiction au sein de l'entreprise, en développant des normes, des standards et en assurant leur diffusion à travers des outils (Fondeur, 2014).

Dans les grandes entreprises, il s'agit souvent de démarches expérimentales, parfois en partenariat avec des start-up, qui visent souvent l'automatisation des process (pour établir, par exemple, le bilan social à partir des données recueillies automatiquement) et des cartographies de compétences.

Dans la suite du développement des progiciels RH, l'essor des puissances de calcul et la diminution du coût de stockage des données permettent aujourd'hui le développement des outils RH qui s'appuient sur des masses importantes de données (*big data* RH) et qui cherchent à mobiliser l'intelligence artificielle (IA), en se basant sur le *machine learning*[2] et le *deep learning*[3].

Si l'intelligence artificielle est parfois décrite, dans la littérature managériale, comme « révolutionnant » les ressources humaines, force est de constater que, dans les faits, les pratiques sont à ce jour moins « révolutionnaires » qu'annoncées dans les discours. Les projets sont nombreux, mais restent peu aboutis (Lévy, 2020).

Selon leurs concepteurs, les outils sont censés améliorer la performance des politiques RH, soit en termes de gestion des compétences dites rares et de processus de recrutement, soit en termes de mobilités pour les salariés. Avec les algorithmes, qui s'appuient sur l'analyse des mobilités passées pour prédire l'avenir, les entreprises cherchent à élargir le champ des possibles et identifier des trajectoires nouvelles à partir de ce qui s'est fait dans le passé. Les parcours ne sont plus pensés à partir de ce qui est possible et souhaitable, mais en partant de l'existant pour proposer des possibles.

2. Apprentissage automatique, qui suppose que la machine est capable d'apprendre par elle-même, sans programmer toutes les étapes et les règles de l'apprentissage.
3. Apprentissage profond, qui s'appuie sur un réseau de neurones artificiels s'inspirant du cerveau humain.

Ces discours sur le fonctionnement de l'IA et *big data* mettent en avant leur performance commerciale en s'appuyant sur une croyance dans le pouvoir des nouvelles technologies : l'IA fonctionnerait sans difficulté, pour un résultat final impressionnant et dont les moyens mis en œuvre n'ont pas besoin d'être connus. Grâce à ces outils, les directions RH pourraient mieux se positionner dans les instances décisionnelles de l'entreprise : à la place des recrutements « à l'instinct » que l'on leur reproche, elles pourraient opposer des décisions fondées sur des faits observables et quantifiables en s'appuyant sur des chiffres et des outils très perfectionnés (Lévy, 2019). Les services RH, qui ont lutté pour créer leur place et affirmer leur rôle, pourraient enfin influencer les décisions de l'entreprise grâce à des algorithmes performants.

Mais d'un autre côté, ces outils peuvent aussi remettre en cause la professionnalité des RH en rendant les choix automatiques, délégués aux algorithmes. Le cas ci-dessous illustre cette tension entre promesses et travail réel des acteurs RH.

Le cas d'un outil IA RH pour faciliter la mobilité interne, en entreprise

Mobijob est une application conçue par une start-up pour favoriser la mobilité interne au sein d'une entreprise ayant déployé ce projet au sein des services RH en 2015. Elle s'adressait notamment aux conseillers qui accompagnent les non-cadres dans leur mobilité, ainsi qu'aux responsables des parcours des cadres. Une partie de l'application a été par la suite proposée directement aux salariés, sans passer par un intermédiaire RH (Lévy, 2020).

L'accès se fait par une plateforme accessible aux responsables RH. Celle-ci leur soumet des propositions de postes pour les salariés qu'ils suivent et leur permet de rechercher des profils par rapport à des offres. Le fonctionnement de l'application s'appuie sur un algorithme qui croise les profils des salariés et les offres de poste en interne, afin de recommander des postes.

Pour cela, l'algorithme utilise aussi bien des données internes (profils que les salariés remplissent sur l'application lorsqu'ils rencontrent des conseillers en vue d'une mobilité interne, les offres de recrutement internes enregistrées sur la plateforme et le référentiel métier interne) et des données externes récoltées par la start-up (profils publics, parcours professionnels issus des réseaux sociaux externes, comme LinkedIn). L'application est en mode SaaS, ce qui réduit fortement ses possibilités de personnalisation et d'adaptation aux spécificités de l'entreprise.

La recherche sur les usages de cette application a été réalisée en 2017, au moment où 3 500 profils et presque 2 000 offres de postes internes étaient enregistrés sur la plateforme.

Or l'analyse montre que les usages sont encore très faibles. Plusieurs facteurs explicatifs sont avancés :

1. La qualité et quantité des données traitées

Le fonctionnement de l'algorithme nécessite des données en nombre, correctement et systématiquement remplies. Or les données sont souvent incomplètes, car il s'agit des offres de postes qui ont été rédigées par les services RH, dans les processus habituels et non pas pour un algorithme, en particulier. De plus, l'application utilise aussi les données d'un réseau social externe à l'entreprise pour alimenter les bases, or les individus ne se présentent pas pour une mobilité RH en interne comme ils se présentent sur un réseau social, encore moins lorsqu'il est externe à l'entreprise.

Sortir des données de leur contexte pose donc problème : les compétences déclarées par les salariés ne sont plus comparables en dehors du contexte dans lequel elles ont été mises en œuvre.

2. Le besoin de standardisation des compétences et expériences

De surcroît, ces compétences et expériences des salariés, pour être comparées, doivent être normées, voire standardisées. C'est à partir de référentiels et de dictionnaires que les mots choisis par les utilisateurs sont rapprochés dans des nuages de mots. La plus ou moins grande pertinence d'un profil par rapport à une offre est alors évaluée en quantifiant la proximité sémantique entre ces deux éléments. Ce processus de quantification – c'est-à-dire le fait d'exprimer par des nombres ce qui auparavant était exprimé par des mots (Desrosières, 2010) – n'est jamais une opération neutre. Elle nécessite que les acteurs postulent un espace d'équivalence, ici entre des compétences ou entre des expériences.

3. L'opacité de l'algorithme

Le prestataire est par ailleurs réticent à dévoiler les « ficelles » de son algorithme qu'il considère comme un avantage concurrentiel. Par ailleurs, la complexité des algorithmes s'appuyant sur l'apprentissage profond rend la compréhension des résultats difficiles même pour les concepteurs (Boyd, Elish, 2018), en les faisant percevoir les écarts entre la magie des discours et la réalité de leur activité.

Par conséquent, les salariés qui utilisent l'application se retrouvent face à une application dont ils ne connaissent ni l'ensemble des données traitées, ni la manière dont elles sont traitées. La méconnaissance, par les salariés et les accompagnateurs RH, des techniques statistiques et informatiques employées par les concepteurs freine l'appropriation de l'application.

Ces difficultés issues de l'opacité de l'algorithme se rajoutent à celles issues du manque de souplesse dans la personnalisation de l'outil généré par le mode SaaS (déjà abordées dans ce chapitre).

4. Les spécificités de l'activité des différentes catégories de professionnels RH

L'ancienneté des professionnels RH et la spécificité de la population des salariés dont ils s'occupent sont également des facteurs permettant d'expliquer les appropriations différenciées de l'outil : les plus anciens sur le poste sont plus réticents, car ils ont développé des méthodes de travail bien rodées. Certains nouveaux se saisissent, à l'inverse, de l'application comme d'un moyen d'asseoir leur légitimité professionnelle. Les « conseillers mobilité » accompagnant les cadres s'appuient peu sur Mobijob, car leurs pratiques d'accompagnement consistent surtout à développer le réseau professionnel de leurs salariés. Le bilan professionnel est davantage utilisé pour les non-cadres et les cadres intermédiaires, Mobijob étant alors utilisé par certains conseillers comme un outil supplémentaire pour réaliser ce bilan.

L'étude menée montre également que les usages de cette application peuvent reconduire des inégalités existantes. Par exemple, la centralisation des activités de l'entreprise dans la région parisienne fait que la majorité des postes disponibles dans les autres régions sont des postes de techniciens ou de commerciaux, les directions fonctionnelles étant elles, en grande majorité, autour de Paris. Cette répartition crée des inégalités structurelles que l'outil IA RH met particulièrement en lumière. Ainsi, les inégalités face à l'outil reflètent des inégalités face à la mobilité professionnelle.

De plus, un même intitulé de poste peut correspondre à des classifications internes différentes en fonction de la région, les classifications plus élevées étant dans la région parisienne. Un salarié de cette région qui cherche à partir en province peut se retrouver confronté à une dévaluation qui n'est pas acceptable d'un point de vue managérial.

Par ailleurs, l'outil ne parvient pas à évaluer ce que les conseillers mobilité appellent la « séniorité ». Plus concrètement, il ne parvient pas à proposer un poste adapté à l'expérience du salarié ou à son positionnement dans la hiérarchie de l'organisation, ce qui peut être source de frustration pour les personnes en mobilité.

L'IA RH cherche ainsi à formater encore plus les évolutions professionnelles des salariés et l'activité des RH. Les RH qui ont contribué au développement de ces outils au sein de l'entreprise se retrouveraient-ils piégés par leurs propres outils ?

En tout cas, à travers l'équilibre entre les usages de ces applications IA RH et la conception qu'ont les conseillers de leur travail (accompagnement individualisé, attention aux situations particulières et importance de la relation humaine), la question que soulève l'utilisation de cet outil est celle de la juste mesure entre la standardisation imposée par les outils IA RH et les pratiques effectives de travail qui débordent les processus standardisés.

4. Apprenants et formateurs face aux formations numérisées

La formation professionnelle connaît une série de réformes et une redéfinition de son cadre légal, qui a des incidences sur son organisation et son inscription au sein des politiques d'entreprise (Lambert, Marion-Vernoux, 2014 ; Ferracci, Vergnies, 2008). Ces réformes portent sur le financement des formations et leur accès. Elles sont marquées par une tendance forte à la réduction des coûts, à l'individualisation des parcours et à la responsabilisation dans l'acquisition et le maintien de leurs compétences professionnelles[4]. Si ces réformes répondent à des enjeux d'emploi et de lutte contre le chômage, elles ont des répercussions importantes au sein des entreprises, où la formation est au cœur des enjeux de gestion prévisionnelle des emplois et des compétences, de fidélisation des salariés ou encore d'adéquation au poste de travail. La formation est aussi au service du développement personnel des individus désireux de se former à des fins personnelles (accès aux savoirs, promotion sociale, reconnaissance des compétences acquises...). La question de la rencontre entre ces différents enjeux et objectifs se pose aujourd'hui avec d'autant plus d'acuité dans un contexte de changement permanent, de remise en cause constante des savoirs et des qualifications (Montchatre, 2014).

Comment les formations numériques, reconnues maintenant comme support à la formation professionnelle[5] s'inscrivent-elles dans ce paysage ? Facilitent-elles par leur caractère souple et moins onéreux l'accès aux connaissances et pour le plus grand nombre ? Servent-elles en ce sens des enjeux de développement personnel plus que de gestion d'entreprise ? Ou, à l'inverse, ne sont-elles pas utilisées à des fins d'industrialisation et de réduction des coûts de formation ?

Les dispositifs qui utilisent le numérique et la distance à des fins pédagogiques ne sont pas nouveaux. Ils se sont, petit à petit, diversifiés et sophistiqués avec les possibilités techniques, du simple diaporama

4. Loi du 5 mars 2014 sur la formation professionnelle et l'emploi, ainsi que ses décrets d'application.
5. Décret n° 2014-935 du 20 août 2014 relatif aux formations ouvertes ou à distance.

envoyé par mail à la formation sur mobile en passant par le MOOC, le podcast, la classe virtuelle ou le webinar.

Deux grands critères distinguent les formations : d'une part, le fait qu'elles soient réalisées à distance du formateur (que cela soit depuis son poste de travail ou chez soi) ou en présentiel (le plus souvent, en salle de formation, parfois dans des centres spécialisés internes ou externes aux entreprises) et, d'autre part, le fait qu'elles soient synchrones (le formateur et les participants sont connectés en même temps) ou asynchrones (chacun suit la formation à son propre rythme, indépendamment des autres). Le numérique peut être utilisé dans toutes les configurations de formation :

	Synchrone	**Asynchrone**
Présentiel	Formation en salle (avec utilisation possible du numérique pour des quiz, documents à visionner, télécharger, etc.)	Salles de formation en libre accès (laboratoire de langues, salle équipée de logiciels spécifiques, de *serious games*...)
Distanciel	Classe virtuelle, webinar	Vidéo à télécharger, podcast, tutoriel (qui peuvent faire partie des MOOC/COOC/SPOC[6])...

Certaines formations peuvent alterner des modalités pédagogiques différentes (formation en salle sous forme de modules avec e-learning entre les périodes de présence, MOOC alternant modules asynchrones et temps d'échanges synchrones, etc.). Les professionnels de la formation appellent ces formes mixtes *blended-learning*.

Le numérique permet de réduire fortement les coûts de formation : les formations à distance permettent de réduire les frais de déplacement, les formations asynchrones peuvent permettre de diminuer les effectifs de formateurs, et, dans certains cas, de réduire le nombre d'heures d'absence de salariés pour formation (si les formations sont suivies en dehors des heures de travail), voire de limiter les effectifs des salariés dont le poste consiste précisément à remplacer les salariés en formation (cas des équipes « volantes » dans certaines entreprises pour remplacer les salariés en formation).

Dans les discours, les formations numériques sont surtout présentées comme favorisant l'autonomie des individus, qui deviennent acteurs de

6. Les COOC (*Corporate Online Open Course*) sont construits sur le modèle des MOOC (*Massive Open Online Course* – cours en ligne, ouvert à tous), développés dans l'enseignement supérieur. Les COOC, réservés aux salariés d'une entreprise, sont conçus en fonction des enjeux de celle-ci. Les SPOC (*Small Private Online Course*) s'adressent à un nombre restreint de salariés.

leur propre formation. Les dispositifs sont réputés être adaptés, selon les termes fréquemment utilisés, au « rythme accéléré de l'innovation » et au besoin de « flexibiliser les apprentissages », pour « apprendre plus vite, en fonction des besoins ». En entreprise, les directions de la formation sont les premières concernées, aussi bien pour apprendre à dispenser des connaissances en se servant des dispositifs numériques qu'à inciter des salariés à se former avec des outils numériques. À côté d'éventuelles « directions de la transformation », elles deviennent, en quelque sorte, le « fer de lance » de la digitalisation des entreprises, avec, néanmoins, des changements non négligeables pour le métier de formateur.

4.1. Discontinuités dans la formation et abandons

Comme nous l'avons déjà vu dans le chapitre 4, les outils numériques soutiennent une fragmentation des espaces des temporalités du travail, et ce constat est également vrai dans le cas de la formation (Boboc, Metzger, 2019c). Prenons le cas des formations asynchrones et à distance, qui se développent massivement depuis quelques années, sous différents formats.

Dans ces formations, les apprenants ne partagent plus, comme dans une formation en présentiel, un même espace. Ils sont devant leur ordinateur, chacun dans un autre environnement de travail. Le temps de la formation est, lui aussi, éclaté : les différentes séquences des formations en ligne sont la plupart du temps censées se glisser dans les interstices de l'activité proprement dite. Ces formations sont porteuses d'ambiguïté : elles sont présentées comme permettant d'être plus autonome dans l'organisation de son temps et de l'espace, mais elles sont aussi potentiellement sources d'intensification du travail (si les salariés n'ont plus des longues plages dédiées à la formation) et d'isolement (si chaque apprenant est seul devant son ordinateur, dans un espace physique qui n'est plus partagé).

Les formations sont, en effet, de plus en plus dispensées sous forme de modules de courtes durées, parfois même de quelques minutes seulement. C'est le cas, notamment, des vidéos et des podcasts, souvent configurés pour être consultables sur les smartphones. Ce format permet aux formations d'être visionnées dans les transports, pendant les temps de pause... parfois en dehors du temps de travail. Dans ce cas, les individus doivent se débrouiller, le plus souvent seuls, pour articuler les contraintes temporelles, spatiales et cognitives de leur activité, avec celles de la formation. Par ailleurs, le contenu même des apprentissages proposés dans ces modules très courts s'éloigne de la définition classique de la formation pour devenir une simple information (par exemple, données sur les tendances du marché, informations sur les nouveaux produits, etc.). Plaçant les apprenants dans la double contrainte d'autonomisation/responsabilisation et de déstabilisation des repères temporels, ces formations, qualifiées « d'interstitielles » (Benedetto-Meyer, Boboc, Metzger, 2019a) ne peuvent procurer des espaces de régulation, au sens de mise en débat du travail et d'élaboration/réélaboration de règles communes (Reynaud, 1989), indispensables pour atténuer ces discontinuités. C'est une des raisons du fort taux d'abandon de ce type de formation (Benedetto-Meyer, Boboc, Metzger, 2019a).

Les concepteurs des dispositifs numériques conseillent parfois aux apprenants de s'organiser, fixer des plages dans leurs agendas, par exemple, mais ces plages sont les premières à être sacrifiées en cas de contraintes opérationnelles. En fonction de l'autonomie qu'ils ont dans leur travail, les apprenants ne sont pas égaux dans la résistance qu'ils opposent à la prise en compte immédiate des contraintes opérationnelles.

Si dans les formations en présentiel, les apprenants qui sont dans la même salle échangent, s'entraident, interagissent entre eux et avec le formateur, cette intersubjectivité fait défaut dans l'apprentissage à distance (surtout lorsque les apprenants et les formateurs n'ont pas eu l'occasion de faire connaissance et de se rencontrer en présentiel avant le début de la formation en ligne). Cela a des répercussions ensuite sur la dynamique d'apprentissage elle-même (les dimensions sociocognitives), mais également sur la dynamique d'entraide et de soutien entre pairs (Boboc, Metzger, 2019a).

Du côté des formateurs, le fait de ne plus avoir les apprenants « sous les yeux » gêne la vision globale de leur avancement et l'identification des salariés qui ont besoin d'aide. Leur temps est également éclaté. En essayant de rester réactifs, ils subissent l'éparpillement temporel des apprenants en essayant de suivre leur rythme, parfois chaotique, notamment dans les travaux qu'ils soumettent à l'évaluation ou au suivi.

Ces trois types de discontinuités (spatiales, temporelles et relationnelles) sous-tendent les taux d'abandon importants que les dispositifs utilisant le numérique et la distance ont toujours enregistrés, aussi bien dans l'enseignement supérieur (Moeglin, 2014), que dans un contexte professionnel (Verzat *et al.*, 2016). Les études sur ce taux d'abandon soulignent que celui-ci est lié non seulement aux caractéristiques individuelles des salariés, mais également au dispositif de formation (modalités de suivi, soutien des enseignants), au rôle des pairs dans le soutien socio-affectif (Dussarps, 2015) et, bien sûr, à celui des formateurs, des tuteurs ou des accompagnateurs. De façon complémentaire, d'autres études montrent que certains usages des MOOC permettent de rapprocher les attentes des salariés et les orientations des entreprises, à condition que les intéressés possèdent une disposition à autogérer leurs apprentissages (Dejoux, Charrière-Grillon, 2016 ; Verzat *et al.*, 2016).

Les contextes organisationnels ont rarement été considérés comme la cause du relatif échec de ces expérimentations. Or, l'absence de prise en compte des environnements de travail (lors de la dispense proprement dite, mais aussi lors de l'application des savoirs dispensés) constitue un risque d'inégalité croissante entre individus au travail, comme nous le verrons ci-dessous dans le cas du COOC (cf. encadré, p. 173) (Boboc, Metzger 2019a-b). Les facteurs d'ordre économique, scolaire et social, au niveau individuel, ne sont pas les seuls à intervenir dans la dynamique des inégalités (voir également chapitre 2).

4.2. Des environnements capacitants et des conditions socio-organisationnelles de l'apprentissage

En entreprise, les conditions socio-organisationnelles de l'apprentissage influent sur le suivi des formations, le pouvoir d'apprendre des salariés et leur autonomie. Les politiques de formation des entreprises qui favorisent la capacité des salariés à agir sur leur formation (en tenant compte, par exemple, des effets de l'organisation du travail sur les dynamiques d'apprentissage informel des salariés ou en mettant en place des procédures facilitant l'expression des salariés en matière de formation et évolution professionnelle) permettent de lutter contre la « répartition plus ou moins inégalitaire des formations entre les divers groupes professionnels » (Vero, Sigot, 2017). De leur côté, Subramanian et Zimmermann (2017) identifient l'importance de repenser l'organisation du travail, en matière de suivi de formation : améliorer la participation des salariés (donner plus de poids aux voix individuelles et renforcer les formes de représentativité et d'action collective pour contribuer aux décisions qui façonnent l'environnement de travail, la formation et le développement professionnel), organiser le travail de sorte que les absences dues à la formation ne pénalisent pas l'efficacité de l'équipe, organiser les liens entre la fonction RH et les managers opérationnels pour faciliter les politiques qui donnent la possibilité de se former et d'appliquer en situation de travail les connaissances dispensées en formation. L'objectif est donc de concilier les contraintes des différentes catégories d'acteurs et de permettre une réelle participation des salariés.

D'autres études ont cherché à prendre en compte l'environnement de travail plus global pour rendre compte de l'avancement des apprentissages avec le numérique dans un contexte professionnel (Boboc, Metzger, 2019a ; Boboc, Metzger, 2019b). C'est, par exemple, le cas des études récentes qui se sont appuyées sur l'approche par les capabilités d'Amartya Sen (voir également le chapitre 1). La notion de capabilité renvoie à la latitude effective (et non théorique ou légale) dont dispose une personne. A. Sen fait ainsi la distinction entre des capacités qui relèvent du savoir-faire quelque chose et des capabilités qui renvoient au fait d'être en mesure de faire quelque chose (Sen 1999a-b). La capabilité est avant tout le résultat de processus sociaux dont le déroulement dépend des conditions concrètes dans l'environnement des individus qui leur permettent, à un instant donné, de tirer profit des possibilités de l'environnement, tout en s'appuyant sur leurs dispositions préalablement acquises et sur un ensemble des ressources mobilisables (internes et externes à l'individu). Le passage de capacité à capabilité suppose la présence de certains facteurs de conversion : individuels (dispositions, savoirs, savoir-faire), sociaux (contexte sociopolitique et culturel, normes sociales) et environnementaux (ex. les infrastructures) (Robeyns, 2000). L'intérêt de ces catégories d'analyse est de pointer ce qui fait défaut et qui passe à première vue inaperçu : si des individus ou des collectifs ne parviennent pas à s'inscrire dans une dynamique d'évolution positive, cela ne s'explique pas seulement par l'état présent de leurs compétences et appétences, mais avant tout par les privations qui ont marqué leurs parcours (manque de ressources) et par le décalage entre leurs dispositions et les cadres d'action actuels (facteurs de conversion absents).

D'autres chercheurs, comme Pierre Falzon, ont cherché à rendre opérationnel le concept de capabilité, en développant la notion d'« environnement capacitant » qui désigne un environnement qui fournit « aux individus l'occasion de développer de nouveaux savoir-faire et de nouvelles compétences, d'élargir leurs possibilités d'action, leur degré de contrôle sur leur tâche et leurs modes opératoires, c'est-à-dire leur autonomie » (Falzon, 2005). Solveig Fernagu Oudet l'utilise, par exemple, pour étudier un dispositif d'échange de savoirs au sein d'une entreprise (Fernagu Oudet, 2012).

Appliquée au domaine de la formation, cette approche permet de rappeler que, dans un environnement fortement évolutif, la possibilité d'apprendre et d'être en mesure de mobiliser ces nouvelles connaissances à bon escient dépend des facteurs de conversion individuels (dispositions acquises liées à l'âge, aux expériences, au niveau de formation, etc.), sociaux (identité professionnelle, normes de travail liées au métier, à l'équipe, etc.) et environnementaux (moyens techniques, organisation du travail et du temps de travail, position dans la division du travail et la hiérarchie, politique sociale de l'entreprise, etc.), comme le montrent plusieurs auteurs (Fernagu Oudet, 2012 ; Boboc, Metzger, 2016 ; Corteel, Zimmermann, 2007). L'élaboration d'un cadre d'action « capacitant », offrant des possibilités effectives de choix, se complique du fait des changements fréquents (techniques, organisationnels, gestionnaires, etc.).

Ainsi, l'approche par l'« environnement capacitant » appliquée à la formation professionnelle insiste sur la dimension organisationnelle. Elle permet de montrer à quel point les dimensions technologiques, pédagogiques et organisationnelles sont imbriquées. Elle souligne, en particulier, l'importance de l'imbrication des usages pédagogiques du numérique dans l'organisation plus globale du travail.

4.3. Les inégalités dans le suivi des formations avec le numérique : facteurs individuels, collectifs et organisationnels

Les inégalités face à l'usage des dispositifs numériques dans la formation professionnelle sont aussi bien d'ordre socio-économique, liées à l'accès à des équipements numériques (ordinateurs et téléphones mobiles connectés à internet), que d'ordre social, liées au contexte d'usages (voir également le chapitre 2). Si les inégalités en termes d'accès se sont atténuées au fil du temps avec la généralisation des équipements, les inégalités d'usage varient encore beaucoup en fonction des contextes sociaux et culturels des utilisateurs. Les conditions dans lesquels se déroulent les formations avec le numérique (notamment la distance et les temporalités) influent aussi sur les modes d'apprentissage. En nous appuyant sur l'approche par les capabilités, nous pouvons dire que l'identification des facteurs de conversion contribue à l'identification des conditions socio-organisationnelles permettant aux salariés d'« être en mesure d'apprendre » (Boboc, Metzger, 2019a ; Boboc, Metzger, 2019b).

Au niveau des facteurs individuels, le triptyque « niveau initial de diplôme-parcours antérieur-poste occupé » est déterminant : il se reflète sur l'autonomie que la personne a dans son travail, et donc sur l'organisation de son temps (par exemple, pour maintenir des plages horaires dans son agenda pour les formations numériques). L'aisance de la personne avec les outils numériques, le fait d'avoir suivi d'autres formations en ligne et d'avoir les dispositions requises pour apprendre seul jouent aussi dans le suivi de la formation (ex. ne pas se noyer sous la masse des informations et des vidéos disponibles, savoir rechercher rapidement une information, savoir revenir en arrière quand cela s'avère nécessaire...). Toujours au niveau individuel, les motivations des apprenants sont aussi très importantes pour le suivi de la formation.

Motivations à apprendre avec le numérique en contexte professionnel : entre « abandon subi » et « abandon choisi »

L'étude des usages d'un COOC (*Corporate Online Open Course*), permet d'illustrer cette dimension. Ce COOC, qui s'adressait à des formateurs, proposait pendant six séquences (chaque séquence durant une semaine) du contenu (texte ou vidéo). Chaque séquence était validée par un quiz permettant d'obtenir un « badge de connaissances » (chaque quiz peut être recommencé trois fois, ce qui permet d'atteindre un meilleur score). À la fin des six semaines, les apprenants rédigeaient un mémoire selon une structure préétablie, portant sur la numérisation d'une formation existante ou à créer. Pour obtenir le « badge de compétences », à la fin du COOC, les apprenants devaient aussi évaluer le mémoire de trois apprenants anonymisés.

Le COOC présentait un fort taux d'abandon, qui a pu être en partie expliqué par le fait que cet abandon n'était pas toujours vécu comme un échec pour les participants (Boboc, Metzger, 2019b). Si, dans certains cas, l'abandon a pu être subi (les apprenants avaient choisi cette formation parce qu'elle était certifiante et qu'ils pensaient pouvoir la valoriser, plus tard, lors d'un entretien de recrutement ou d'évolution de carrière), dans d'autres cas, l'abandon relève plutôt d'un choix (les apprenants ne cherchant pas à être certifiés, leur but est simplement d'exploiter des opportunités offertes par le COOC – ex. apprendre à construire un quiz en flash code). Ainsi, certains apprenants se sont en effet inscrits davantage pour actualiser leurs connaissances en matière d'utilisation du numérique,

que pour chercher à acquérir une certification (selon eux, celle-ci ne serait de toute façon pas reconnue par leur hiérarchie). En explorant les possibilités offertes par le COOC, ils intériorisent le discours qui les présente comme acteurs de leurs parcours de formation et de leurs apprentissages. Une partie des apprenants vient simplement chercher dans ce COOC des informations, comme dans une bibliothèque, puisqu'ils préparent, par ailleurs, une certification universitaire ou bien, certains ayant des enfants en difficulté à la maison, ils espèrent trouver de nouvelles idées pour aider leurs enfants. Tous ces apprenants ne sont venus que piocher quelques informations utiles et n'ont pas l'impression d'abandonner s'ils ne sont pas allés jusqu'à la fin du COOC. Leur abandon est « choisi ». D'autres, en revanche, persévèrent pour aller jusqu'à la fin du COOC, en espérant que la certification ainsi obtenue pourra leur servir dans un entretien d'évolution professionnelle, à côté d'autres certificats internes, voire des diplômes universitaires acquis hors temps de travail. Pour eux, un éventuel abandon est un « abandon subi ». D'autres études ont mis en évidence que l'obtention de cette certification peut jouer sur la « marque personnelle », en la faisant apparaître sur un profil de réseau social visible (comme LinkedIn), par exemple (Dejoux, Charrière-Grillon, 2016).

La mise en évidence des facteurs sociaux et organisationnels permet d'identifier les conditions auxquelles les apprentissages peuvent faire sens et être mobilisés en situation de travail, dans des « organisations durablement capacitantes » (Boboc, Metzger, 2016 ; Zimmermann, 2011).

Ainsi, au niveau des facteurs de conversion sociaux, le fait de bénéficier de soutien, d'entraide, d'échanges informels renforce la probabilité de suivre jusqu'au bout les formations à distance, ainsi que le fait d'appartenir à des réseaux métier transverses, qui implique des réunions et des échanges de pratiques. Ces lieux sont souvent l'occasion de discuter de la mise en pratique des apprentissages.

Les managers ont aussi un rôle important dans l'organisation des temps (accorder le temps nécessaire pour se former, mettre en place des moments de partage autour des connaissances acquises et de leur mobilisation dans l'activité, organisation des discussions collectives autour des connaissances dispensées en formation, valorisation des formations, aide à la mise en œuvre des savoirs, etc.). Il s'agit ici de la capacité de la ligne managériale à entendre ce qui vient du bas et à engager collectivement des transformations. C'est ce qu'A. Sen appelle *« capability for voice »* (Lambert, Vero, Zimmermann, 2012), la capacité pour les salariés d'exprimer leurs opinions et de faire en sorte qu'elles comptent.

Enfin, au niveau des facteurs de conversion organisationnels, les politiques de formation qui intègrent la nécessité d'accompagner les salariés les moins qualifiés ou les moins autonomes sont importantes.

De même, le fait que les formations soient conçues en adaptation avec l'activité (en alternant distanciel et présentiel, en étant associées à d'autres dispositifs d'échange ou de suivi sur le terrain), en lien avec les parcours d'évolution internes, et qu'elles soient regroupées dans des parcours de formation qui affichent les liens entre formations, augmente les chances de voir l'apprenant finir la formation. Faute de telles mesures institutionnelles, les connaissances dispensées sont considérées comme des informations générales sans application opérationnelle précise et sans réelle « valeur » en termes d'évolution professionnelle.

Une autre lecture de ces facteurs de conversion peut se faire en termes de régulation. Quatre types de régulations interdépendantes favorisent ces apprentissages (Benedetto-Meyer, Boboc, Metzger, 2019a) : régulations individuelles, régulations institutionnelles (qui conduisent au cadre donné par les politiques de formation en matière de budget, articulation avec la politique d'évolution professionnelle, reconnaissance des compétences acquises, etc.). Ces régulations vont asseoir le cadre pour les régulations collectives (échanges, partage, soutiens informels...) et organisationnelles (qui relèvent, notamment, de l'action managériale de proximité).

Ces régulations sont également indispensables pour pallier la forte dispersion, voire polarisation, des possibilités d'apprendre et pour réduire les inégalités qui en découlent.

Un autre angle de l'analyse des inégalités dans la formation est lié aux stéréotypes qui entourent le rapport des jeunes et seniors à la technologie.

De nombreuses études montrent qu'au-delà de 55 ans, à caractéristiques d'emploi identiques, les « seniors » suivent significativement moins que leurs cadets les formations institutionnelles (Demailly, 2016). Le moindre accès des « seniors » à la formation est-il amplifié par l'essor des formations numérisées ? Une recherche, réalisée en 2018 pour la Dares auprès de quatre entreprises différentes ayant mis en place des dispositifs de formation numériques, apporte quelques éléments de réponse (Benedetto-Meyer *et al.*, 2018).

La définition du terme même de senior reste très floue : elle varie en fonction des mesures prises par les pouvoirs publics ou les partenaires sociaux[7]. En outre, dans certaines entreprises, il peut même désigner les salariés à partir de 45 ans. Les stéréotypes d'âge, omniprésents, confortent ce rapprochement entre le faible accès à la formation des seniors et le développement des formations numérisées (avec un effet performatif, comme présenté dans le chapitre 2). La recherche montre que les formations numériques sont conçues et dispensées essentiellement pour les plus jeunes salariés, et que, si elles s'adressent aux plus de 50 ans, ce sont surtout les cadres et les plus diplômés qui sont visés. Pour autant, l'effet de l'âge n'a pas pu être perçu comme un élément différenciant les participants dans leur perception de la formation, ni dans la mobilisation de son contenu en situation de travail (Benedetto-Meyer, Boboc, Metzger, 2019b).

Une fois de plus, ces recherches montrent que la réussite des apprentissages avec le numérique dépend des contextes et des configurations socio-organisationnelles dans lesquelles la formation a lieu. L'apprentissage n'est donc pas seulement le résultat d'un bon dispositif numérique et pédagogique, de l'âge ou de bonnes dispositions individuelles. Jeunes et seniors peuvent autant apprendre avec le numérique en situation de travail (en donnant du sens aux connaissances dispensées et en les mettant en œuvre).

4.4. Des nouveaux rapports aux savoirs

La formation est, on l'a vu, tendanciellement traversée par deux tendances fortes. Le numérique accroît, d'une part, l'industrialisation des formations : celles-ci sont dispensées de manière « massive » (les MOOC par exemple, revendiquent dans leur nom même ce caractère), l'accès et le suivi sont gérés par des « *learning management system* » (plateformes qui gèrent l'inscription, l'accès à la formation, son suivi, son évaluation et les traces des parcours de formation). Mais le numérique conduit aussi, par ailleurs, à des formes d'individualisation des formations : les discours insistent sur la responsabilisation de l'apprenant dans son parcours professionnel et de formation, le choix des modalités de suivi (temps, lieu, ordre, inscription dans l'activité) est laissé à la main

7. Les seniors seraient les 55-64 ans de la stratégie européenne pour l'emploi, les plus de 50 ou les plus de 55 ans dans le décret d'application de la loi de financement de la Sécurité sociale 2009, les plus de 45 ans pour la formation continue (entretien de seconde partie de carrière préconisé dans l'accord national interprofessionnel d'octobre 2005).

de l'apprenant, les interactions peuvent être personnalisées (par la possibilité d'interagir ponctuellement avec un formateur, en synchrone ou asynchrone).

Ces tendances interrogent les transformations du « rapport aux savoirs » avec la numérisation des formations, et plus particulièrement la tendance au développement d'un rapport instrumental aux savoirs (Boboc, Metzger, 2019c). Dans ce rapport instrumental, l'acquisition de savoirs est mise au service d'autres objectifs que ceux de la connaissance, en visant les savoirs et savoir-faire (jugés) strictement nécessaires à l'exécution de tâches. Dans cette perspective, certains dispositifs de formation numérique et pédagogique, conçus pour que le temps d'apprentissage soit le plus court possible, visent à faire acquérir uniquement des schèmes d'action opératoires, élémentaires, centrés sur l'exécution d'une succession de tâches, donc faiblement transférables. Cette approche limite l'acquisition ou l'enrichissement de méta-compétences, réduit les progrès dans l'abstraction et les possibilités ultérieures d'évolution.

Ce rapport s'oppose à un rapport aux savoirs réflexif, qui peut être également présent dans certaines formations numériques. Dans ce cas, le fait d'apprendre demeure une fin en soi et l'appropriation de méta-compétences est recherchée au même titre que les compétences spécifiques. La pédagogie et le dispositif de formation sont conçus de manière à ce que l'individu fasse des liens entre différents domaines, thématiques, systèmes explicatifs. L'objectif est alors de prendre du recul et replacer dans leur contexte les situations de travail, de favoriser la capacité à élaborer des diagnostics sur des situations variées, à identifier et résoudre des incompatibilités ou des contradictions entre les protocoles prescriptifs et les cadres pertinents d'action. Cette façon d'apprendre passe par une construction sociale des savoirs, qui s'appuie sur des échanges avec les formateurs, les autres apprenants, les pairs, les collègues, aussi bien en formation qu'en situation de travail.

Comme pour tout idéal-type, ces deux rapports à la formation ne se rencontrent pas de façon aussi tranchée dans la réalité, chaque configuration comprenant une part variable de chaque attitude.

Avec le développement d'un rapport instrumental, une nouvelle étape serait franchie dans le processus d'industrialisation de la formation.

4.5. La gamification des formations et les nouveaux dispositifs techniques pour la formation professionnelle

Parmi les dispositifs techniques et pédagogiques qui modifient le rapport aux savoirs, on compte aussi ceux qui visent la gamification croissante des formations (Michel, McNamara, 2014). Par ce terme, on entend des processus qui cherchent à introduire des formes pédagogiques ludiques (jeux de rôles, jeux de construction, énigmes...). Cette tendance marque les formations dans leur ensemble, au-delà des seules formations à base de numérique. Mais les jeux sont particulièrement présents dans les formations numérisées, en proposant, par exemple, des mises en situation, des quiz, etc. L'analyse des discours de promotion de cette gamification (Seurrat, 2017) montre que le jeu est censé permettre « d'apprendre sans s'en rendre compte », en éprouvant du plaisir (ce qui favoriserait la motivation et l'implication), à l'opposé du modèle du cours magistral, repoussoir des nouveaux dispositifs de formation. Le côté novateur et surtout l'efficacité pédagogique de ces dispositifs semblent aller de soi. Pourtant les travaux témoignent aussi des difficultés pour les participants face aux formations ludiques : d'une part, lorsqu'ils participent à des *serious game* ou ateliers de simulation, il leur est parfois difficile de faire le lien entre les situations simulées et réelles (Seurrat, 2017). Par ailleurs, la naturalisation de l'appétence pour le jeu est aussi discutable, tous les apprenants n'étant pas avides de jeu et prêts à jouer pour apprendre. Dans certains cas, à l'inverse, les apprenants peinent à se détacher des contextes réels de travail pour entrer dans le jeu. Ainsi, les relations antérieurement nouées entre les participants peuvent influencer leurs attitudes pendant le jeu. En ce sens, Lydia Martin montre, par exemple, comment un *serious game* (un simulateur de vol en hélicoptère), dans le cadre d'une formation managériale, est vécu par certains comme une évaluation et non pas comme une opportunité d'évolution professionnelle (Martin, 2017).

Le risque est alors pointé que les formations soient finalement perçues comme des « gadgets », perdant au fond leur sérieux et leur crédibilité. Plus encore, certains travaux montrent que les salariés prennent avec distance les modules en ligne qui leur sont proposés, qu'ils estiment être des formations « au rabais », qui répondent avant tout à des objectifs de réduction de coûts des formations qu'à des enjeux d'innovation pédagogique (Benedetto-Meyer *et al.*, 2018).

Associé à la forte individualisation des parcours de formation, le numérique peut finalement conduire à une prise de distance des apprenants, qui développent un rapport instrumental à la formation : ils viennent y chercher des éléments précis, applicables immédiatement, que cela soit dans leur activité actuelle, dans leur parcours professionnel futur ou, plus largement encore, dans leur vie professionnelle et personnelle.

De nouveaux dispositifs techniques, comme la réalité augmentée et la réalité virtuelle, font leur apparition dans la formation professionnelle, permettant de représenter des phénomènes, visibles ou pas, et ainsi tentant de reproduire ou d'enrichir les représentations de la réalité pour offrir aux salariés des supports originaux pour l'apprentissage. Il s'agit souvent des immersions et des mises en situation : formation à la prise de parole devant un public virtuel, sensibilisations pour prévenir (ex. sexisme ordinaire entreprise), préparation des médecins pour des opérations complexes, préparation des techniciens qui doivent intervenir chez des clients, pour dépanner ou sur des commutateurs qu'ils n'ont eu pas l'occasion de voir sur le terrain, etc. Ces solutions appellent à de nouvelles études pour mieux comprendre l'ajustement des situations d'apprentissage vécues dans l'environnement virtuel à la réalité du travail.

4.6. Les transformations du métier de formateur

Avec l'introduction de la distance et du numérique, les formateurs voient leur métier transformé sans que cela n'ait été anticipé (Dejoux, Charrière-Grillon, 2016 ; Boboc, Metzger, 2016). Les discontinuités spatio-temporelles et interrelationnelles dont nous avons parlé jusqu'à présent influencent aussi leur métier. Faute de présentiel, les formateurs ont plus de mal à saisir le profil des apprenants (d'autant plus difficile que leur nombre est bien plus important qu'en présentiel) et à avoir une vision globale de leur avancement, donc à les accompagner. Les échanges qu'ils avaient en présentiel avec les apprenants se transforment en échanges écrits, sur les forums, ou en échanges téléphoniques, lors de la réunion pendant laquelle les apprenants peuvent faire des retours sur la formation et poser des questions. Or ceux qui s'exprimaient n'étaient pas ceux qui avaient des difficultés, mais plutôt ceux qui étaient à l'aise pour parler du déroulement de leur semaine, des découvertes faites sur le COOC. Dans ce cadre, le rôle du formateur change : ils ne sont plus des experts qui dispensent des connaissances, mais des « animateurs ». Ils font des synthèses des échanges, mais plus le temps passe et les écrits s'accumulent sur le forum, plus il leur devient difficile de s'y retrouver. Ils doivent apprendre à gérer les interventions qui posent problème sur le forum. Ils doivent trouver de subtils équilibres entre laisser les autres répondre ou apprendre à répondre, et ralentir la dynamique des échanges : apprendre à relancer, à répondre ni trop tard, ni trop vite, apprendre à inciter à la constitution d'un réseau... Cela entre en tension avec l'identité professionnelle des formateurs ayant fondé leur professionnalité sur la maîtrise de savoirs techniques et sur leurs liens avec les apprenants. Leur temps d'intervention n'a plus l'unité de celui en présentiel. Ils doivent gérer les différents rythmes d'avancement des apprenants sur le forum. En cherchant à être réactifs pour encadrer les échanges des apprenants sur le forum qui se poursuivent parfois en dehors des horaires de travail, les formateurs sont contraints d'y intervenir, eux aussi, à n'importe quel moment. Il est ainsi attendu des formateurs-animateurs qu'ils « gèrent » leur degré de disponibilité, sans que soient fixées *a priori* des limites. Comme d'autres salariés, le cas des formateurs valide au fond l'hypothèse formulée par Sophie Pène, selon laquelle les usages contemporains de nombreux dispositifs de travail font entrer les salariés dans « une société de disponibilité », où il faut « être là, répondre dans l'instant, mener tous les fils ensemble avec tous les êtres du co-travail, (...) rester disposé et disponible » (Pène, 2005). Cet impératif de disponibilité apparaît lui-même comme une variante de la servitude imposée par le flux tendu généralisé (Durand, 2004).

Conformément aux discours managériaux qui accompagnent la mise en place des outils numériques, les concepteurs présentent les formations numériques comme vecteurs de collaboration entre des personnes, même si elles n'ont pas l'habitude de travailler ensemble. Mais, dans les faits, le cloisonnement entre conception et animation est fort. Les formateurs ne participent que ponctuellement à la conception des dispositifs et manquent souvent de temps pour se coordonner entre eux (s'ils interviennent par exemple à tour de rôle au cours d'une formation longue). Sans allocation du temps dans les plannings des formateurs, il leur est difficile de se réunir et constituer une équipe qui s'occupe de la conception et de l'animation sur la durée.

La mise en place d'outils numériques dans les formations nécessite donc de repenser l'organisation du travail et les pratiques managériales, de manière à :

1) assurer la participation des formateurs-animateurs à la conception des dispositifs pédagogiques ;
2) avoir une même équipe qui conçoit et anime le dispositif ;
3) reconnaître formellement la nécessité « d'apprendre à animer à distance » ;
4) valoriser le temps de préparation des animations ;
5) cadrer leur temps d'intervention, sans nuire à la dynamique des échanges et inscrire les dispositifs de type COOC dans des parcours de formation clairement identifiés ;
6) rééquilibrer le « tout-à-distance » par du présentiel, ce qui permettrait aux formateurs-animateurs d'avoir prise sur les contenus qu'ils cherchent à dispenser et un meilleur suivi des apprenants, tout en consolidant des métiers en organisant des discussions collectives, au sein de réseaux d'animation dédiés, par exemple (Boboc, Metzger, 2016).

La construction, le déroulement et le suivi de formations dépendent, eux aussi, des facteurs individuels (ex. aisance avec les dispositifs numériques et pédagogiques, expériences passées de suivi – en tant qu'apprenants – d'une formation en ligne ou d'encadrement d'une telle formation), collectifs (capacité à atténuer des discontinuités interrelationnelles en organisant la construction de liens sociaux entre apprenants en présentiel) et organisationnels (cadrage de leur temps d'intervention, allocation d'un temps de préparation et d'animation spécifique...). La mise en capabilité des formateurs influence la mise en capabilité des apprenants dans leur processus d'apprentissage, car elle influe sur le sens que ces derniers donnent à ces apprentissages et les transferts qu'ils opèrent vers la situation de travail. Les environnements capacitants des apprenants et des formateurs s'alimentent réciproquement (Boboc, Metzger, 2015).

Conclusion

Ce chapitre montre comment les outils de la fonction RH suivent, eux aussi, l'emprise croissante des dispositifs de gestion en entreprise. Ce mouvement rappelle sans cesse les efforts soutenus des utilisateurs pour trouver une juste mesure entre la standardisation imposée par les outils et les pratiques effectives. D'une manière plus générale, la sociologie de la gestion et celle des organisations ont souligné cette tension pour les différentes fonctions de l'entreprise.

Par ailleurs, les freins à l'appropriation de ces outils RH sont importants, notamment pour ceux qui cherchent à mobiliser l'IA. Il s'agit aussi bien de la qualité et la quantité des données traitées, de l'opacité de l'algorithme (accentuée par les réticences des prestataires à dévoiler les « ficelles » de leurs algorithmes considérés comme des avantages concurrentiels, par la complexité de ces algorithmes qui produisent des résultats que parfois même les concepteurs n'arrivent pas à comprendre, ainsi que par la méconnaissance qu'ont les RH des techniques statistiques et informatiques employées), que des spécificités des métiers RH et des représentations que les acteurs ont de leur métier (en fonction, par exemple, de leur ancienneté et des populations dont ils s'occupent). Parmi ces freins, le plus important, peut-être, est le fait de chercher à exprimer par des nombres ce qui auparavant était exprimé par des mots : sortir des compétences et expériences de leur contexte, afin de les standardiser pour comparer, n'est pas neutre, et peut conduire à une perte de sens dans le travail.

Si, à leur début, les instruments RH ont contribué à l'éloignement des pratiques des entités métier, les nouveaux outils IA RH tentent un nouvel éloignement qui est celui des RH de leurs propres pratiques. Le risque qu'introduit l'IA est de franchir une nouvelle étape dans l'éloignement du réel, d'où l'importance des marges laissées aux acteurs pour opérer des compromis entre travail réel et représentation chiffrée de ce travail.

La numérisation de la formation conduit, elle aussi, à un éloignement des formateurs de leur identité de métier. En contribuant au développement d'un rapport instrumental à la formation, sans le rééquilibrage que le présentiel apporte dans les apprentissages, cette numérisation peut engendrer des risques pour les salariés, en affaiblissant le développement de leurs compétences à long terme. Elle est aussi source d'inégalités entre salariés, notamment dans leur passage d'un savoir apprendre (capacité) à être en mesure d'apprendre (capabilité). Ces inégalités ne reposent pas uniquement sur la volonté des individus ou sur les différences de leurs dispositions. Elles dépendent de l'organisation du travail et de la formation. Elles sont donc intimement liées aux choix techniques, pédagogiques, aux dimensions collectives et organisationnelles des apprentissages, qui sont fortement entremêlés.

Les régulations individuelles, collectives, organisationnelles et institutionnelles (qui impliquent des aspects liés aux politiques de formation, aux parcours de formation, au rôle des managers dans la formation, aux espaces de discussion collective...) sont essentielles pour des apprentissages mobilisables sur le long terme, auxquels les salariés donnent du sens et qu'ils arrivent à transposer en situation de travail.

Il est donc important de ne pas sous-estimer les multiples facettes du métier de formateur en entreprise, l'importance des relations intersubjectives non médiatisées et les pratiques collectives par lesquelles les acteurs donnent un sens plus large aux savoirs fragmentaires acquis, en préservant ou favorisant les démarches réflexives par lesquelles les formateurs pensent le réaménagement de leurs pratiques.

En cherchant à épouser les discours visant l'autonomisation des salariés, censés devenir les propres maîtres de leur parcours professionnel, ces transformations de la fonction RH et de la formation induisent des discontinuités et engendrent des transformations de l'activité pour lesquelles de nouveaux équilibres sont à trouver dans la construction des liens sociaux (de travail, d'entraide...), entre distance et présentiel, ainsi qu'entre individus et collectifs.

Chapitre 7

Numérique et relation marchande : transformations du marketing et de la vente

Ce dernier chapitre interroge les transformations des relations entre les entreprises et leur clientèle ou leur marché. Au croisement de la sociologie économique, de la sociologie de la consommation et de la sociologie du travail et des organisations, il s'agit d'interroger ce que le langage managérial nomme les transformations de « la relation client ». En sociologie, les travaux font référence tantôt à la « relation de service » (Weller, 2012), à la « relation marchande » (Beuscart *et al.*, 2019) ou à la « relation de clientèle » (Lechien *et al.*, 2017). Le premier terme s'inscrit directement dans la tradition interactionniste (Goffman, 1961) et marque un intérêt appuyé pour l'activité et les engagements réciproques des bénéficiaires et des prestataires dans la relation (Ughetto, 2013b). Le terme de « relation marchande » (Beuscart *et al.*, 2019) fait davantage référence à l'organisation des marchés et au rôle des professionnels comme des consommateurs sur ces marchés. Le terme de « relation de clientèle » enfin (Lechien *et al.*, 2017) propose de mettre davantage l'accent sur l'organisation du travail autour de cette relation, ses modes de gestion, caractérisés souvent par des efforts de rationalisation et de procéduralisation des interactions.

Le numérique a incontestablement changé ces trois dimensions de la relation entre offreurs et prestataires de services : les interactions sont médiatisées par des écrans qui modifient la manière dont se déroulent les échanges, leur temporalité, et les formes d'engagement dans la relation ; l'organisation des marchés a été bouleversée par l'e-commerce et par la plateformisation des échanges marchands depuis quelques années. L'organisation du travail enfin connaît de profondes modifications avec l'apparition d'outils de gestion qui ne cessent de voir se jouer des rapports de force internes autour de la maîtrise de la connaissance et de la gestion de la clientèle. On entend souvent dire qu'avec le numérique, les clients, en ayant accès à plus d'informations, plus de canaux d'achat, plus de moyens de se plaindre ou de donner leur avis sont devenus plus exigeants, voire même qu'ils ont pris le pouvoir dans les organisations. Quelle importance accorder à ces discours ? Quelle incidence cela a-t-il sur les métiers de la relation client, sur ceux qui traitent et gèrent les données relatives aux clients d'une part, ceux qui assurent les interactions avec la clientèle, d'autre part ? Quels sont les enjeux organisationnels de ces mutations ?

Nous proposons quelques éléments de réponse dans ce chapitre, en nous intéressant tout d'abord à ce que la captation, le traitement et l'accès aux données des clients ont changé, dès les années 2000, dans la réalisation de ce qu'on a appelé la « gestion de la relation client » et la montée en puissance du marketing. Dans un deuxième temps, on s'intéressera aux conséquences pour les métiers de conseil et de vente qui assurent ce qu'on appelle le « front office », c'est-à-dire qui sont au contact de la clientèle que cela soit dans les boutiques, magasins ou les centres d'appels, et dont les activités se recomposent avec le numérique.

1. L'enjeu des données clients et la transformation du marketing : capter, fidéliser, prédire

Le marketing est une fonction en entreprise, mais aussi une discipline scientifique qui s'est forgée tout au long du XXe siècle (Cochoy, 1999), en s'appuyant sur des connaissances et des techniques de plus en plus sophistiquées pour analyser le comportement des consommateurs et améliorer les relations entre les entreprises et leur marché. Dès les années 1950, l'informatique apparaît comme une ressource pour cette discipline en quête de légitimité : elle lui permet d'outiller ses pratiques et d'être mieux reconnue dans la sphère académique, comme dans les entreprises. C'est aussi au milieu du XXe siècle que le leitmotiv du « client roi » fait son apparition et que sa satisfaction devient un enjeu de la relation (Donada, Nogatchewsky, 2010). Pour nombre d'organisations, cette centralité du client fait du marketing une fonction majeure, et modifie en conséquence les relations entre marketing et vente. La « relation client » ne consiste plus à écouler des produits sur le marché, mais à connaître les consommateurs, à leur adresser des produits adaptés à leurs besoins et leur budget (grâce aux techniques de segmentation), à communiquer avec eux, à les fidéliser et à répondre à leurs interrogations tant en matière de décision d'achat que dans la gestion de leur contrat, d'assistance ou de réclamation. Le numérique s'invite peu à peu au sein de chacune de ces étapes et bouleverse la gestion de la relation entre une entreprise et sa clientèle.

1.1. Centraliser les données, renforcer le pouvoir du marketing

Dans les années 1990 et 2000, l'informatique de gestion, que nous avons présentée au chapitre 4 avec le développement des ERP, permet au marketing de s'appuyer sur des outils dits de CRM ou *customer relationship management* (gestion de la relation client), qui reposent sur la constitution de bases de données sur les clients. Ces données proviennent des achats en caisse, de l'utilisation de cartes de fidélité et bons de réduction, ou de toute « trace » laissée par les clients (appels du service après-vente par exemple...).

Le CRM a participé comme tous les autres logiciels de gestion (ERP, SIRH...) à la centralisation des informations et à leur traitement : les bases sur les clients peuvent, dans certains cas, être articulées à d'autres bases d'informations en entreprise (comme les données sur les ventes par produit, par vendeur, etc.), afin de réaliser une comptabilité extrêmement précise des activités. La diffusion de ces outils dans les grandes entreprises dans un premier temps, puis dans les plus petites organisations par la suite, a permis aux services marketing d'accroître leur pouvoir, voire leur centralité au sein des organisations, puisqu'ils sont en charge de la captation des données et de leur traitement. Trois conséquences majeures émergent de la diffusion du CRM.

Tout d'abord, le marketing a pu affiner considérablement, grâce à ces outils, ses techniques de segmentation et de profilage des produits et services, et, partant, a fait évoluer l'organisation des modes de distribution ou de communication auprès des clients. Les opérations de cloisonnement ou, à l'inverse, de rapprochement des services permettent alors de s'adapter aux différents segments de marchés identifiés, de se spécialiser par types de produits ou de services (Kessous, Mounier, 2014). Cette rationalisation a été le point de départ de la diversification et de la spécialisation des différents « canaux de vente », c'est-à-dire des points d'interactions des clients avec l'organisation (téléphone, mail, internet), donnant naissance, dans les années 2000, à des organisations dites « multicanales » (Vanheems, 2015).

Une autre transformation majeure liée au CRM réside dans l'injonction faite aux professionnels au contact des clients (vendeurs, conseillers, techniciens...) de saisir un certain nombre d'informations sur la clientèle pour alimenter les bases (par exemple, la date de rendez-vous ou bien des données sociodémographiques sur les clients). Or ces informations n'étaient auparavant pas partagées : les conseillers ou vendeurs en étaient les seuls détenteurs. Ainsi à la Poste, « le fichage impose aux conseillers financiers de transmettre les informations obtenues à leur hiérarchie de manière à donner à celle-ci un droit de regard sur une relation jusque-là très personnalisée » (Vézinat, 2011, p. 35). Dans une entreprise d'assurances où les vendeurs détenaient leur « portefeuille » de clients (qui leur étaient d'ailleurs fidèles... et susceptibles de suivre leur conseiller si celui-ci changeait de compagnie d'assurances), le fait de remonter, via le logiciel de CRM, toutes les informations relatives aux clients a radicalement dépossédé les vendeurs de leur pouvoir et a transformé leur place dans l'organisation (Benedetto, 2003).

Il s'agit donc bien, à travers ces outils, de neutraliser le pouvoir des vendeurs et, ce faisant, de normaliser leurs pratiques, qui étaient fondées sur la relation interindividuelle. Avec le CRM, l'idée est de remplacer l'interconnaissance entre professionnels et clientèle, perçue comme insuffisante, biaisée, voire néfaste, par une connaissance qui se fonde sur les bases de données.

La relation client prend enfin le chemin, en lien avec ce que nous venons d'énoncer, vers de la rationalisation, de la procéduralisation, voire de la standardisation (soulignées à propos des outils de gestion en général, au chapitre 4), les formes de l'interaction devenant parfois elles-mêmes prescrites (jusqu'à devenir des scripts, comme nous le verrons avec les centres d'appels). Les personnes en charge des clients deviennent en cela interchangeables, comme les ouvriers des organisations tayloriennes dans l'univers industriel, niant au fond ce qui fait le propre de la relation de service, c'est-à-dire l'interaction et la co-production, dans l'échange, du service.

1.2. Traiter les données, segmenter, prédire : la « personnalisation de masse » ?

Si le CRM standardise les formes de l'interaction, il ne s'agit pas pour autant de délivrer des produits eux-mêmes standards. Bien au contraire, le CRM permet de proposer des biens et services adaptés, voire personnalisés. La notion de « personnalisation de masse » (Ambada, 2014 ; Kotras, 2020) permet de désigner, sous cet oxymore, cette nouvelle forme de proximité et d'ajustement de l'offre qui se fonde non plus sur la co-production du service au cours de l'interaction (Gadrey, 1992), mais sur la segmentation des bases de données et une offre de biens « customisés » en multipliant les modules, options et autres sources de personnalisation des produits.

Dès 1998, Pierre-Jean Benghozi s'interrogeait sur la pertinence de cette démarche qui « recherche la proximité avec le client tout en l'éloignant » : le « client » ne fait plus l'objet de savoirs acquis, enrichis, transmis en situation de travail par le personnel de contact. Il devient une abstraction, un ensemble de données à traiter et se désincarne (Benghozi, 1998).

Le CRM ne permet donc pas seulement de « récupérer les données clients », il permet de les analyser, de les traiter et, partant, de proposer des offres plus ciblées (grâce à la segmentation des clients), voire même de prédire leur comportement et, là encore, d'affiner le choix des offres à leur proposer. C'est ce qu'on désigne par CRM analytique et qui complète le CRM dit opérationnel (consistant simplement à collecter des données).

Le traitement des données sur les clients a connu plusieurs vagues, avec l'évolution tout d'abord des sources de données elles-mêmes, qui se sont considérablement enrichies au fil des possibilités de « captation » de données clients (de la fiche client aux données sur les usages et les achats aux données aujourd'hui récupérées via les cookies lors des pratiques en ligne des clients, parfois aux données de géolocalisation, voire aux conversations sur les médias sociaux), constituant peu à peu un marché complexe de la donnée (Beauvisage, Mellet, 2020).

La transformation des pratiques du marketing doit aussi à l'essor du *datamining* (littéralement les « fouilles de données »), c'est-à-dire le travail d'extraction, de mise en forme des données et leur modélisation. Les modes de traitement des données ont, en effet, également connu des évolutions fortes. Si l'engouement pour les modèles prédictifs fondés sur des éléments statistiques n'est pas nouveau (Poon, 2007), il prend son essor rapidement avec l'informatique qui permet une analyse fine des pratiques par des corrélations entre variables (par exemple une donnée sociodémographique et une donnée relative au comportement d'achat) permettant la mise en place d'outils de *scoring*, c'est-à-dire l'attribution d'une note ou d'un score à un client. Les banques ont très tôt et massivement utilisé cette méthode en se fondant sur les données personnelles (données administratives, professionnelles, historique de remboursement) pour calculer la probabilité des clients à rembourser leur prêt et à contracter un crédit (Ducourant, 2017). Au-delà, ces données ont progressivement été utilisées pour segmenter la clientèle en fonction de cette « rentabilité » (Lazarus, 2012). Enfin, les scores ont été mobilisés dans les entreprises commerciales pour évaluer l'appétence d'un client à un produit et sa probabilité de répondre favorablement à une proposition commerciale. Dans les centres d'appels, les méthodes de *scoring* sont encore utilisées pour indiquer au conseiller en ligne à quelle catégorie appartient le client appelant (par exemple, s'il est « à potentiel » ou « à risque ») et pour lui signaler, dans le même temps, les actes ou produits à recommander au client (Benedetto-Meyer, 2014).

Depuis une dizaine d'années, avec le développement des *big data*, l'intelligence artificielle et le *machine learning* ont permis de sophistiquer encore les méthodes de modélisation et de prédiction de comportements des consommateurs (Vayre, 2017). De nouveaux types de dispositifs permettent, en effet, d'établir des recommandations non plus sur la base de l'analyse des comportements de clients et par des jeux de corrélations, mais par des algorithmiques d'apprentissage non supervisés où « les humains n'ont plus à définir l'ensemble des règles et des procédures qui doivent permettre l'automatisation des enquêtes sur les consommateurs » (Vayre, Cochoy, 2019). Autrement dit, les algorithmes ne se fondent pas sur la compréhension des comportements à partir d'hypothèses préétablies, mais sur des régularités constatées et modélisées, afin de prédire des comportements. Ces formes de modélisation ne sont pas sans provoquer des inquiétudes sur les risques éthiques liées à la capacité manipulatrice de ces outils et sur leurs effets de reproduction, voire de renforcement des inégalités et stéréotypes (O'Neil, 2018).

Quoi qu'il en soit, ces algorithmes d'apprentissage ont plusieurs effets sur les activités des professionnels du marché et sur l'organisation du travail. Le premier effet est que les algorithmes permettent de réaliser simultanément deux activités au cœur de la fonction marketing : d'une part, capter l'attention des clients (lors d'un parcours sur internet, par exemple), en proposant des offres adaptées, en anticipant leur choix afin « d'économiser leur attention » et, d'autre part, de récupérer des données sur les réactions des clients face à ces propositions pour améliorer encore la performance des algorithmes (Vayre, Cochoy, 2019). Il en résulte une forme d'accélération des temporalités de l'activité et des prises de décision, ainsi qu'un brouillage des différentes étapes jusqu'ici distinctes du travail du marketeur pris dans un « marketing automatisé et instantané ». Le second effet concerne les transformations du périmètre même de l'activité du marketing et la porosité avec d'autres activités. Comment le marketing, dont la légitimité et la centralité dans les organisations commerciales viennent en partie de sa maîtrise des outils techniques et scientifiques, doit composer avec l'expertise d'autres acteurs comme les « datascientists » et « dataminers », aux compétences informatiques pointues ? Les travaux sur ce point mettent en avant plutôt un double phénomène de diffusion et d'hybridation des connaissances relatives aux *big data*. Les outils de recueil, de traitement et de visualisation des données étant largement diffusés au sein des organisations, l'expertise et la connaissance client sont largement distribuées (Cochoy, Veyre, 2016) : la facilité accrue pour réaliser et lire les tableaux de bords ou autres outils de présentation permet à un grand nombre d'acteurs d'être sensibilisés aux enjeux des données, à leur lecture et à leur analyse. Les métiers du marketing sont amenés à dialoguer, contribuer, co-construire parfois les algorithmes avec des dataminers (Kotras, 2020) qui travaillent au sein des start-up ou des grands groupes, qui, eux-mêmes, voient leur activité évoluer pour intégrer les attentes opérationnelles de leurs résultats. On peut donc faire l'hypothèse d'une sorte d'hybridation de l'activité des marketeurs qui intègre ces nouveaux savoirs, à l'instar de ce qu'on voit dans le journalisme qui évoluerait vers un data-journalisme (Parasie, Dagiral, 2013).

Si un rapprochement s'opère entre marketeurs et dataminers, en revanche, l'écart demeure avec le travail des vendeurs ou du personnel directement en contact avec les clients. Alors qu'ils se voient équipés d'outils de recommandation de produits ou de dispositif de visualisation de la segmentation des clients (par des codes couleurs indiquant la fragilité d'un client), les conseillers clients ou les vendeurs sont parfois tentés de réinterpréter les données ou les consignes obtenues grâce aux data, afin de les intégrer dans leurs pratiques. Ils cherchent à leur donner sens, au risque de prendre des corrélations pour des causalités, ou de mettre à l'épreuve des cas individuels les algorithmes fondés sur des traitements de masse (Benedetto-Meyer, 2014). L'incompréhension ou le sentiment d'opacité que cela peut engendrer explique en partie leur faible utilisation, voire leur rejet, le personnel en contact avec les clients se sentant au fond toujours détenteur d'une connaissance (empirique) des clients que le marketing ne saurait concurrencer.

1.3. Satisfaire et fidéliser, gérer l'e-réputation

Si le marketing a développé au cours des trente dernières années de nombreux dispositifs pour connaître les clients et le marché, de leur côté les clients ont également vu se développer et se présenter à leur disposition de plus en plus de moyens d'accéder à des informations sur les produits, les entreprises, les services, que cela soit sur des sites institutionnels de marques ou sur des lieux d'échanges entre consommateurs, échappant parfois au contrôle des entreprises commerciales elles-mêmes. Les systèmes de notes, d'avis et de recommandations se sont multipliés, offrant aux consommateurs d'autres supports pour se renseigner sur un bien, échanger sur les usages et parfois même se dépanner. Nous l'avons dit, la figure de ce « consommateur connecté » (Chabault, 2017), mieux informé et se comportant de manière plus organisée, a pu être érigée comme une menace, entraînant une transformation des rapports de force avec un accroissement du « pouvoir des clients » devenus « acteurs de l'organisation » (Rouquet *et al.*, 2013). Face à cette évolution, les organisations ont fait évoluer les moyens de communiquer, notamment pour répondre aux réclamations ou plaintes des consommateurs.

Bien sûr, les voix des clients, auxquelles le fameux triptyque d'Albert Hirschman « *exit, voice, loyalty* » fait allusion (Hirschman, 1970), requalifiées parfois de « grimaces du client », font l'objet depuis bien longtemps d'un traitement visant la canalisation de ces expressions. Sandrine Barrey soulignait, au début des années 2000, combien « le service consommateurs est un dispositif qui enferme les mécontentements pendant le temps nécessaire à leur traitement et empêche ainsi les recours de prendre une tournure démesurée, de devenir publics » (Barrey, 2002). Mais les modes de gestion des consommateurs ont considérablement évolué au cours des vingt dernières années, entraînant des évolutions de l'organisation interne des services comme celui des réclamations.

Une histoire des réclamations

Retracer l'histoire de ces services dans une grande entreprise de télécommunication a permis à Benoit Giry (2015) de montrer les différents statuts et modes de traitement des réclamations depuis les années 1920. À cette époque, celles-ci étaient considérées comme des anomalies « nuisibles à la productivité » des agents en contact avec les clients et comme la manifestation d'une faute de service. Elles donnaient lieu à des enquêtes afin de déterminer d'où venait cette défaillance et visaient à punir le coupable. Dans les années 1970, les réclamations changent de statut : elles sont davantage perçues comme le signe de dysfonctionnements techniques, de « dérangement » et font l'objet d'investigations dans les installations, visant cette fois la réparation et non la sanction. Enfin, depuis les années 1990, les réclamations sont assimilées à une « insatisfaction » client et sont traitées de manière à prévenir les risques de défection (départ du client) ou de litige. La résolution de la source de l'insatisfaction vise à améliorer le service… et à imputer les coûts de cette insatisfaction dans les process. On voit donc une double tendance émerger : le traitement des insatisfactions passe de plus en plus par des actes de dédommagement et relève donc davantage d'une gestion « relationnelle » que d'une réparation technique, ce qui donne davantage de marges de manœuvre aux chargés de clientèle. Par ailleurs, les réclamations sont davantage intégrées au processus d'amélioration continue. Elles servent de point d'entrée pour réaliser un « travail d'organisation » et de coordination autour de la relation client.

À partir des années 2000, l'informatique a permis aux réclamations de s'exprimer non plus seulement par lettre ou téléphone, mais également par courrier électronique (Licoppe, 2002), ainsi qu'à travers le web et plus particulièrement, à partir du début des années 2010, via les réseaux sociaux numériques. Ces derniers se sont constitués, en quelques années, comme un nouvel espace d'interaction entre les marques et les consommateurs. Thomas Jammet explique que « les médias sociaux numériques introduisent un changement majeur, en permettant aux consommateurs de contourner les canaux destinés à capter et encadrer leur expression. En se déplaçant hors des circuits initialement prescrits par les organisations, la parole des consommateurs force ces dernières à une réactivité inédite » (Jammet, 2019, p. 38). Les outils de CRM, requalifiés dès lors de « CRM 2.0 » ou encore « *social* CRM », entendent tirer parti de cette capacité à « dialoguer avec le client » grâce à ce nouveau canal. De nouvelles agences de marketing spécialisées dans le « *social media marketing* » apparaissent alors dans le champ de la relation client pour se spécialiser autour de trois grands types d'action (Mellet, 2012) : la gestion de la « viralité » (qui consiste à diffuser des informations ou publicités par le bouche-à-oreille ou « buzz » permis par les réseaux sociaux), l'organisation de réseaux d'influence (en communicant, par exemple, auprès de blogueurs ou d'influenceurs sur les réseaux) et l'activité auprès de communautés de consommateurs, créées autour d'une marque ou préexistantes, pour communiquer directement avec les internautes.

Cette période voit alors se multiplier les créations de postes de *community managers*. Ces nouveaux métiers, au positionnement encore flou et à la légitimité difficile à acquérir (Olivesi, 2016), ont en charge la gestion des « communautés de marque » (Amine, Sitz, 2007) sur des pages ou des groupes Facebook ou Twitter des marques. Ces espaces permettent de recueillir les plaintes des clients, de canaliser l'expression de leur mécontentement et de rediriger les demandes vers d'autres services, comme nous le verrons plus loin.

La diversification des canaux entraîne plus que jamais la nécessité d'articuler personnalisation du traitement et coordination interne, tout en assurant une cohérence dans la gestion des différentes entités en charge de la relation client.

Comment faciliter cette coordination ? Si, dans les années 2000, l'organisation de la relation client a eu tendance à cloisonner et spécialiser ses canaux, il s'agit à présent d'offrir plus de souplesse aux parcours des clients pour leur permettre de voir leur demande prise en charge quel que soit leur interlocuteur dans l'organisation, ce que les tenants du marketing désignent par le terme d'« omnicanalité », idéal qui remplace celui de l'organisation « multicanale » (Vanheems, 2015). Ce nouvel impératif exige, bien sûr, que l'architecture informatique soit en mesure de centraliser, d'actualiser les données et de les faire circuler entre les différents interlocuteurs des clients, ce qui n'a rien d'évident. À défaut, il est nécessaire de faire comprendre aux clients le fonctionnement de cette organisation complexe, c'est-à-dire, d'une certaine manière, leur « apprendre » à utiliser les bons canaux pour savoir formuler leur demande, de la bonne manière au bon endroit.

Sous l'effet de ces multiples transformations du marketing et des changements organisationnels visant la fluidité des échanges entre les différents canaux, les métiers « en contact » avec les clients voient également leur contour se redessiner.

2. Commerce en ligne et transformation des métiers de la vente

Les activités classiques de vente et de conseil ont été fortement mises à l'épreuve du numérique, avec des évolutions parfois contradictoires. La diffusion du CRM dans les années 2000 a eu plutôt tendance à promouvoir la rationalisation et la procéduralisation des interactions, arrivées à leur paroxysme avec l'image des centres d'appels « taylorisés ». Mais avec l'e-commerce et, plus largement, le fait que les clients réalisent de plus en plus d'actes (d'achat, de gestion, d'assistance) directement en ligne, la tendance est aussi de redonner une valeur ajoutée aux conseillers clients, qui peut prendre plusieurs formes : expertise, conseil, modération d'échanges entre clients (2.1). Dans les points de vente physiques (boutiques, grands magasins...), l'enjeu est de taille. Il s'agit de trouver une nouvelle définition de la vente et de ses métiers dès lors que les clients peuvent trouver en ligne les moyens de se renseigner, d'acheter, et ne viennent en magasin parfois que pour retirer leurs achats (2.2).

2.1. Centres d'appels : des « usines du tertiaire » au centre de contact multicanal ?

Lorsque les centres d'appels ont pris leur essor, au tournant des années 2000, ils ont très rapidement fait l'objet d'une littérature critique en sciences sociales. Qualifiés « d'usine du tertiaire », érigés en cas emblématique de la néo-taylorisation, les plateaux téléphoniques ont nourri des travaux qui, en France (Buscatto, 2002 ; Cousin, 2002), comme dans la littérature anglo-saxonne (Bain, Taylor, 2000 ; Russell, 2008), pointent l'excès de prescription et de contrôle de ces organisations. Les travaux soulignent également les formes de résistances que les travailleurs y développent. Plusieurs contradictions ou paradoxes de ces modes d'organisation du travail sont mis en exergue. Le téléconseiller subit tout d'abord une forte standardisation des interactions avec ses clients : celles-ci sont procéduralisées sous forme de « scripts » rédigés, dont l'opérateur ne peut s'écarter dans ses échanges avec le client, alors même que les appels sont par nature imprévisibles et nécessitent une forte adaptabilité et personnalisation. Les formes d'évaluation sont-elles aussi contradictoires avec la coexistence d'indicateurs quantitatifs individuels (comme les indicateurs de productivité) et d'autres visant la qualité de la relation (avec la mesure de la « satisfaction clients », notamment...) ? Une forte tension y est enfin décrite entre l'individualisation de la relation et la dimension collective de l'activité de travail (Cihuelo, 2015). À cela s'ajoutent les risques liés à l'agressivité des clients, la charge mentale importante, la perte de sens liée au travail répétitif, aux temps contraints et au contrôle permanent, qui rendent l'exercice de l'activité difficile et la qualité de la relation médiocre. Face à cette vague de critique, sans cesse renouvelée (Woodcock, 2017) et sous l'effet des transformations numériques, l'organisation de ces plateaux téléphoniques a-t-elle évolué ?

Dans une perspective de réduction des coûts, certains centres ont connu une externalisation et une délocalisation, généralement ceux pour lesquels le niveau de qualification était relativement faible, notamment les centres d'appels « sortants » (appels promotionnels, par exemple, en direction de clients ou prospects). Un certain nombre d'interactions ont été, par ailleurs, remplacées dans les centres d'appels « entrants » (recevant les appels, par exemple, pour l'achat, l'assistance, etc.) par des serveurs vocaux interactifs ou automatisés (Velkovska, Beaudouin, 2014) ou plus récemment par des « chatbots » ou robots conversationnels, censés « interagir avec les clients pour coconstruire avec eux l'offre qui leur convient » (Vayre, Cochoy, 2019). Mais les plateaux téléphoniques n'ont pas disparu pour autant. En France, on compte environ 3 500 plateformes (centres d'appels externalisés ou service client interne des marques) et environ 300 000 emplois dans le secteur[1]. En revanche, l'essor du commerce électronique et la sophistication des outils du marketing ont sensiblement modifié la place des centres de contact dans la relation client et transformé les formes d'activité qui s'y déploient.

Ainsi, la diminution du nombre d'appels (au profit du canal web) a provoqué des réorganisations et la fusion de certains centres d'appels. Un grand opérateur téléphonique a ainsi regroupé ses centres jusqu'ici spécialisés sur des offres différentes (téléphonie mobile, internet et fixe). Cette fusion s'accompagne d'un élargissement du périmètre de l'activité

1. Source : SP2C (syndicat des professionnels des centres de contact), « Centres de contact : en croissance et en mutation. Baromètre des impacts économiques, sociaux et territoriaux des centres de contact en France », 2019.

et se traduit par une exigence de polyvalence de la part des conseillers et une expertise accrue (Klein, 2017), rompant avec l'image d'un travail déqualifié. Ces transformations permettent de répondre également à l'objectif de « décloisonner » les entités et fluidifier la circulation des informations concernant les clients. Dans le même temps, le calcul de la rémunération évolue pour tenir compte davantage de la « qualité » du service, mesurée notamment à travers la satisfaction du client (évaluée grâce à des sondages en fin d'appel). Les téléconseillers sont également incités à apprendre aux clients à utiliser les outils en ligne lors de leur prochaine demande, autrement dit leur apprendre… à se passer d'eux, ce qui peut sembler déroutant pour certains conseillers (*ibid.*). Pour autant, on note en parallèle le maintien des indicateurs classiques liés à la vente de produits, ce qu'on appelle le « rebond commercial » (c'est-à-dire la capacité à transformer un appel motivé par un renseignement en une vente), notamment grâce aux offres recommandées ou « pushées », identifiées grâce aux algorithmes présentés plus haut. Les conseillers, enfin, sont évalués sur les renseignements qu'ils saisissent, en fin d'appel, sur les clients. Ces données alimentent en retour les bases de données du marketing pour améliorer et faire évoluer les algorithmes prédictifs décrits plus haut.

On voit ici que les nouveaux éléments de la rémunération intègrent les transformations récentes de la relation client. Une étude du cabinet Syndex met néanmoins en garde contre ces tendances. S'il s'agit bien de faire passer les centres de contact, perçus autrefois comme des « centres de coûts » (en bout de chaîne de la relation client), à une position en première ligne, cela signifie que les salariés sont en charge de « l'appréhension du comportement du consommateur et se rapprochent des activités de marketing, ce qui se traduit par une intensification du travail, une complexification de leurs tâches, mais aussi un contrôle renforcé de leurs actions et des injonctions contradictoires » (Syndex, 2018).

D'autres évolutions concernent les transformations des modalités d'échange avec les clients : si le canal téléphonique reste largement majoritaire, les téléconseillers interagissent avec les clients aussi par d'autres moyens comme le tchat (utilisé parfois en complément de l'activité téléphonique, parfois de manière exclusive), tandis que l'e-mail et le SMS sont en décroissance.

Dans certains cas, le travail consiste même uniquement à surveiller et intervenir ponctuellement sur des échanges en ligne : les clients interagissent entre eux (sur des forums, des réseaux sociaux) et forment, selon les termes indigènes, une « communauté d'entraide », s'informant sur les offres, les produits et la manière de réaliser certains actes de gestion. Dans cet espace d'échange d'informations, les conseillers nommés « webconseillers » réalisent une activité de surveillance, parfois de validation et de modération (Velkovska, 2015). Cette activité fait penser, en un certain sens, au travail de surveillance des machines dans les usines automatisées et au « monde-écran » décrit par Alexandra Bidet (2011). Il ne s'agit plus d'avoir des actions directes, mais, à travers les activités de supervision, de trouver des prises pour agir et donner du sens à l'activité. En outre, ces webconseillers ne réalisent plus de « vente » au sens où ils ne réalisent pas eux-mêmes d'actes marchands : ils orientent les clients vers le site internet de la marque ou le service client téléphonique (Klein, 2017). Comme nous l'avons vu pour les centres d'appels classiques, ils se placent dans une position d'accueil, d'interface et de réorientation, pour faciliter la prise en charge des demandes.

On trouve un positionnement similaire chez les *community managers* animant spécifiquement les pages Facebook ou Twitter de marques, dont nous avons déjà évoqué le travail précédemment, en lien avec le développement du *social media marketing* (au point 1.3). Contrairement aux webconseillers, qui réalisent plutôt une activité de surveillance et de modération, les *community managers* interagissent directement avec les clients sur les réseaux sociaux. Ils développent à cet égard une nouvelle forme de relation client qui dénote par le jeu subtil qu'elle propose puisqu'il s'agit de « cadrer » des clients (pour éviter que ceux-ci, par leur propos, ne détériorent pas la réputation de l'entreprise), tout en leur laissant le sentiment qu'ils peuvent s'exprimer librement.

Le travail des *community managers*

En analysant un corpus d'interactions en ligne sur les pages Facebook et Twitter de grandes entreprises françaises de service, Thomas Jammet (2019) montre toute l'habileté relationnelle des *community managers* (CM) pour « canaliser sans contraindre » les clients. Les maîtres mots du travail relationnel sont la rapidité (les clients attendant une réponse quasi immédiate à leur message) et l'authenticité. Les CM jouent en effet sur plusieurs registres en assurant tantôt le rôle de représentant de l'entreprise (pour en rappeler les règles de fonctionnement, promettre un traitement adapté et, souvent, en « courbant l'échine » face aux propos virulents des clients), tantôt se permettant des formes de familiarité (en maniant l'humour, en utilisant les émojis ou gif pour désamorcer des situations tendues). Les CM développent et réactualisent ainsi des compétences propres aux métiers de réparateurs analysées autrefois par Erving Goffman (1968) : les compétences civiles ou rituelles sont mobilisées pour apaiser, rasséréner, rassurer un client mécontent, les compétences techniques permettent de répondre à la demande, même si le rôle du CM consiste surtout à réorienter la demande des clients vers les services adéquats. Enfin, les compétences contractuelles permettent le rappel des procédures et d'éléments juridiques, si nécessaire.

Mais le travail des CM connaît aussi des formes de routinisation et de rationalisation. Il repose sur la réalisation d'étapes relativement standardisées (accuser réception du message, inviter le client à envoyer des précisions par messagerie privée, analyser, puis transmettre la demande au service compétent) et s'inscrit dans une division du travail stricte de gestion de la relation client, puisque les CM n'ont pas accès aux bases de données et ne sont pas en mesure de gérer seuls les demandes des clients.

Les réseaux sociaux conduisent donc à renouveler le travail d'interface avec les clients, mais ils ne résolvent pas la tension entre standardisation et personnalisation de la relation client, et surtout conduisent encore plus à un besoin de coordination des différents points de contacts avec le client.

La recomposition des activités liées à la relation client prend donc des formes différentes. Ces tendances rejoignent celles observées au chapitre 4, autour de la déqualification ou requalification du travail. Plus précisément, nous pointions la tension entre l'idée que le travail serait remplacé (par des machines) ou augmenté (par des outils améliorant la connaissance et la prise de décision). Les centres d'appels subissent ce double mouvement de rationalisation extrême des interactions et, dans le même temps, d'évolution de l'activité afin de donner plus d'importance à la fidélisation, la satisfaction, ou ce que les marketeurs nomment « l'expérience client », associée à la qualité des interactions et à leur personnalisation.

On trouve également des réflexions similaires sur l'avenir des métiers de la relation client en point de vente. Mise à mal par l'e-commerce et l'autonomisation des clients, l'activité de vente est sommée de se réinventer.

2.2. La relation client « en face-à-face », vers une « nouvelle vente » ?

Depuis l'arrivée d'internet, la croissance exponentielle des achats en ligne et la mondialisation du commerce au cours des vingt dernières années ont bouleversé les modes de distribution et, partant, l'organisation du travail de la vente (Mallard, Kessous, 2014). Les entreprises traditionnelles de la vente à distance (anciennement par correspondance) ont eu étonnamment du mal à s'adapter à ces nouveaux canaux. En revanche, à côté des nouveaux acteurs (comme les plateformes commerciales réalisant exclusivement de la vente en ligne), les entreprises traditionnelles ayant su articuler emplacement physique et vente en ligne (avec, par exemple, le système de « *click and collect* », c'est-à-dire la commande en ligne et le retrait en magasin) ont pu tirer leur épingle du jeu (Syndex, 2018).

Cependant, même si les points de vente, bien que moins nombreux, sont encore présents pour nombre de grandes marques, l'avenir des métiers de la vente est interrogé. N'assiste-t-on pas à un transfert des activités réalisées auparavant par les salariés vers les consommateurs ? Dans les supermarchés, le client est amené de plus en plus à sélectionner, peser, emballer et même à enregistrer lui-même ses achats aux caisses automatiques (Bernard, 2012), réduisant considérablement l'espace pour un travail de conseil ou d'accompagnement. Avec l'e-commerce, les clients se renseignent et achètent seuls, leur passage en magasin se réduisant au retrait d'achat. Peut-on encore parler de vente ? Que signifie au fond vendre « sans vendre » ?

La mise au travail du consommateur

Cette « mise au travail du consommateur » (Tiffon, 2013) est, en effet, une des tendances fortes en matière de transformation organisationnelle des entreprises commerciales, en partie permise et encouragée par le numérique. Si l'idée que les clients participent à la coproduction des services n'est pas récente (Gadrey, 1992), Guillaume Tiffon montre que les clients sont aujourd'hui partie prenante de l'organisation du travail dans les entreprises de services, et ceci de quatre manières. La première est par « l'astreinte » des clients, c'est-à-dire le fait que les clients attendent (dans une file, pour une livraison, pour voir leur produit disponible...), ce qui est un moyen d'accroître et de lisser la productivité des salariés en contact, en faisant reporter sur les clients les variations de production, retards, aléas ou temps morts. La deuxième forme de contribution des clients est qualifiée de « managériale » : les clients participent à l'engagement au travail des salariés en leur adressant des signes de reconnaissance, de valorisation, tout en exerçant sur eux une forme de contrôle et même d'évaluation. La troisième forme de mise au travail consiste à faire contribuer le client à la production d'informations (lorsqu'il interagit avec un salarié) de manière rationnelle, voire standardisée. Cette contribution repose sur le fait que le client intériorise les règles,

les formes langagières, voire le rythme de l'organisation de la production, afin d'optimiser sa manière de s'exprimer, de commander, pour faciliter le travail du personnel de contact. Le travail des *community managers* (CM) sur les réseaux sociaux, que l'on a évoqué plus haut, témoigne de cette action de « socialisation organisationnelle » des salariés : les CM, à travers leurs échanges avec les clients, leur transmettent implicitement des informations sur ce qu'ils sont en mesure d'exiger, les différentes voies de réclamation et les formes langagières attendues pour être efficace. Enfin, Tiffon montre que la mise au travail consiste à externaliser certaines tâches, à les transférer vers le client qui exécute une partie des activités qui étaient celles auparavant réalisées par les salariés. Le terme d'« automation » (contraction d'autonomisation et d'automatisation) met l'accent sur le fait que les nouvelles technologies permettent non pas de remplacer les travailleurs par des machines, mais par des clients : la simplification des interfaces a permis le transfert de tâches vers les clients, qui scannent les produits au supermarché, passent leur commande sur une borne dans un fast-food ou testent la connexion de leur box internet, en téléchargeant une application.

On pourrait ajouter à cette liste des situations de « mise au travail » décrites par Tiffon, le cas extrême des plateformes de vente d'occasion entre particuliers qui ont « facilité les achats et démocratisé les rôles marchands » (Chabault 2019). Les consommateurs deviennent vendeurs en mettant en ligne leur bien, en fixant le prix des biens, en assurant la négociation et la distribution du produit (Trespeuch *et al.*, 2019). Ces nouvelles pratiques viennent déstabiliser les marchés et, dans certains cas, ouvrir une nouvelle forme de concurrence, comme Vincent Chabault le décrit à propos des livres d'occasion (Chabault, 2019). En outre, la figure du vendeur amateur fragilise le vendeur professionnel en mettant en cause son expertise et la spécificité de son activité.

Dès les années 1970, plusieurs ouvrages de marketing prônent l'émergence d'une « nouvelle vente » qui chercherait avant tout à répondre aux besoins des clients et non aux impératifs de production (Neyrat, 2017). Elle se construit en opposition au modèle repoussoir de la « vente à l'arraché » dans lequel le vendeur apparaît comme un manipulateur jouant de ses connaissances (sur le produit, le marché) pour influencer les clients et l'orienter vers des produits conformes à ses propres intérêts ou ceux de son entreprise (plus chers, mieux rémunérés, pas assez vendus...). La rhétorique de la « nouvelle vente » promeut, à l'inverse, une vente « pacifiée », où le vendeur serait un accompagnateur, un conseiller, face à un client pour sa part mieux renseigné, avisé et disposant des moyens de se retourner contre une « vente forcée ».

Plusieurs travaux en sociologie de la vente attestent de cette transformation et évolution des discours dans les manières de vendre, qui s'est largement diffusée depuis deux décennies, que cela soit dans les télécoms (Klein, 2017), la vente de biens culturels (Chabault, 2010), les grands magasins (Barbier, 2019), etc. Dans les grandes entreprises anciennement publiques comme France Télécom, la SNCF ou La Poste, ce nouveau discours peut sembler paradoxal : il succède à une longue période où, à l'inverse, il était impératif, selon les directions, de passer d'une logique de service (public) à celui d'adoption d'une démarche commerciale (Piaud 2002 ; Hanique, 2004 ; Vézinat, 2015).

Ce revirement s'accompagne d'un réaménagement des espaces de vente : les espaces de paiement (caisses, guichets...) se font plus discrets, au profit de la circulation des clients dans les espaces, leur donnant plus facilement accès à la manipulation de produits, brochures, écrans d'informations ou à des automates en libre accès. En parallèle, les modes d'évaluation et de rémunération évoluent également. Comme dans les centres d'appels, les indicateurs de satisfaction client deviennent prégnants. Le plus courant est le NPS – *Net Promoter Score* –, largement diffusé dans les entreprises, qui consiste à demander aux clients s'ils recommanderaient la marque à un ami. Ses résultats (à l'échelle individuelle ou collective) peuvent être intégrés dans la fixation d'éléments de rémunération variables, en remplacement ou en complément des primes liées au volume de ventes (Klein, 2017).

La nouvelle vente bénéficie de formations spécifiques. L'activité de vente a longtemps fait l'objet d'un « déni d'apprentissage », puisqu'une partie de la rhétorique professionnelle reposait sur l'idée que la vente est un « don », qu'elle « ne s'apprend pas », et où l'absence de diplôme n'était pas un obstacle à la réussite d'une carrière (Verdier, Möbus, 1986). L'acquisition d'une nouvelle professionnalité passe précisément, cette fois, par la mise en place de dispositifs d'apprentissage que cela soit en formation initiale ou continue (Neyrat, 2017).

Mais le discours sur un nécessaire déplacement de la vente en face-à-face vers du conseil et de l'expertise semble davantage relever de la rhétorique que d'une tendance lourde du secteur. Elle va prendre, en tout cas, des formes variées en fonction des contextes et surtout des rapports de force entre les entreprises et leurs marchés (les enseignes réalisant de la vente « *one shot* », c'est-à-dire ne se renouvelant pas, sont peu soucieuses de la fidélisation des clients et valorisent toujours la vente « dure »).

Plusieurs éléments freinent l'appropriation de cette nouvelle posture par les vendeurs. La première tient au maintien d'une certaine identité professionnelle. Les commerciaux dévalorisés par cette « nouvelle vente » se sentent délégitimés et revendiquent la possibilité de concilier enjeux de vente, de conseil ou de satisfaction client, qui ne sont pas toujours en tension selon eux (Klein, 2017). D'autres auteurs soulignent, par ailleurs, que l'instauration de méthodes de vente précises tend finalement à imposer de nouvelles formes de « rationalisation » de la vente, en imposant, par exemple, de proposer des cartes de paiement ou des cartes de fidélité aux clients (Barbier, 2019). Les primes fondées sur la satisfaction des clients sont enfin perçues comme « un moyen de réduire le montant des primes distribuées, sous couvert de notations présentées comme plus objectives et d'orientation vers la satisfaction client » (Bernard, 2020, p. 119).

D'autres éléments ont trait à la difficile inscription dans les collectifs de travail liée à l'opposition entre commerciaux et conseillers, ainsi que dans le difficile management des « forces de vente ». Les managers, dont les effectifs réduisent en même temps que celui des vendeurs dans les espaces de vente, ont des marges de manœuvre réduites et doivent souvent réaliser des tâches subalternes pour aider les opérateurs (Barbier, 2019 ; Gardes, 2019). Leur prérogative en matière d'évaluation est, elle aussi, remise en cause avec les sondages de satisfaction qui donnent en quelque sorte aux clients la capacité de juger la qualité de la prestation réalisée.

L'ensemble de ces résultats fait apparaître des freins et des failles aux discours sur la « nouvelle vente » qui semble davantage relever de l'incantation que d'une transformation inscrite dans les pratiques. Nombre d'exemples laissent plutôt penser que l'effort de rationalisation gagne davantage que celui de recherche de satisfaction des clients, à l'instar du cas d'une enseigne spécialisée dans la distribution de biens culturels, qui, après une tendance à « l'intellectualisation du poste » (Chabault, 2010, p. 60), s'est appliquée, à partir des années 1990, à réduire l'autonomie des vendeurs, la valorisation de leur connaissance des produits et à encadrer leur activité par les objectifs de vente.

Le risque est alors grand d'assister à une déqualification des métiers de la vente, concurrencés par l'e-commerce, l'automatisation de certaines tâches et par le travail des clients, décidément bien au centre de l'organisation.

Conclusion

La gestion de la relation client a connu des évolutions majeures avec la diffusion des outils numériques, qui s'inscrivent dans une histoire longue de recomposition des fonctions vente et marketing. Autour de la figure du client et parfois « au nom » de lui (Maugeri, 2006), ce sont des transformations organisationnelles de grande ampleur qui se sont engagées. La flexibilité s'est accrue, que cela soit dans les modalités d'interaction avec les clients, ces derniers étant plus libres dans le choix de différents canaux d'achats, ou en interne, où le décloisonnement des entités semble avoir été le maître mot de ces dernières années.

Pour autant, au-delà des éléments de discours laissant imaginer un renouvellement des postures et une centralité accordée au client, ce sont davantage des formes de rationalisation qui caractérisent les transformations. Les consommateurs, prétendus au cœur de l'organisation et dont l'exigence se serait accrue, s'avèrent finalement encore fortement encadrés, contrôlés et plus encore, sont sommés de réaliser une partie de l'activité des salariés. De ce point de vue-là, il n'est pas certain que le rapport de force entre entreprise et consommateurs soit inversé, même si certaines initiatives laissent apercevoir, aussi, que la « voix des clients » peut, lorsqu'elle prend la forme de mouvements activistes, orienter les pratiques des entreprises, les engageant à plus de transparence, de réactivité et d'attention (Dubuisson-Qullier, 2020).

Dans ce contexte incertain traversé par de puissants rapports de force, les métiers de la relation client se recomposent. On ne peut que souligner la fragilité et la tension dans la redéfinition des professionnalités et des identités, prises dans ces mouvements et discours contradictoires d'incitation à une nouvelle posture et de rationalisation extrême. Au fond, si le marketing a su faire preuve d'une grande vitalité et tirer parti des nouvelles technologies, les métiers de la vente ont davantage subi ces transformations. Le devenir de ces activités et des conditions de réalisation de leur travail pourrait se révéler être un enjeu majeur des prochaines années.

Conclusion

Écrire un ouvrage sur le numérique au travail se confronte à plusieurs difficultés. La première est liée au fait de traiter d'un sujet mouvant, évoluant sans cesse : le monde du travail comme les technologies sont réputés évoluer rapidement, au point de mettre en question la possibilité d'établir un état des lieux des connaissances, alors que celles-ci semblent être d'une durée de validité assez courte. Cette question, posée de manière récurrente aux sociologues du numérique (Beuscart, 2015), est adressée aujourd'hui avec une forte acuité, alors que la crise sanitaire a (re)mis sur le devant de la scène des interrogations fortes sur le « monde de demain » et l'avenir du travail. Les tendances dégagées dans cet ouvrage seront-elles pour autant invalidées ou remises en cause ? Les nouvelles formes de travail et d'emploi vont-elles se développer, les équipements vont-ils évoluer au point de rendre obsolètes les travaux que nous avons cités ? Nous avons fait le pari, à l'inverse, d'une inscription des mutations dans un temps long. Les exemples donnés tout au long de l'ouvrage montrent combien l'appropriation des outils numériques au travail peut être lente et se confronter à des difficultés, à des freins qui sont, en outre, souvent les mêmes, d'innovation en innovation. À l'annonce d'une révolution imminente et dévastatrice, nous répondons que les transformations prennent du temps à se stabiliser, que l'histoire se rejoue parfois, et qu'il est nécessaire de prendre du recul. Face à l'évolution des technologies, la posture sociologique, par ses méthodes et ses questionnements stables (autour de la collaboration, de la coopération, des inégalités, des identités professionnelles ou encore des formes de reconnaissance…), permet, d'une part, de mieux comprendre l'évolution des pratiques et de les saisir à la lumière du passé et du présent, et, d'autre part, d'aider ceux qui conçoivent les technologies du futur et ceux qui accompagneront leur déploiement. Nous espérons que sur les différents sujets que nous avons abordés, nous avons convaincu le lecteur de l'intérêt d'une mise en perspective historique des innovations récentes.

Le deuxième risque est celui d'offrir un panorama partiel ou éclaté des transformations du travail. Comment porter un regard exhaustif sur un monde du travail fait de situations de travail singulières et extrêmement variées ? Si le numérique ne semble épargner aucun secteur ou aucun métier, comme on l'entend dire parfois, si du journalisme à la médecine, en passant par l'agriculture et l'enseignement, les transformations sont partout, comment documenter ces différentes dimensions sans donner l'impression d'un patchwork hétéroclite ? Comment tenir compte des différences entre les secteurs, les statuts d'emploi, les formes ou les tailles des organisations ? Face à l'impossibilité de couvrir l'ensemble des situations, ou de dégager des enseignements généraux qui seraient valables pour tous, nous avons fait le choix de nous intéresser principalement aux organisations marchandes et aux administrations. En centrant notre analyse sur ce type d'organisations, nous avons pu dégager un fil directeur qui nous a guidées tout au long de l'ouvrage : celui de l'articulation entre changement technologique et changement organisationnel. Si cet axe, de fait, peut mettre dans l'ombre certaines questions (sur les transformations des activités à un niveau très micro ou, à l'inverse, des interrogations plus macro sur l'emploi ou les modèles économiques), il nous a permis de donner une cohérence et une unité à notre propos.

Le troisième risque renvoie à la difficulté de trouver une place pour nos propos dans le foisonnement des discours très présents et prégnants sur la digitalisation. Dans un contexte où les discours sur la « transformation digitale » ont pris beaucoup d'ampleur, nous avons souhaité prendre un certain recul, une distance critique sur le sujet. Il s'agissait d'apporter des éléments permettant de comprendre les évolutions du travail avec le numérique sans céder au déterminisme technologique, ni tenir des propos normatifs ou prédictifs sur la « digitalisation » et le « travail du futur », mais de croiser les résultats des travaux en sociologie du numérique avec ceux de la sociologie du travail et des organisations, pour mettre en perspective les débats actuels et les différentes facettes de la « transformation digitale », en nous appuyant le plus possible sur des cas concrets.

Quels sont alors les enseignements de cet ouvrage ? Quelles conclusions, même provisoires, peut-on énoncer sur cette fameuse

« transformation digitale » ? Au fil des chapitres nous avons avancé plusieurs idées-forces, que l'on peut reprendre rapidement ici.

Tout d'abord la « transformation digitale » n'apparaît plus seulement comme une question de « posture », de « philosophie », de « façon de faire ». Elle ne vise pas simplement à instaurer, par exemple, la « transversalité des échanges, l'écoute ou le lâcher prise ». Il ne s'agit pas non plus d'une simple familiarisation avec les outils qui occulterait la question des usages en contexte professionnel, dans l'activité (Benedetto-Meyer, Boboc, 2019). Autrement dit, la transformation digitale n'est plus simplement une question d'information descendante, de décision managériale ou bien de sensibilisation et de formation aux outils. Elle passe par la recherche d'un sens et d'une valeur ajoutée de ces outils en situation de travail, par des co-constructions collectives, au sein des équipes censées les utiliser. Les régulations managériales, c'est-à-dire la production des règles collectives, la mise en discussion des difficultés du quotidien et l'apport des ressources pour y faire face, deviennent primordiales. Pour des managers, absorbés par des tâches transverses et de reporting, cela suppose une compréhension fine de ce que sont les difficultés de la tâche et l'effort qu'elle nécessite de la part des membres de leurs équipes.

Accompagner cette transformation suppose de développer de nouvelles formes d'expertise, aussi bien relative aux métiers, aux pratiques, qu'au numérique, pour redonner aux managers une proximité avec les membres de leur équipe, y compris par rapport à l'usage de ces nouveaux outils. Plus encore, il s'agit souvent de repenser l'organisation du travail localement. Cela entraîne, d'une part, une forme d'incertitude pour l'activité des managers comme pour celle de leur équipe et, d'autre part, cela suppose la confiance et le soutien des niveaux hiérarchiques supérieurs, dans un contexte d'instabilité et d'incertitudes parfois même sur le positionnement stratégique des entreprises (Benedetto-Meyer, Boboc, 2017).

Dès lors, on comprend que l'on ne puisse parler d'une transformation digitale, tant les définitions en sont multiples. Elles épousent finement les réalités organisationnelles et sociales de chaque entreprise. En absence des définitions co-construites localement, les acteurs « relais » de ces transformations (managers, chefs de projets ou cadres venant de tout type de direction – formation, ressources humaines [RH], recherche et développement, marketing, finance, etc.) inventent les contours des changements selon leur position, leur légitimité, leurs dispositions, la fluctuation de leur activité, leurs souhaits d'évolution professionnelle, en fonction des moyens qu'ils ont à leur disposition ou qu'ils arrivent à dégager, en réalisant au fond le « travail d'organisation » (Terssac, 2002) nécessaire pour rendre concret un discours flou et abstrait. L'accompagnement doit donc aussi tenir compte des temporalités particulières de ces transformations, tout en sachant que le développement des outils numériques est rapide, alors que la mise en place des évolutions collectives et organisationnelles nécessaires pour épouser le déploiement de ces outils est plus lente et brouillée par des réorganisations incessantes. Cela explique que même si les démarches participatives pour la définition des fonctionnalités d'un outil (en vue de leur adaptation aux besoins des utilisateurs) sont devenues courantes, l'élaboration conjointe des dimensions collectives et organisationnelles autour des outils est plus difficile à organiser et a plus de mal à aboutir, dans un contexte organisationnel souvent complexe et régi par l'incertitude.

Ces difficultés d'ajustement entre des outils numériques, activités et modes d'organisation expliquent aussi l'attrait pour les modes de fonctionnement plus horizontaux, comme « l'entreprise libérée », le « mode agile » qui peuvent donner l'illusion de proposer des formes organisationnelles « prêtes-à-l'emploi », correspondant aux nouveaux discours prônant la flexibilité, la créativité et la collaboration. Ces alternatives aux vieux modèles bureaucratique ou taylorien, devenus des modèles repoussoirs, réduisent l'importance du cadre organisationnel et donnent la part belle aux outils numériques qui y seraient structurants et faciliteraient le développement des collectifs et de la collaboration. Certes, ces « modèles » se fondent sur l'autonomie des salariés, mais l'autonomie au travail est souvent le résultat d'une longue construction et elle a besoin d'un cadre bien défini pour s'exercer. Sans ce cadre, la sur-responsabilisation et le sur-engagement des acteurs qu'elle peut générer risquent de se heurter à des contraintes immuables (Boboc, Metzger, 2020), à des obstacles impossibles à franchir. Les managers, trop souvent éloignés des contraintes réelles du travail, ont tendance à se concentrer sur le « pourquoi » de ces modes de fonctionnement et moins sur le « comment » (Rousseau, Ruffier, 2017), ce qui peut conduire, *in fine*, à des tensions, voire à l'épuisement des acteurs. Dans des rapports tendus entre autonomie et contrôle, les outils peuvent servir aussi bien des logiques centralisatrices que décentralisatrices. Les effets positifs ou négatifs qu'ils peuvent avoir sur le travail sont le résultat de la capacité à les adapter à des contextes locaux, d'où l'importance des marges laissées aux acteurs pour opérer des compromis entre leurs activités et les fonctionnalités proposées par les outils.

Cet ouvrage interroge donc, au-delà des modes de gestion, les nouvelles formes d'entraide, de coopération et de collectifs qui évoluent avec le numérique, ainsi que les caractéristiques des acteurs qui ont la capacité de s'en saisir. Nous avons essayé en ce sens d'apporter des réponses à des interrogations actuelles sur les inégalités numériques en entreprise, en refusant les explications naturalisantes sur l'appétence, les compétences ou l'aisance avec le numérique. Nous avons montré que les inégalités sont en lien, d'une part, avec l'accès aux équipements et aux réseaux fixes et mobiles, aussi bien à domicile qu'en entreprise et, d'autre part, avec les capitaux sociaux et culturels acquis et accumulés sur le temps long, dans des parcours personnels et professionnels. Ces inégalités d'usages sont donc étroitement liées aux transformations socio-organisationnelles des entreprises. Cette dynamique des inégalités est influencée aussi bien par les mesures prises au niveau des collectifs de travail qu'au niveau des politiques de formation et des stratégies d'entreprise. L'exemple de la formation professionnelle, où les outils numériques se multiplient, a permis de mieux identifier les conditions de réduction des inégalités d'usages et des inégalités dans l'apprentissage avec le numérique. Nous avons également souligné que le développement des algorithmes et leur intégration dans les processus de l'entreprise, bien que souvent vus comme des vecteurs de transparence et de réduction des inégalités existantes, présentent finalement le risque de reconduire ou d'accroître ces inégalités. Loin de disparaître, ce sujet des inégalités numériques est donc plus que jamais à l'ordre du jour.

La tension entre la neutralité supposée des algorithmes – comme de la quantification dans son ensemble – et le risque d'éloignement des réalités du travail est un autre grand enseignement des recherches sur le numérique au travail dont l'ouvrage se fait l'écho. Alors que les outils de mesure, d'évaluation, de prédiction ou d'appariement sont plébiscités pour leur capacité à objectiver les décisions managériales et en limiter l'arbitraire, nous avons rappelé, au fil de cet ouvrage, combien la quantification est loin d'être une opération neutre. Les indicateurs de gestion, prégnants depuis déjà plusieurs décennies (Berry, 1983), se multiplient avec le numérique, au risque de s'éloigner des pratiques réelles de travail. L'utilité sociale, le sens donné au travail, le développement des identités professionnelles, par exemple, ne sont pas quantifiables, tout en étant indispensables au bon fonctionnement d'une entreprise. Il est nécessaire de ne pas sous-estimer l'importance des relations interindividuelles singulières, personnalisées et de l'interconnaissance aussi bien entre professionnels qu'entre professionnels et clients. La capacité à quantifier et à mobiliser des chiffres a souvent constitué des appuis notables pour donner crédibilité et légitimité à certaines fonctions de l'entreprise (RH, marketing...). Mais ces appuis constituent aussi des menaces. Le cas des évolutions de la fonction RH avec le numérique (y compris avec les derniers développements de l'intelligence artificielle) met en exergue, par exemple, les limites de l'utilisation des compétences en dehors du contexte où elles ont été définies, de leur standardisation et de leur quantification, afin d'opérer du « matching » sur les marchés internes ou externes de l'emploi.

Aussi peut-on souligner plus généralement, à la lecture des différents cas et thèmes abordés, combien le numérique au travail n'en a pas fini avec la question de la rationalisation et de la déqualification du travail. Alors que les outils promettent d'« augmenter » l'homme au travail plus que de le remplacer (en fournissant des informations nouvelles aux travailleurs), voire d'améliorer « l'expérience client », comme « l'expérience salarié » (en permettant de nouvelles formes de services et d'informations grâce aux données), la question de l'acquisition, de la transmission, de la mobilisation de ces informations dans l'activité se pose, ainsi que, bien sûr, la question de la reconnaissance de ces nouveaux savoirs et de nouvelles exigences du travail. En faisant un point sur les travaux en cours, l'ouvrage dégage finalement des perspectives quant aux chantiers sur le développement du recours aux données dans l'activité et les nouvelles compétences (relatives aux métiers comme au traitement des données).

Enfin, comme nous l'avons souligné, les évolutions des espaces et du temps mises en avant dans ce livre (la fragmentation des espaces de travail, des inégalités dans la capacité à télétravailler ou dans la résistance aux pratiques de connexion continue...) permettent de mieux comprendre les conséquences sur le travail de la crise sanitaire, et notamment du confinement, tout en montrant des voies pour atténuer l'affaiblissement des liens sociaux au travail qui en découle. Par rapport aux nombreux discours sur le monde du travail d'après confinement, dans lequel le télétravail occuperait une place beaucoup plus importante, notre propos invite à la prudence, en soulignant, d'une part, l'importance des équilibres entre travail à distance et en présentiel et, d'autre part, que ce développement à plus long terme est tributaire aussi bien des mesures gouvernementales que des politiques d'entreprise qui les déclinent.

À force de chercher des projections du travail et des entreprises dans un horizon lointain, parfois bien hasardeux et de trop parler de « nouveaux métiers », l'écueil est d'oublier les évolutions incessantes du travail dans le temps présent, avec les risques et les opportunités que celles-ci engendrent pour les salariés, évolutions qui sont à prendre en compte dès maintenant. Cet ouvrage invite à mieux regarder le passé et le présent, afin de mieux comprendre la dynamique des évolutions du travail avec le numérique pour mieux se projeter dans le futur.

Bibliographie

Abdelnour S. (2017), *Moi, petite entreprise. Les auto-entrepreneurs, de l'utopie à la réalité*, Paris, PUF.

Abdelnour S., Bernard S. (2018), « Vers un capitalisme de plateforme ? Mobiliser le travail, contourner les régulations », *La nouvelle revue du travail* [En ligne], n° 13.

Abdelnour S., Méda D. (2019), *Les nouveaux travailleurs des applis*, Paris, PUF.

Abrahamson E. (1996), « Management Fashion », *Academy of management review*, vol. 21, n° 1, 254-285.

Aguilera A., Coninck (de) F., Hauchard P. (2007), « Le rôle des déplacements professionnels dans les entreprises industrielles multi-établissements. Le cas d'un fournisseur de l'automobile », RTS – *Recherche transports sécurité*, IFSTTAR, vol. 24, n° 96, 29-49.

Aguilera A., Rallet A. (2016), « Mobilité connectée et changements dans les pratiques de déplacement », *Réseaux*, vol. 6, n° 200, 17-59.

Akrich M., Callon M., Latour B. (1988), « À quoi tient le succès des innovations ? 1 : L'art de l'intéressement ; 2 : Le choix des porte-parole », *Gérer et Comprendre. Annales des Mines*, n° 11 et 12, 4-17 et 14-29.

Akrich M., Callon M., Latour B. (2006), *Sociologie de la traduction : textes fondateurs*, Paris, Presses des Mines.

Akrich M., Méadel C., Paravel V. (2001), « Le temps du mail. Écrit instantané ou oral médiat », *Sociologie et sociétés*, vol. 32, n° 2, 153-170.

Aliaga C., Junel B. (dir.) (2018), *Formations et Emploi*, INSEE.

Alsène E. (1990), « Les impacts de la technologie sur l'organisation », *Sociologie du travail*, vol. 32, n° 3, 321-337.

Alter N. (1985), *La bureautique dans l'entreprise. Les acteurs de l'innovation*, Paris, Éditions ouvrières.

Alter N. (2000), *L'innovation ordinaire*, Paris, PUF.

Amato S. (2016), « Développement de marque personnelle en ligne et influence sociale », *Communication & Organisation*, vol. 50, n° 2, 203-214.

AMBADA F. (2014), *La personnalisation de masse. Comment le système industriel peut individualiser son offre au moindre coût*, Paris, L'Harmattan.

AMINE A., SITZ L. (2007), « Émergence et structuration des communautés de marque en ligne », *Décisions marketing*, n° 46, 63-75.

AMIRA S. (2016), « La prévention des risques professionnels. Les mesures mises en œuvre par les employeurs publics et privés », *DARES Analyses*, n° 13.

APPAY B. (2005), *La dictature du succès. Le paradoxe de l'autonomie contrôlée et de la précarisation*, Paris, L'Harmattan.

ARNTZ M., GREGORY T., ZIERAHN U. (2017), « Revisiting the Risk of Automation », *Economics Letters*, vol. 159, 157-160.

ATIFI H., GAUDUCHEAU N., MARCOCCIA M. (2017), « "Je devine que tu dois être surbookée" : anticiper la multi-activité de ses interlocuteurs dans les courriers professionnels », *in* Bidet A., Datchary C., Gaglio G (dir.), *Quand travailler c'est s'organiser. La multi-activité à l'ère numérique*, Paris, Presses des Mines, 169-183.

AUTOR D. (2015), « Why there are still so many jobs? », *Journal of economics perspective*, vol. 29, n° 3, 3-30.

BAGLA L. (2003), *Sociologie des organisations*, Paris, La Découverte.

BAILLET J., CROUTTE P., PRIEUR V. (2019), *Baromètre du numérique*, CREDOC.

BAIN P., TAYLOR P. (2002), « Entrapped by the Electronic Panopticon? Worker Resistance in the Call Centre », *New Technology, Work and Employment*, vol. 15, n° 1, 2-18.

BALATHIER LANTAGE (de) H., KLEIN T., GUÉZENNEC C. (2011), « Le travail et l'emploi dans vingt ans - 5 questions, 2 scénarios, 4 propositions », *Note de synthèse*, n° 231, Centre d'Analyse Stratégique.

BALMETTE C., GUILHEM H., THILL C. (2012), *Attitudes et pratiques des jeunes diplômés concernant l'usage des réseaux sociaux et la recherche d'emploi*, Rapport APEC.

BARBIER P. (2019), *Au bonheur des clients. Travail de vente et rapports sociaux dans les grands magasins*, Rennes, Presses Universitaires de Rennes, coll. « Le sens social ».

BARREY S. (2002), « Les grimaces du client. Des figures du consumérisme aux figures du consommateur "écrivain" », *Sciences de la société*, n° 56, 165-184.

BEAUDOUIN V., CARDON D., MALLARD A. (2001), « De clic en clic. Créativité et rationalisation dans les usages des intranets d'entreprise », *Sociologie du Travail*, vol. 43, n° 3, 309-326.

BEAUVISAGE T., BEUSCART J.-S., MELLET K. (2018), « Numérique et travail à-côté. Enquête exploratoire sur les travailleurs de l'économie collaborative », *Sociologie du Travail*, vol. 60, n° 2.

BEAUVISAGE T., MELLET K. (2020), « Datassets : Assetizing and Marketizing Personal Data », *in* Birch K., Muniesa F. (eds.), *Assetization : Turning Things into Assets in Technoscientific Capitalism*, Cambridge, Massachusetts, MIT Press.

BEDREDDINE S. (2020), « Des grandes entreprises et des start-up. Logiques d'interactions, pratiques de contrôle », *Savoir/Agir*, vol. 51, n° 1, 69-77.

BEFFA J.-L. (2017), *Se transformer ou mourir*, Paris, Le Seuil.

Beltran A. (2010), « Arrivée de l'informatique et organisation des entreprises françaises (fin des années 1960-début des années 1980) », *Entreprises et histoire*, vol. 60, n° 3, 122-137.

Benedetto M. (2003), « De la vente d'assurances au customer relationship management. Le rôle des outils techniques dans la recomposition d'une activité », *Réseaux*, vol. 4, n° 120, 207-239.

Benedetto-Meyer M. (2014), « Du datamining aux outils de gestion », *in* Kessous E., Mallard A. (dir.), *La Fabrique de la vente*, Paris, Presses des Mines, 147-171.

Benedetto-Meyer M. (2017), « Des outils numériques en quête d'inscription organisationnelle. Le cas d'une plateforme interne de compétences dans une entité de recherche & innovation », *Réseaux*, vol. 5, n° 205, 203-233.

Benedetto-Meyer M. (2019), « Les managers de proximité sont-ils les acteurs d'une forme d'empowerment ? », *Terminal* [En ligne], n° 125-126.

Benedetto-Meyer M., Boboc A. (2017), « Les usages des outils collaboratifs : quel rôle de l'encadrement de proximité ? », *Revue des conditions de travail*, n° 6.

Benedetto-Meyer M., Boboc A. (2019), « Accompagner la "transformation digitale" : du flou des discours à la réalité des mises en œuvre », *Travail Emploi*, vol. 3, n° 159, 93-118.

Benedetto-Meyer M., Boboc A., Metzger J.-L. (2019a), « Se former avec le numérique° : entre exigence d'autonomie et quête de régulation », *Communication & Organisation*, vol. 2, n° 56, 47-61.

Benedetto-Meyer M., Boboc A., Metzger J.-L. (2019b), « Seniors et formations numérisées : les conditions socio-organisationnelle de l'apprentissage en entreprise », *Transformations*, n° 19, 1-12.

Benedetto-Meyer M., Bouquin S., Choquet J., Metzger J.-L. (2018), *Entre dispositifs de politiques publiques, stratégie d'entreprises et représentations : l'importance des facteurs capacitants dans l'accès des salariés seniors à la formation professionnelle. Le cas des formations numériques*, Rapport DARES.

Benedetto-Meyer M., Chevallet R. (dir.) (2008), *Analyser les usages des systèmes d'information et des TIC*, Lyon, ANACT Éditions.

Benedetto-Meyer M., Cihuelo J. (2016), « L'espace dans l'analyse du travail », *Nouvelle Revue du Travail* [En ligne], n° 9.

Benedetto-Meyer M., Klein N. (2017), « Du partage de connaissances au travail collaboratif : portées et limites des outils numériques », *Sociologies pratiques*, vol. 34, n° 1, 29-38.

Benedetto-Meyer M., Metzger J.-L. (2007), « L'activité de réunion des cadres : dispositif de gestion ou outil de travail ? », *Communication aux XIe Journées Internationales de Sociologie du Travail*, juin, Londres.

Benedetto-Meyer M., Willemez L. (2017), « "Vous prendrez en charge le côté humain du projet." Paradoxes et malentendus de l'accompagnement des changements en entreprise », *Savoir/Agir*, n° 40, 45-52.

Bénel A. (2019), « 15 ans de Web 2.0 : Imitation pop ou extension du domaine de l'Hypermédia ? », *Actes de la quinzième édition de la conférence internationale H2PTM (Hypertextes et Hypermédias)*, ISTE.

Benghozi P.-J. (1998), « De l'organisation scientifique du travail à l'organisation scientifique du client. L'orientation-client, focalisation de nouvelles pratiques managériales », *Réseaux*, n° 91, 13-30.

Benghozi P.-J. (2001), « Technologies de l'information et organisation : de la tentation à la flexibilité à la centralisation », *Gestion 2000,* Recherches et Publications en Management A.S.B.L, 61-80.

Bensoussan M., Barbier R. (2013), « Le métier de chef de projet comme activité prudentielle. Enquête dans un groupe industriel du secteur de l'environnement », *Travail et emploi*, n° 134, 41-58.

Bernard S. (2012), *Travail et automatisation des services. La fin des caissières ?,* Toulouse, Octares.

Bernard S. (2020a), « De l'indépendance des chauffeurs "haut de gamme" à la dépendance des chauffeurs "des applis" », *Connaissance de l'emploi*, CEET, n° 162.

Bernard S. (2020b), *Le nouvel esprit du salariat. Rémunérations, autonomie, inégalités*, Paris, PUF.

Berrebi-Hoffmann I., Bureau M.-C., Lallement M. (2015), « Présentation. Des laboratoires du changement social », *Recherches sociologiques et anthropologiques*, vol. 46-2, 1-19.

Berrebi-Hoffmann I., Bureau M.-C., Lallement M. (2018), *Makers. Enquête sur les laboratoires du changement social*, Paris, Seuil.

Berry M. (1983), *Une technologie invisible ? L'impact des instruments de gestion sur les systèmes humains*, Cahiers du Centre de Recherche en Gestion de l'École Polytechnique.

Besson M., Gossart C., Jullien N. (2017), « Les enjeux de la transformation numérique dans l'entreprise du futur », *Terminal* [En ligne], n° 120.

Bessy C., Marchal E. (2006), « La mobilisation d'internet pour recruter : aux limites de la sélection à distance », *La revue de l'IRES*, n° 52, 11-39.

Beuscart J.-S. (2015), « Faire une sociologie des TIC : le mythe de Sisyphe ? », *in* Démazière D., Lorrain D., Paradeise C. (dir.), *Les sociologies françaises. Héritages (1960-2010),* Rennes, Presses Universitaires de Rennes, 599-610.

Beuscart J.-S., Dagiral E., Parasie S. (2019), *Sociologie d'internet*, Paris, Armand Colin.

Beuscart J.-S., Peerbaye A. (2006), « Histoires de dispositifs : introduction », *Terrains & travaux,* vol. 2, n° 11, 3-15.

Bidet A. (2011), *L'engagement dans le travail. Qu'est-ce que le vrai boulot ?,* Paris, PUF.

Bidet A., Datchary C., Gaglio G. (dir.) (2017), *Quand travailler, c'est s'organiser. La multi-activité à l'ère numérique*, Paris, Presses des Mines.

Biehl J.T., Avrahami D., Dunnigan A. (2015), « Not Really There : Understanding Embodied Communication Affordances in Team Perception and Participation », Palo Alto Laboratory, Inc., *CSCW*, Vancouver, march 2015.

Bigot R. (2003), *La diffusion des technologies de l'information et de la communication dans la société française,* Rapport CREDOC.

Bigot R., Croutte P., Daudey E. (2014), *La diffusion des technologies de l'information et de la communication dans la société française*, Rapport CREDOC.

Bihr A., Pfefferkon R. (2008), *Le système des inégalités*, Paris, La Découverte.

Bobillier-Chaumon M.-E. (2011), *L'impact des technologies de communication sur les cadres*, Rapport GREPS/APEC.

Bobilier-Chaumon M.-E., Cuvillier B., Sarnin P., Vacherand-Revel J. (2013), « Le développement de l'expérience professionnelle des cadres dans un environnement médiatisé », *Éducation permanente*, vol. 197, n° 4, 61-70.

Boboc A. (2005), « Le point sur la messagerie instantanée », *Réseaux*, vol. 6, n° 134, 223-261.

Boboc A. (2017), « Numérique et travail : quelles influences ? », *Sociologies pratiques*, vol. 1, n° 34, 3-12.

Boboc A. (2020), « La frontière entre vie privée et vie professionnelle à l'épreuve du confinement : télétravail et déconnexion », *Revue des Conditions de Travail*, n° 10, ANACT.

Boboc A. (2021), « La participation numérique au travail, actualité nouvelle d'un vieux débat », *Revue des Conditions de Travail*, n° 12, ANACT.

Boboc A., Bouchareb K., Deruelle V., Metzger J.-L. (2014), « Le *coworking*, une sortie de l'isolement ? », *Revue SociologieS* [En ligne].

Boboc A., Dhaleine L., Mallard A. (2007), « Travailler, se déplacer et communiquer : premiers résultats d'enquête », *Réseaux*, vol. 1, n° 140, 133-157.

Boboc A., Douet M., Zouinar M. (2019), « Apports et défis d'une IA apprenante dans la gestion des mails au travail », *Lettre Usages et Valeur*, n° 62, Orange Labs Recherche.

Boboc A., Farhat M., Mallard A. (2010), « La Génération Y va-t-elle bouleverser les pratiques de communication dans l'entreprise ? », *Lettre Usages et Valeur*, n° 37, Orange Labs Recherche.

Boboc A., Gire F. (2016), « Entre connexion et déconnexion : comment réguler les pratiques professionnelles ? », *Lettre Usages et Valeur*, n° 54, Orange Labs Recherche.

Boboc A., Gire F., Rosanvallon J. (2015), « Les réseaux sociaux numériques. Vers un renouveau de la communication dans les entreprises ? », *Sociologies pratiques*, vol. 30, n° 1, 19-32.

Boboc A., Metzger J.-L. (2009), « Du privé vers le professionnel, une dynamique des apprentissages croisés autour des TIC », *Savoirs*, vol. 2, n° 20, 158-179.

Boboc A., Metzger J.-L. (2015), « La formation en entreprise au défi de la coopération : apport et limite des dispositifs numériques », *Communication à la Biennale internationale de l'éducation, de la formation et des pratiques professionnelles*, Paris.

Boboc A., Metzger J.-L. (2016), « La formation professionnelle à distance à la lumière des organisations capacitantes », *Distance et Médiation des Savoirs* [En ligne], n° 16, 1-16.

Boboc A., Metzger J.-L. (2017), « Numérisation de la formation continue : transformation et accompagnement du travail de formateur », *La Revue des Conditions de Travail*, n° 6, 102-110.

Boboc A., Metzger J.-L. (2019a), « La formation continue numérisée face à ses discontinuités », *Lien Social et Politiques*, n° 81 – « Emploi, travail et compétences à l'épreuve du numérique », 230-252.

Boboc A., Metzger J.-L. (2019b), « La formation continue à l'épreuve de sa numérisation », *Formation Emploi*, n° 145, 100-118.

Boboc A., Metzger J.-L. (2019c), « Le numérique vecteur d'un rapport instrumental aux savoirs ? », *Distances et Médiations des Savoirs*, n° 28, 1-18.

Boboc A., Metzger J.-L. (2020), « Les méthodes agiles et leurs contradictions », *SociologieS* [En ligne].

Boboc A., Rosanvallon J. (2013), « Comment les salariés gèrent-ils leur "e-réputation" sur un réseau social numérique d'entreprise ? », colloque *« E-réputation et traces numériques : Dimensions instrumentales et enjeux de société »*, Université Toulouse 1, Toulouse, mars.

Bonnevaux L., Ben Messaoud K., Lhermitte F., Nguyen T. M. C. (2017), « Les progiciels de recrutement en 2016 : quel équipement ? quels usages ? », Rapport APEC.

Boton C., Forgues D. (2018), « Comprendre l'impact du numérique sur la gestion de projet en construction. » *Lien social et Politiques*, n° 81, 41-60.

Boudokhane-Lima F., Felio C. (2015), « Les usages professionnels des TIC : des régulations à construire », *Communication et organisation*, n° 48, 139-150.

Boullier D. (2016), *Sociologie du numérique*, Paris, Armand Colin.

Bourdieu P. (1979), « Les trois états du capital culturel », *Actes de la recherche en sciences sociales*, vol. 30, 3-6.

Bourdieu P. (1986), « L'illusion biographique », *Actes de la recherche en sciences sociales*, vol. 62-63, 69-72.

Bourgoin A. (2015), *Les équilibristes. Une ethnographie du conseil en management*, Paris, Presses des Mines.

Boussard V. (2008), *Sociologie de la gestion. Les faiseurs de performance*, Paris, Belin.

Boyd D., Elish M. C. (2018), « Situating methods in the magic of Big Data and AI », *Communication Monographs*, n° 85.

Boyer R., Durand J.-P. (1998), *L'après-fordisme*, Paris, Syros (2e édition augmentée).

Boyer R., Freyssenet M. (2000), *Les modèles productifs*, Paris, La Découverte, « Repères ».

Bréchignac B. (2017), « *Corporate coworking* : "hacker" le travail ? », *Sociologies pratiques*, vol. 1, n° 34, 93-101.

Bretesché S. (2019), « Transformation numérique : chronique d'une bureaucratisation annoncée. L'exemple d'un organisme d'habitat social », *Communication & Organisation*, vol. 2, n° 56, 19-31.

Bretesché S., Corbière (de) F., Geffroy B. (2014), « Cadres et messageries – du flux subi au renforcement de l'activité bureaucratique », *Réseaux*, vol. 5, n° 187, 135-162.

Breton P. (1990), *Une histoire de l'informatique*, Paris, Seuil.

BROADBENT S. (2011), *L'intimité au travail – La vie privé et les communications personnelles dans l'entreprise*, Limoges, FYP Editions.

BROTCORNE P., VALENDUC G. (2009), « Les compétences numériques et les inégalités dans les usages d'internet. Comment réduire ces inégalités ? », *Les Cahiers du numérique*, vol. 5, 45-68.

BUSCATTO M. (2002), « Les centres d'appels, usines modernes ? Les rationalisations paradoxales de la relation téléphonique », *Sociologie du travail*, vol. 44, n° 1, 99-117.

CABY-GUILLET L., GUESMI S., MALLARD A. (2009), « Wiki professionnel et coopération en réseaux. Une étude exploratoire », *Réseaux*, vol. 2, n° 154, 195-227.

CARDON D. (1997), « Les sciences sociales et les machines à coopérer. Une approche bibliographique du Computer Supported Cooperative Work (CSCW) », *Réseaux*, vol. 15, n° 85, 13-51.

CARDON D. (2000), « La production coopérative des factures. Cas de mise en place d'un outil de groupware », *Réseaux*, vol. 18, n° 104, 95-118.

CARDON D. (2009), « Présentation », *Réseaux*, n° 154, 9-12.

CARDON D. (2019), *Culture numérique*, Paris, Presses de Sciences Po.

CARDON D., CASILLI A. (2015), *Qu'est-ce le Digital Labour ?*, Bry-sur-Marne, INA Éditions.

CASCINO G. (1999), *NTIC : de quoi parle-t-on ?* Lyon, Éditions de l'ANACT.

CASILLI A. (2019), *En attendant les robots. Enquête sur le travail du clic*, Paris, Seuil.

CASTEL R. (1995), *Les métamorphoses de la question sociale. Une chronique du salariat*, Paris, Fayard.

CASTORIADIS C. (1975), *L'Institution imaginaire de la société*, Paris, Seuil.

CÉZARD M., GOLLAC M., ROUGERIE C. (2000), « L'ordinateur, outil de travail et bien culturel : Diffusion de l'informatique et sélection des utilisateurs », *Actes de la recherche en sciences sociales*, vol. 4, n° 134, 22-28.

CHABAULT V. (2010), *La FNAC, entre commerce et culture. Parcours d'entreprise, parcours d'employés*, Paris, PUF.

CHABAULT V. (2019), « La cote internet contre le savoir-faire. La formation des prix sur le marché du livre d'occasion », *Sociologie*, vol. 10, n° 4, 359-375.

CHATZIS K. (1999), « Searching for Standards : French Engineers and Time and Motion Studies of Industrial Operations in the 1950s », *History and Technology*, vol. 15, 233-261.

CHENU A., HERPIN N. (2002), « Une pause dans la marche vers la civilisation des loisirs », *Économie et statistique*, n° 352-353.

CHIAPELLO E., GILBERT P. (2013), *Sociologie des outils de gestion : Introduction à l'analyse sociale de l'instrumentation de gestion*, Paris, La Découverte.

CIHUELO J. (2008), « Les relations de travail sur les plateaux téléphoniques : arrangements locaux et normes relationnelles », *Travailler*, vol. 1, n° 19, 103-122.

CIHUELO J. (2016), « Les dimensions cachées du travail en *open space* : le cas de téléconseillers en centres d'appels », *Sociologie du travail*, vol. 58, n° 1, 57-79.

COCHOY F. (1999), *Une histoire du marketing : discipliner l'économie de marché*, Paris, La Découverte.

COLLOVALD A. (1988), « Identités stratégiques », *Actes de la recherche en sciences sociales*, n° 73, 29-40.

COMBES M.-C., UGHETTO P. (2004), « Gérer le travail par la compétence », *Lettre du GIP-MIS*, n° 22.

CONINCK (DE) F. (2001), *L'homme flexible et ses appartenances*, Paris, L'Harmattan.

CONINCK (DE) F. (2006), « Avoir du temps devant soi. La construction d'un temps transitionnel entre temps du sujet et temps de la production », *in* Askenazy P., Cartron D., Coninck (de) F., Gollac M. (dir.), *Organisation et intensité du travail*, Toulouse, Octares.

CONINCK (DE) F. (2007), « Présentation », *in* Coninck F. de, Boboc A., Dhaleine L. (dir.), « Privé-professionnel/convergences et divergences », *Réseaux*, vol. 24, n° 140, 11-25.

CONINCK (DE) F. (2009), « Focus – Usages professionnels des nouvelles technologies et espaces-temps », *Informations sociales*, n° 153, 66-67.

CONJARD P. (2015), *Le management du travail. Une alternative pour améliorer bien-être et efficacité au travail*, Lyon, Editions de l'ANACT.

CORBILLE S., FOLI O., TASSEL J. (2018), « Ce que les recruteurs font des outils numériques : pratiques, enjeux et paradoxes », *Communication & Organisation*, vol. 1, n° 53, 19-38.

CORIAT B. (1991), *Penser à l'envers*, Paris, Christian Bourgois.

CORTEEL D., ZIMMERMANN B. (2007), « Capacités et développement professionnel », *Formation Emploi*, n° 98, 25-39.

COUSIN O. (2002), « Les ambivalences du travail. Les salariés peu qualifiés dans les centres d'appels », *Sociologie du travail*, vol. 44, n° 4, 499-520.

COUSTEAUX A.-S. (dir.) (2019), *L'économie et la société à l'ère du numérique*, Insee Références.

COUTANT H. (2020), « Un capitalisme d'ingénieurs : domestication de la financiarisation dans un groupe aéronautique », *Sociologie*, vol. 11, n° 1, 73-89.

COUTANT H., FOUREAULT F. (2019), « Le gouvernement des projets : L'organisation par projets à l'épreuve de l'ordre hiérarchique », *Terrains & travaux*, vol. 1, n° 34, 115-136.

COVIAUX J., PETIT M. (2019), *Réseaux sociaux et recrutement de cadres*, Rapport APEC.

CRAGUE G. (2003), « Des lieux de travail de plus en plus variables et temporaires », *Économie et statistiques*, n° 369-370, 191-212.

CRAIPEAU S. (2001), *L'entreprise commutante, ou travailler ensemble, séparément*, Paris, Lavoisier.

CROZIER M., FRIEDBERG E. (1977), *L'acteur et le système*, Paris, Seuil.

DAGIRAL É., MARTIN O. (2017), « Liens sociaux numériques », *Sociologie* [En ligne], vol. 8, n° 1.

DALMASSO C., GAND S., GARCIAS F. (2018), « Stimuler l'innovation radicale par l'usage d'un réseau social d'entreprise ? », *Revue Française de Gestion*, vol. 272, n° 3, 103-120.

Datchary C. (2017), « Individu, collectif, organisation : Les trois échelles de la prise en charge de la multi-activité au travail », *in* Bidet A., Datchary C., Gaglio G. (dir.), *Quand travailler c'est s'organiser. La multi-activité à l'ère numérique*, Paris, Presses des Mines, 43-56.

Datchary C., Gaglio G. (2014), « Hétérogénéité temporelle et activité de travail. Entre conflits et articulations », *Revue d'anthropologie des connaissances*, n° 1, vol. 8, 1-22.

Datchary C. (2008), « Gérer la dispersion : un travail collectif », *Sociologie du Travail*, n° 50, 396-416.

Dejoux C., Charriere-Grillon V. (2016), « How digital technologies are revolutionising the training function in companies : an exploratory study of a population of managers attending a MOOC », *Revue de gestion des ressources humaines*, vol. 102, n° 4, 42-58.

Demailly D. (2016), « Formation professionnelle : quels facteurs limitent l'accès des salariés seniors ? », *DARES Analyses*, n° 31, 1-10.

Demaziere D., Horn F., Zune M. (2007), « Des relations de travail sans règles ? L'énigme de la production des logiciels libres », *Sociétés contemporaines*, vol. 2, n° 66, 101-125.

Denis J., Licoppe C. (2004), « L'équipement de la coprésence dans les collectifs de travail : la messagerie instantanée en entreprise », *Congrès AFS.*

Denouël J., Granjon F. (2011), *Communiquer à l'ère numérique. Regards croisés sur la sociologie des usages*, Paris, Presses des Mines.

Desrosières A. (2010), *La politique des grands nombres. Histoire de la raison statistique*, Paris, La Découverte.

Detchessahar M. (dir.) (2018), *L'entreprise délibérée. Refonder le management par le dialogue*, Bruyères-le-Châtel, Éditions Nouvelle Cité.

DiMaggio P., Powell W. (1983), « The Iron Cage Revisited : Institutional Isomorphism and Collective Rationality in Organizational Fields », *American Sociological Review*, vol. 48, n° 2, 147-160.

Di Micco J., Millen D., Geyer W., Dugan C., Brownholtz B., Muller M. (2008), « Motivations for Social Networking at Work », *CSCW'08*, November, 8-12, San Diego, California, USA.

Dodier N. (1995), *Les hommes et les machines. La conscience collective dans les sociétés technicisées*, Paris, Métailié.

Donada C., Nogatchewsky G. (2010), « Le client est roi ! », *in* Sponem S., *Petit bréviaire des idées reçues en management*, Paris, La Découverte, 68-77.

Donath J., Boyd D. (2004), « Public display of connection », *BT Technology Journal*, vol. 22, n° 4.

Dubois M. (2001), *La nouvelle sociologie des sciences*, Paris, PUF.

Dubuisson-Quellier S. (2020), « Anti-corporate activism and market change : the role of contentious valuations », *Social Movements Studies*, 1-18.

Ducourant H. (2017), « "Combien il vous faudrait, Madame ?" Le crédit revolving par téléphone », *in* Lechien M.-H. *et al.* (dir.), *Sociologie de la relation de clientèle*, Limoges, Presses universitaires de Limoges, 247-267.

DUDÉZERT A. (2018), *La transformation digitale des entreprises*, Paris, La Découverte, « Repères ».

DUGAN C., GEYER W., MULLER M., DI MICCO J., BROWNHOLTZ B., MILLEN D. (2008), « It's All 'About You'– Diversity in Online Profiles », *Proceedings of the CSCW'08*, San Diego, California, USA.

DUGUÉ E. (1994), « La gestion des compétences : les savoirs dévalués, le pouvoir occulté », *Sociologie du travail*, 36-3, 273-292.

DUJARIER M.-A. (2015), *Le management désincarné. Enquête sur les nouveaux cadres du travail*, Paris, La Découverte.

DUMONT V., MALLET C., ROUSSEAU A. (2008), « La construction d'un tableau de bord pour accompagner l'appropriation des TIC », *in* Benedetto-Meyer M., Chevallet R. (dir.), *Analyser les usages des systèmes d'information et des TIC*, Lyon, ANACT Editions.

DUPONT O., PERTICOZ L. (2015), « Les ethos des jeunes professionnels de la communication sur LinkedIn », *Itinéraires* [En ligne], n° 3.

DURAND J.-P. (2004), *La chaîne invisible. Travailler aujourd'hui : flux tendu et servitude volontaire*, Paris, Seuil.

DURAND J.-P. (2009), « Le travail collaboratif : des illusions à d'éventuels possibles », *Marché et organisations*, vol. 3, n° 10, 15-28.

DUSSARPS C. (2015), « L'abandon en formation à distance. Analyse socioaffective et motivationnelle », *Distances et médiations des savoirs* [En ligne], n° 10.

DUSSUET A., NIRELLO L., PUISSANT E. (2017), « De la restriction des budgets des politiques sociales à la dégradation des conditions de travail dans le secteur médico-social », *La Revue de l'Ires*, n° 91-92, 185-211.

ELIAS N. (1999), *Du temps*, Paris, Fayard.

ELLUL J. (1988), *Le bluff technologique*, Paris, Hachette.

EMERY F. E., TRIST E. (1965), « The Causal Texture of Organizational Environments », *Human Relations*, 18, 21-31.

ENLART S., CHARBONNIER O. (2018), *Société digitale. Comment rester humain ?*, Paris, Dunod.

EYRAUD F., MARC M., D'IRIBARNE A., RYCHENER F. (1984), « Développements des qualifications et apprentissage par l'entreprise des nouvelles technologies : le cas des machines-outils à commande numérique (MOCN) dans l'industrie mécanique », *Sociologie du travail*, vol. 26, n° 4, 482-499.

FABBRI J., CHARUE-DUBOC F. (2016), « Les espaces de coworking : nouveaux intermédiaires d'innovation ouverte ? », *Revue française de gestion*, n° 254, 163-180.

FALZON P. (2005), « Ergonomics, knowledge development and the design of enabling environments », *Proceedings of the Humanizing Work and Work Environment HWWE'2005 Conference*, December 10-12, Guwahati, India, 1-8.

FERNAGU OUDET S. (2012), « Concevoir des environnements de travail capacitants comme espace de développement professionnel : le cas du réseau réciproque d'échanges des savoirs à La Poste », *Formation Emploi*, n° 119, 7-27.

Ferracci P., Vergnies J.-F. (2008), « La réforme de la formation professionnelle en question », *Formation Emploi*, vol. 8, n° 104.

Ferron M., Massa P., Odella F. (2011), « Analyzing collaborative networks emerging in Enterprise 2.0 : The Taolin platform », *Procedia-Social and Behavioral Sciences*, vol. 10, 68-78.

Flécher M. (2019), « Des inégalités d'accès aux inégalités de succès : enquête sur les fondateurs et fondatrices de start-up », *Travail et emploi*, vol. 159, n° 3, 39-68.

Flécher M. (2019), « Les start-ups, des entreprises "cools" et pacifiées ? Formes et gestion des tensions dans des entreprises en croissance », *La nouvelle revue du travail* [En ligne], n° 15.

Flichy P. (1995), *L'innovation technique*, Paris, La Découverte.

Flichy P. (2004), « L'individualisme connecté entre la technique numérique et la société », *Réseaux*, n° 124.

Flichy P. (2017), *Les nouvelles frontières du travail à l'ère numérique*, Paris, Seuil.

Folbre N. (2013), « The Unregulated Work of Mechanical Turk », blog post, *The New York Times*, March 18.

Fondeur Y. (2006), « Internet, recrutement et recherche d'emploi : une introduction », *La Revue de l'Ires*, n° 52, 3-10.

Fondeur Y., Larquier (de) G., Lhermitte F. (2011), « Quand l'informatique outille le recrutement », *Le 4 pages du CEE*, n° 76.

Frey C. B., Osborne M. (2013), « The Future of Employment : How Susceptible Are Jobs to Computerization? », Working-Paper, Oxford Martin School – University of Oxford, Oxford Martin Programme on Technology and Employment.

Freyssenet M. (2012), « Automatisation », *in* Bevort A., Jobert A., Lallement M., Mias A. (dir.), *Dictionnaire du travail*, Paris, PUF, 41-47.

Friedmann G. (1950), *Où va le travail humain ?*, Paris, Gallimard.

Gaborieau D. (2012), « Le nez dans le micro. Répercussions du travail sous commande vocale dans les entrepôts de la grande distribution alimentaire », *La nouvelle revue du travail* [En ligne], n° 1.

Gadrey J. (1992), *Socio-économie des services*, Paris, La Découverte.

Gardère E., Bouillon J-L., Loneux C. (2019), « Le "collaboratif" dans les organisations : une question de communication », *Communication & Organisation*, n° 55, 9-22.

Gardes C. (2019), *Un salariat à bas coût. Le travail dans une enseigne* low-cost *de bricolage*, thèse de doctorat en sociologie, Paris, École des hautes études en sciences sociales.

Gauttier S. (2017), « Vers une "entreprise augmentée". De nouveaux challenges pour la recherche en management et systèmes d'information », *Terminal* [En ligne], n° 120.

Georges F. (2009), « Représentation de soi et identité numérique. Une approche sémiotique et quantitative de l'emprise culturelle du web 2.0 », *Réseaux*, vol. 2, n° 154, 165-193.

Georgy C. (2017), *Visibilité numérique et recrutement. Une sociologie de l'évaluation des compétences sur Internet*, Université Paris-Saclay, thèse de doctorat de sociologie.

Getz I., Carney B. M. (2012), *Liberté & Cie. Quand la liberté des salariés fait le bonheur des entreprises*, Paris, Fayard.

Giard V., Midler C., Garel G. (2001), « Management de projet et gestion des ressources humaines », *Les papiers de recherche du GREGOR.*

Gingras Y. (1995), « Un air de radicalisme », *Actes de la recherche en sciences sociales*, vol. 108, 3-18.

Giry B. (2015), « La faute, la panne et l'insatisfaction. Une socio-histoire de l'organisation du travail de traitement des réclamations dans les services du téléphone », *Sociologie du travail*, vol. 57, n° 3, 277-298.

Godard F. (2007), « Vie publique et vie privée : de nouveaux régimes temporels », *Réseaux*, vol. 24, n° 140, 29-65.

Goffman E. (1968), *Asiles*, Paris, Minuit.

Gollac M., Kramarz F. (2000), « L'informatique comme pratique et comme croyance », *Actes de la recherche en sciences sociales*, vol. 4, n° 134, 4-21.

Graeber D. (2015), *Bureaucratie. L'utopie des règles*, Paris, Ed. Les liens qui libèrent.

Graeber D. (2018), *Bullshit Jobs*, Paris, Ed. Les liens qui libèrent.

Granier F., Ould-Ferhat L., Thobois P. (2018), « Où en est la demande sociale de sociologie aujourd'hui ? », *Sociologies pratiques*, n° 36, 1-8.

Granjon F., Metzger J.-L., Lelong B. (2009), « Pour une approche critique des inégalités numériques », *in* Lelong B., Granjon F., Metzger J.-L. (dir.), *Inégalités numériques, clivages sociaux et modes d'appropriation des TIC*, Hermès-Lavoisier, 13-30.

Granovetter M. S. (1973), « The strength of weak ties », *American Journal of Sociology*, vol. 78, n° 6, 1360-1380.

Guesmi S., Rallet A. (2012), « Web 2.0 et outils de coordination décentralisée. Un entrelacement des sphères privées et professionnelles », *Revue française de gestion*, vol. 5, n° 224, 139-151.

Guillaume O. (2008), *Le sens organisationnel. Le cas des démarches de qualité*, Paris, L'Harmattan.

Guillot C. (2014), « Les agendas, outils cognitifs de l'organisation du quotidien », *Réseaux*, n° 186.

Habermas J. (1973), *La technique et la science comme idéologie*, Paris, Denoël [1968].

Hallépée S., Mauroux A. (2019), « Quels sont les salariés concernés par le télétravail ? », *DARES Analyses*, n° 51.

Hanique F. (2004), *Le sens du travail, Chronique de la modernisation au guichet*, Toulouse, Érès.

Hatchuel A., Weil B. (1992), *L'expert et le système. Quatre histoires de systèmes-experts*, Paris, Economica.

Havard Duclos B. (2018), « L'Internet des assistantes maternelles : Un outil pour faire vivre le métier », *Réseaux*, vol. 2-3, n° 208-209, 28-61.

Herbig B., Schneider A., Nowak D. (2015), « Does office space occupation matter? The role of the number of persons per enclosed office space, psychosocial work characteristics, and environmental satisfaction in the physical and mental health of employees », *Indoor Air*, vol. 1, n° 26.

Hodgson D., Briand L. (2013), « Controlling the uncontrollable : "Agile" teams and illusions of autonomy in creative work », *Work, Employment & Society*, vol. 27, n° 2, 308-325.

Hofstadter D. (1979), *Gödel, Escher, Bac. An Eternal Golden Braid*, New York ; trad. fr. *Gödel, Escher, Bach*, Paris, InterEditions, 1985.

Howells J. (2006), « Intermediation and the role of intermediaries in innovation », *Research Policy*, vol. 35, n° 5, 715-728.

Hubault F. (2017), Interview dans la « Communauté Diversité, QVT… : Engagement individuel et organisationnel », *Entreprise et Personnel*, 25 septembre.

Hutchins E. (1991), « The social organization of distributed cognition », *in* Resnick L. B., Levine J. M., Teasley S. D. (eds.), *Perspectives on socially shared cognition*, American Psychological Association, 283-307.

Imhoff C. (2017), « Les réseaux sociaux numériques dans l'histoire du capitalisme et des transformations de la grande entreprise », *Communication & Organisation*, vol. 2, n° 52, 145-164.

Imhoff C. (2019), « L'animation de communauté sur le réseau social d'entreprise : injonction à la collaboration et invisibilisation de la coordination », *Communication & Organisation*, vol. 1, n° 55, 91-104.

Isaac H., Campoy E., Kalika M. (2007), « Surcharge informationnelle, urgence et TIC. L'effet temporel des technologies de l'information », *Management & Avenir*, n° 12.

Jammet T. (2019), « Calmer le râleur. Contribution à l'étude de la relation client sur le Web 2.0 », *Terrains & travaux*, n° 34, vol. 1, 137-161.

Jauréguiberry F. (2014), « La déconnexion aux technologies de communication », *Réseaux*, vol. 32, n° 186, 15-49.

Jemine G. (2017), « Déploiement de dispositifs numériques au sein de nouvelles formes d'organisation de l'émergence à la stabilisation », *Sociologies Pratiques*, vol. 1, n° 34, 49-59.

Jézégou A. (2007), « La distance en formation. Premier jalon pour une opérationnalisation de la théorie de la distance transactionnelle », *Distances et savoirs*, vol. 5, n° 3, 341-366.

Joubert L. (2019), « Le parfait wikipédien. Réglementation de l'écriture et engagement des novices dans un commun de la connaissance (2000-2018) », *Le Mouvement social*, vol. 3, n° 268, 45-60.

Jouët J. (2000), « Retour critique sur la sociologie des usages », *Réseaux*, n° 100, 487-521.

Jullien N., Roudaut K., Le Squin S. (2011), « L'engagement dans des collectifs de production de connaissance en ligne. Le cas GeoRezo », *Revue Française de Socio-Économie*, vol. 8, n° 2, 59-83.

KALIKA M., BOUKEF CHARKI N., ISAAC H. (2007), « La théorie du millefeuille et l'usage des TIC dans l'entreprise », *Revue Française de Gestion*, vol. 3, n° 172, 117-129.

KESSOUS E., MOUNIER C. (2004), « Coordination et échanges dans un collectif de vente – le cas de la mise en place d'un progiciel CRM », *Sciences de la Société*, 61, 141-157.

KESSOUS E., MALLARD A. (dir.) (2014), *La fabrique de la vente. Le travail commercial dans les télécommunications*, Paris, Presses des Mines.

KLEIN N. (2017), *Face aux mutations de la vente. Orange, ses vendeurs et le devenir d'un métier*, thèse de doctorat en sociologie, université Paris Est.

KLEIN T., RATIER D. (2012), *L'impact des TIC sur les conditions de travail*, Rapport du Centre d'analyse stratégique et de la direction générale du travail.

KOCOGLU Y., MOATTY F. (2010), « Diffusion et combinaison des TIC. Les réseaux, la gestion des données et l'intégration par les ERP », *Réseaux*, vol. 4, n° 162, 33-71.

KOHLER D., WEISZ J.-D. (2018), « Industrie 4.0, une révolution industrielle et sociétale », *Futuribles*, n° 424, 47-68.

KOTRAS B. (2020), « Mass personalization. Predictive Marketing Algorithms and the Reshaping of Consumer Knowledge », *Big Data & Society*, 7 (2), 1-14.

KOUKOUTSAKI-MONNIER A. (2013), « Du réseautage professionnel à la communauté virtuelle ? À propos de l'usage d'un réseau social en ligne », *Les Enjeux de l'information et de la communication*, vol. 14, n° 1, 85-102.

LAHIRE B. (dir.) (2001), *Le travail sociologique de Pierre Bourdieu. Dettes et critiques*, Paris, La Découverte.

LALLEMENT M. (2015), *L'âge du faire. Hacking, travail, anarchie*, Paris, Seuil.

LALLEMENT M. (2016), « Les mutations du travail : leurs registres et leurs temporalités », *Annales des Mines – Réalités industrielles*, n° 4, 19-22.

LAMBERT M. (2019), « La formation des salariés 2.0 : l'effet levier des TIC », *CEREQ Bref*, n° 376.

LAMBERT M., MARION-VERNOUX I. (2014), *Quand la formation continue : repères sur les pratiques de formation des employeurs et des salariés*, Marseille, CEREQ [En ligne].

LALLEMENT P., METZGER J.-L. (2009), « Renouvellement technologique et inégalités numériques au travail », *in* Lelong B., Granjon F., Metzger J.-L. (dir.), *Inégalités numériques, clivages sociaux et modes d'appropriation des TIC*, Paris, Hermès-Lavoisier, 159-192.

LAMBERT M., VERO J., ZIMMERMANN B. (2012), « Vocational Training and professional development », *International Journal of Training and Development*, vol. 16, n° 3, 164-182.

LARGIER A., VANLAIR A. (2017), « Une relation de service étendue. Le cas de l'équipement en smartphone des agents SNCF », *in* Benedetto-Meyer M. *et al.* (dir.), *L'organisation face aux transformations de la relation de service*, Paris, L'Harmattan.

LASFARGUE Y. (2012), « Panorama de l'utilisation des TIC par les salariés dans leur travail », *in L'impact des TIC sur les conditions de travail*, Rapport du Centre d'Analyse Stratégique, 67-100.

LAZARUS J. (2012), *L'épreuve de l'argent. Banques, banquiers, clients,* Paris, Calmann-Lévy.

LECHIEN M.-H., NEYRAT F., RICHARD A. (dir.) (2017), *Sociologie de la relation de clientèle,* Limoges, Presses universitaires de Limoges.

LEMAIRE L., VALENDUC G. (2004), « Entre rigidité et malléabilité. Le double visage des ERP », *Sciences de la Société,* vol. 61, 53-69.

LEVY C. (2018), « Intelligence artificielle dans les RH : instruments et pratiques des entreprises », *Semaine Sociale Lamy,* n° 1838.

LEVY C. (2019), « Les outils *big data* dans les RH. Du mythe à la pratique », *Politiques de communication,* n° 12, 45-69.

LEVY C. (2020), *Professionnels des ressources humaines et big data : sociologie d'une gestion quantifiée des carrières,* thèse de doctorat en sociologie, Université Paris Dauphine.

LEWKOWICZ M. (2017), « De la domestication des technologies », *Annales des Mines – Réalités industrielles,* n° 2, 33-36.

LEWKOWICZ M., LIRON R. (2019), « The Missing "Turn to Practice" in the Digital Transformation of Industry », *Computer Supported, Cooperative Work – ECSCW 2019: Proceedings of the 17th European Conference on Computer Supported Cooperative Work, 3 (14),* Springer, London, 655-683.

LI C. (2015), « Why No One Uses the Corporate Social Network », retrieved from Harvard Business Review website.

LICHTENBERGER Y. (1999), « Compétence, organisation du travail et confrontation sociale », *Formation Emploi,* n° 67, 93-107.

LICOPPE C. (2002), « Le traitement des courriers électroniques dans les centres d'appels », *Sociologie du travail,* vol. 44, n° 3, 381-400.

LICOPPE C. (2007), « Entre local et global : le tournant interactionnel des progiciels intégrés (ERP, CRM, Workflow) », *in* Terssac (de) G., Bazet I., Rapp L. (dir.), *La rationalisation dans les entreprises par les technologies coopératives,* Toulouse, Octares, 55-65.

LINHART D. (1991), *Le torticolis de l'autruche : l'éternelle modernisation des entreprises françaises,* Paris, Seuil.

LINHART D. (2015), *La comédie humaine du travail. De la déshumanisation taylorienne à la sur-humanisation managériale,* Toulouse, Érès.

MALLARD A. (2011a), « L'encadrement face au développement des interactions en réseau. Quelques réflexions sur le travail des managers dans les organisations fortement marquées par les TIC », *in* Riccio P.-M., Bonnet D. (dir.), *TIC et innovation organisationnelle, Journées d'étude MTO,* Paris, Presses des Mines.

MALLARD A. (2011b), *Petit dans le marché. Une sociologie de la très petite entreprise,* Paris, Presses des Mines.

MALLARD A. (2014), « Métamorphoses d'une question scientifique. Trente ans de recherches sur l'inscription des TIC dans les univers productifs », *Réseaux,* vol. 2, n° 184-185, 33-69.

MARC J. (2014), *Le recours aux formations à distance (e-learning) dans la formation professionnelle des salariés*, Note scientifique et technique n° 327, INRS.

MARTIN L. (2017), « Entraves à l'attitude ludique avec un jeu sérieux intégré dans une formation managériale : un exercice plus qu'un jeu ? », *Sciences du jeu, Les marges du jeu*, n° 7, 1-20.

MARTIN O., DAGIRAL E. (dir.) (2016), *L'ordinaire d'internet. Le web dans nos pratiques et relations sociales*, Paris, Armand Colin.

MARX K. (1968), *Misère de la philosophie : réponse à la* Philosophie de la misère *de M. Proudhon*, Paris, Éditions sociales.

MATHIEU-FRITZ A. (2021), *Le praticien, le patient et les artefacts. Genèse des mondes de la télémédecine*, Paris, Presses des Mines.

MAUGERI S. (2003), « Une lecture pessimiste du processus de rationalisation. L'exemple des dispositifs de gestion logistique », *in* Boussard V., Maugeri S. (dir.), *Du politique dans les organisations*, Paris, L'Harmattan, 105-131.

MAURICE M. (1980), « Le déterminisme technologique dans la sociologie du travail (1955-1980). Un changement de paradigme ? », *Sociologie du travail*, vol. 22, n° 1, 22-37.

MAUROUX A. (2018), « Quels liens entre les usages professionnels des outils numériques et les conditions de travail », *DARES Analyses*, n° 29.

MAYÈRE A. (2004), « Rationalisation de la communication et organisations contemporaines : le cas de projets d'implantation de PGI/ERP », *Communication et organisation* [Enligne], n° 24.

MCLUHAN M., FIORE Q. (1967), *The Medium is the Message. An inventory of Effects*, New York, Bantam Books.

MÉDA D. (2008), *Le temps des femmes : pour un nouveau partage des rôles*, Paris, Flammarion.

MÉDA D., VENDRAMIN P. (2013), *Réinventer le travail*, Paris, PUF.

MELLET K. (2006), « Sésame, ouvre-toi ! Analyse des données d'un moteur de recherche d'annonces d'offres d'emploi : www.keljob.com », *La revue de l'IRES*, n° 52, 71-100.

MESANGEAU J. (2012), « Le réseautage et ses usages : le cas d'un groupe d'anciens étudiants hébergé sur LinkedIn », *Terminal*, n° 111, 39-51.

METZGER J.-L. (2012), « Le changement perpétuel au cœur des rapports de domination », *SociologieS* [En ligne].

METZGER J-L., CLÉACH O. (2004), « Le télétravail des cadres : entre suractivité et apprentissage de nouvelles temporalités », *Sociologie du travail*, vol. 4, n° 46, 433- 450.

MIAS A. (2010), *Les risques professionnels. Peut-on soigner le travail ?*, Paris, Ellipses.

MICHEL H., MCNAMARA P. (2014), « *Serious Games* : Faites vos jeux ! », *Systèmes d'information & management*, vol. 19, n° 3, 3-8.

MIDLER C. (1986), « La logique de la mode managériale », *Gérer et Comprendre. Annales des Mines*, n° 3, 74-85.

Moatty F. (2004), « L'évolution du rôle du capital scolaire dans le modèle sociétal français d'accès à l'informatique au travail. “Massification” ou “démocratisation” de l'accès ? », *Réseaux*, vol. 5-6, n° 127-128, 83-114.

Moeglin P. (2014), « L'enseignement supérieur au défi du numérique – MOOC : de l'importance d'un épiphénomène », *Futuribles*, n° 398.

Molinari G., Poellhuber B., Heutte J., Lavoue E., Sutter Widmer D., Caron P.-A. (2016), « L'engagement et la persistance dans les dispositifs de formation en ligne : regards croisés », *Distance et Médiation des Savoirs* [En ligne], n° 13.

Monchatre S. (2014), « Qualification », *in* Bihr A., Pfefferkorn R., *Dictionnaire des inégalités*, Paris, Armand Colin, 321-322.

Monjaret A. (2002), « Les bureaux ne sont pas seulement des espaces de travail », *Communication et organisation* [En ligne], n° 21, 2-10.

Muhlmann D. (2001), « De nouvelles technologies à l'image des vieilles organisations », *Sociologie du travail*, n° 43, 327-347.

Musselin C. (2001), « Introduction du dossier “Nouvelles technologies de l'information et de la communication” », *Sociologie du Travail*, vol. 43, n° 3, 303-308.

Naville P. (1963), *Vers l'automatisme social ?*, Paris, Gallimard.

Neyrat F. (2017), « La relation de clientèle s'apprend-elle ? », *in* Lechien M.-H. *et al.* (dir.), *Sociologie de la relation de clientèle*, Limoges, Presses universitaires de Limoges, 47-60.

Noble D. (1995), *Le progrès sans le peuple. Ce que les nouvelles technologies font au travail*, trad. de l'anglais par C. Izoard, Marseille, Agone, 2016.

Olivesi S. (2016), « Community manager ou les incertitudes d'une spécialisation professionnelle », *in* Gadéa C., Olivesi S., *Professions et professionnels de la communication*, Toulouse, Octares.

Ollier-Malaterre A. (2018), « La compétence numérique de gestion des frontières sur les réseaux sociaux numériques : un capital culturel technologique à la Bourdieu », *Lien social et Politiques* [En ligne], n° 81, 121-137.

Ologeanu-Taddei R., Fallery B., Oiry E., Tchobanian R. (2014), « Usages des outils collaboratifs : le rôle des formes organisationnelles et des politiques de ressources humaines », *Management & Avenir*, vol. 1, n° 67, 177-191.

O'Neil C. (2018), *Algorithmes, la bombe à retardement*, Paris, Les Arènes.

Orlikowski W. (1992), « The Duality of Technology : Rethinking the Concept of Technology in Organizations », *Organization Science*, vol. 3, n° 3, 419-420.

Orlikowski W. (1993), « Learning from notes : Organizational issues in groupware implementation », *The Information Society*, vol. 9, n° 3, 237-250.

Paraponaris C. (2017), *Plateformes numériques, conception ouverte et emploi*, Rapport pour le compte de l'IRES et de la CFE-CGC, Paris, Éditions de l'IRES.

Paraponaris C., Cina M., Campillo-Paquet V. (2018), *Les ingénieurs de conception industrielle dans la révolution numérique*, Rapport de recherche APEC- LEST CNRS.

PARASIE S., DAGIRAL E. (2013), « Data-driven journalism and the public good : Computer-assisted reporters and programmer-journalists in Chicago », *New media and society*, vol. 15, n° 6, 853-871.

PARDI T. (2015), « Quand une mode managériale s'institutionnalise. Le rôle de la marchandisation de la recherche universitaire aux États-Unis », *Revue d'anthropologie des connaissances*, vol. 9, n° 1, 101-124.

PASQUIER D. (2018), *L'internet des familles modestes*, Paris, Presses des Mines.

PATRASCU M., HÉMONT F. (2019), « Propagation du collaboratif comme idéologie : le cas du processus d'institution du BIM », *Communication & Organisation*, vol. 55, n° 1, 71-90.

PELISSIER D. (2018), *Paradoxes communicationnels du recrutement : la construction identitaire numérique des banques et les jeunes diplômés, entre marque employeur et isomorphisme*, thèse de sciences de l'information et de la communication, Université Toulouse Capitole.

PENÉ S. (2005), « "Vie des hommes infâmes" dans la société de disponibilité », *Études de communication*, n° 28, 107-123.

PEREIRA B. (2017), « Entreprises : loyauté et liberté d'expression des salariés sur les réseaux sociaux numériques », *Annales des Mines – Gérer et comprendre*, vol. 130, n° 4, 67-75.

PETIT S. (2016), *La rationalisation du travail intellectuel. Ethnographie de l'activité de conception industrielle*, Université Paris-Saclay, thèse de doctorat en sociologie.

PETERS T. (1993), *L'entreprise libérée : libération, management*, Paris, Dunod.

PIAUD F. (2002), « Vendeurs ou conseillers ? Les agents d'accueil à France Télécom », *in* Piotet F., *La révolution des métiers*, Paris, PUF, 151-190.

PINCH T. J., BIJKER W.E. (1984), « The Social Construction of Facts and Artefacts : Or How the Sociology of Science and the Sociology of Technology Might Benefit Each Other », *Social Studies of Science*, vol. 14, n° 2, 399-441.

POON M. (2007), « Scorecards as Devices for Consumer Credit : the Case of Fair, Isaac & Company, Incorporated », *The Sociological Review*, vol. 55, n° 2.

PRONOVOST G. (1996), « Les jeunes, le temps, la culture », *Sociologie et sociétés*, n° 1, vol. 28, 147-158.

PROULX S. (2015), « La sociologie des usages, et après ? », *Revue française des sciences de l'information et de la communication* [En ligne], n° 6.

PROST M., ZOUINAR M. (2015), « De l'hyper-connexion à la déconnexion : quand les entreprises tentent de réguler l'usage professionnel des e-mails », *PISTES* [En ligne], vol. 1, n° 17.

PUTNAM R. (2000), *Bowling Alone. The Collapse and Revival of American Community*, New York, Simon & Schuster.

RAYMOND E. S. (1998), *La cathédrale et le bazar*, traduction de S. Blondeel [En ligne].

REIX R. (1990), « L'impact organisationnel des nouvelles technologies d'information », *Revue Française de Gestion*, n° 77, 100-106.

REYNAUD J.-D. (1989), *Les règles du jeu : l'action collective et la régulation sociale*, Paris, Armand Colin.

RIFKIN J. (1995), *La fin du travail*, Paris, La Découverte poche [1997].

RIVELINE C. (1993), « La gestion et les rites », *Annales des Mines. Gérer et comprendre*, n° 33, 82-90.

ROBEYNS I. (2000), « An unworkable idea or a promising alternative? Sen's capability approach re-examined », *Discussion paper 00.30, Center for Economic Studies* [En ligne], University of Leuven.

ROSA H. (2010), *Accélération. Une critique sociale du temps*, Paris, La Découverte.

ROSANVALLON J. (2011), « Le contrôle du travail, entre réalités et perceptions : le cas de la messagerie électronique », *Sociologies pratiques*, vol. 1, n° 22, 19-33.

ROSENBLAT A., STARK L. (2016), « Algorithmic Labor and Information Asymmetries : A Case Study of Uber's Drivers », *International Journal of Communication*, n° 10, 3758-3784.

ROUDAUT K., JULLIEN N. (2017), « Les usages des outils de réseau social par des salariés : Des registres privés et professionnels individualisés », *Terminal* [En ligne], n° 120.

ROUQUET A., RENIOU F., GOUDARZI K. (2013), « Le client "acteur" de l'organisation. Enjeux et perspectives pour les sciences de gestion », *Revue française de gestion*, vol. 234, n° 5, 85-98.

ROUSSEAU T., RUFFIER C. (2017), « L'entreprise libérée entre libération et délibération. Une analyse du travail d'organisation dans une centrale d'achat », *Revue internationale de psychosociologie et de gestion des comportements organisationnels*, n° 56, vol. XXIII, 109-123.

RUSSELL B. (2008), « Call centres : A decade of research », *International Journal of Management Reviews*, vol. 10, n° 3, 195-219.

SAINT LAURENT-KOGAN (DE) A.-F., METZGER J.-L. (dir.) (2007), *Où va le travail avec le numérique ?*, Paris, Presses des Mines.

SAUVY A. (1980), *La machine et le chômage*, Paris, Dunod.

SEGRESTIN D. (2004a), *Les chantiers du manager*, Paris, Armand Colin.

SEGRESTIN D. (2004b), « Les ERP entre retour à l'ordre et l'invention du possible », *Sciences de la société*, n° 61, 3-16.

SEGRESTIN B., HATCHUEL A. (2012), *Refonder l'entreprise*, Paris, Seuil, coll. « La république des idées ».

SEN A. K. (1999a), « La possibilité du choix social », *Revue de l'OFCE*, n° 170, 7-61.

SEN A. K. (1999b), *Development as Freedom*, Oxford, Oxford University Press. Traduction française, *Un nouveau modèle économique. Développement, justice, liberté*, Paris, Odile Jacob [2000].

SEURRAT A. (2017), « Jeu et formation professionnelle. De la rhétorique promotionnelle à la diversité des pratiques et dispositions ludiques », *in* Savignac E. *et al., Le travail de la gamification,* Berne, Peter Lang, 119-135.

SFEZ L. (2002), « La technique comme fiction », *Revue européenne des sciences sociales* [En ligne], XL-123, 65-74.

SKOPEK J., SCHULZ F., BLOSSFELD H.-P. (2010), *Who contacts whom ? Educational homophily in online mate selection,* European Sociological Review Advance Access, DOI :10.1093/esr/jcp068

STEVENS H. (2008), « Quand le psychologique prend le pas sur le social pour comprendre et conduire des changements professionnels », *Sociologies pratiques,* vol. 2, n° 17, 1-11.

SUBRAMANIAN D., ZIMMERMANN B. (2017), « Voice in French Corporate Training : A critical issue in developing employee », *Economic and Industrial Democracy,* May, 2, 1-27.

SUCHMAN L. (1996), « Constituting shared workspaces », *in* Engeström Y., Middleton D. (eds), *Cognition and communication at work,* Cambridge (UK), Cambridge University Press, 35-60.

SYNDEX (2018), « Les services face aux enjeux de la digitalisation », *Étude pour Uni Europa* [En ligne].

TANGUY L. (2011), *La sociologie du travail en France : enquête sur le travail des sociologues, 1950-1990,* Paris, La Découverte.

TEILLET G. (2015), « Des ouvriers face à la formation continue : inégalités d'accès et pluralité des dispositions sociales », *Savoirs,* vol. 38, n° 2, 91-107.

TERSSAC (DE) G. (1998), « Le travail d'organisation comme facteur de performance », *Les cahiers du changement,* n° 3, 5-14.

TERSSAC (DE) G. (2002), *Le travail : une activité collective. Recueil de textes,* Toulouse, Octares.

TERSSAC (DE) G. (2011), « Théorie du travail d'organisation », *in* Maggi B., *Interpréter l'agir : un défi théorique,* Paris, PUF, 96-121.

THOM-SANTELLI J., MILLEN D. R., GERGLE D. (2011), « Organizational acculturation and social networking », *Proceedings of the ACM 2011 conference on Computer supported cooperative work,* CSCW '11, New York, USA, ACM, 313-316.

TIFFON G. (2013), *La mise au travail des clients,* Paris, Economica.

TRANCHANT L. (2018), « L'intérim de masse comme vecteur de disqualification professionnelle. Le cas des emplois ouvriers de la logistique », *Travail et emploi,* vol. 155-156, n° 3, 115-140.

TREEM J. W., LEONARDI P. M. (2013), « Social Media Use in Organizations : Exploring the Affordances of Visibility, Editability, Persistence, and Association », *Annals of the International Communication Association,* vol. 36, n° 1, 143-189.

TREMBLAY D.-G., SCAILLEREZ A. (2020), « Coworking spaces : new places for business initiatives? », *Journal of Innovation Economics & Management,* n° 31, 39-67.

Trespeuch M. *et al.* (2019), « Échanger entre particuliers : construction et euphémisation du lien marchand à l'heure numérique », *Revue Française de Socio-Économie*, vol. 22, n° 1, 125-150.

Ughetto P. (2012), « Le *lean* : pensée et impensé d'une activité sans relâchement », *Activités*, vol. 9, n° 2, 148-167.

Ughetto P. (2013a), « Utiliser une base de données en organisation – La recherche de l'instrument », *Réseaux*, n° 178-179, 197-222.

Ughetto P. (2013b), « L'enjeu paradigmatique de la relation de service au sein de la sociologie du travail », *La nouvelle revue du travail* [En ligne], n° 2.

Ughetto P. (2014), « Référentiels de compétences : ce que l'instrument fait à la logique compétence », *in* Prot B., *Les référentiels contre l'activité. En formation, gestion, certification*, Toulouse, Octares, 35-49.

Ughetto P. (2018a), *Organiser l'autonomie au travail*, Paris, FYP Editions.

Ughetto P. (2018b), *Les nouvelles sociologies du travail : introduction à la sociologie de l'activité*, Bruxelles, De Boeck.

Urry J. (2000), *Sociology Beyond Societies : Mobilities for The Twenty First Century*, London, Routledge.

Vacherand-Revel, J., Ianeva, M., Guibourdenche, J., Carlotti, J.-F. (2016), « Les pratiques du télétravail pendulaire de cadres : reconfiguration des écosystèmes relationnels et d'activités », *Psychologie du travail et des organisations*, n° 22, vol. 1, 54-73.

Valenduc G. (2000), « Les progiciels de gestion intégrée : une technologie structurante ? », *Réseaux*, n° 104, 185-206.

Valenduc G. (2009), « La fracture numérique passe-t-elle par le travail ? », *in* Granjon F., Lelong B., Metzger J.-L. (dir.), *Inégalités numériques, clivages sociaux et modes d'appropriation des TIC*, Paris, Hermès-Lavoisier, 137-160.

Valenduc G. (2017), « Les relations controversées entre les technologies numériques et l'emploi », *Reflets et perspectives de la vie économique*, n° 3, tome LVI, 33-46.

Vanheems R. (2015), *Réussir sa stratégie cross et omni-canal. Pour des marques et des entreprises connectées*, Caën, Éditions EMS.

Vaujany (de) F.-X. (2006), « Pour une théorie de l'appropriation des outils de gestion : vers un dépassement de l'opposition conception-usage », *Management & Avenir*, vol. 3, n° 9, 109-126.

Vayre E. (2019), « Les incidences du télétravail sur le travailleur dans les domaines professionnel, familial et social », *Le travail humain*, vol. 82, n° 1, 1-39.

Vayre J.-S. (2017), « Une histoire de machines à recommander des biens de consommation : de l'Internet documentaire à l'Internet des données », *Études de communication*, n° 49, 89-106.

Vayre J.-S., Cochoy F. (2019), « L'intelligence artificielle des marchés : comment les systèmes de recommandation modélisent et mobilisent les consommateurs », *Les Études Sociales*, n° 169, vol. 1, 177-201.

VELKOVSKA J. (2015), « La “communauté de marque” comme accomplissement pratique », *Communication* [En ligne], vol. 33, n° 2.

VELKOVSKA J., BEAUDOUIN V. (2014), « Parler aux machines, coproduire un service. Intelligence artificielle et nouvelles formes de contribution du client dans les services téléphoniques de l'après-vente », *in* Kessous E., Mallard A. (dir.), *La Fabrique de la vente. Le travail commercial dans les télécommunications*, Paris, Presses des Mines, 97-128.

VELKOVSKA J., ZOUINAR M. (2007), « Interaction visiophonique et formes d'asymétries dans la relation de service », *Réseaux*, vol. 5, n° 144, 225-264.

VERDIER E. (1985), *La bureautique*, Paris, La Découverte.

VERDIER E., MÖBUS M. (1986), « La fonction commerciale des entreprises : un lien emploi-formation particulièrement relâché », *Formation-Emploi*, vol. 15, n° 1.

VERO J., SIGOT J.-C. (2017), « Comment les entreprises s'organisent pour mettre les salariés en capacité de se former », *Formation Emploi* [En ligne], n° 137.

VERZAT C., JORE M., TOUTAIN O. (2016), « Apprendre par soi-même l'entrepreneuriat via un MOOC », *Revue française de gestion*, vol. 257, n° 4, 33-52.

VEZINAT N. (2011), « Surveiller les professionnels, ficher les clients : étude des contrôles de la Banque Postale », *Sociologies pratiques*, 22, 35-47.

VEZINAT N. (2015), « Stratégies, formes et acteurs de la modernisation postale. Regard sur la financiarisation des PTT », *Sociétés contemporaines*, n° 97, 25-48.

VEYRIER C.-A. (2015), « Multiactivité et multimodalité dans les réunions à distance. Usages du chat et de la messagerie instantanée », *Réseaux*, vol. 6, n° 194, 11-37.

VIDAL G. (dir.) (2012), *La sociologie des usages. Continuités et transformations*, Paris-London, Hermes Science Publications/Lavoisier.

VON HIPPEL E. (1988), *The Sources of Innovation*, Cambridge, MIT Press.

WELLER J.-M. (2012), « Relations de service », *in* Bevort A. *et al.*, *Dictionnaire du travail*, Paris, PUF, 636-643.

WELZ C., WOLF F. (2010), « Telework in the European Union », *European Foundation for the Improvement of Living and Working Conditions*, Dublin.

WOODCOCK J. (2017), *Working the Phones : Control and Resistance in Call Centers*, Northampton, Pluto Press.

WOODWARD J. (1958), « Management and Technology », *in* Burns T. (dir.), *Industrial Man*, Norwich, Her Majesty's Stationery Office, 4-40.

ZARIFIAN P. (2001a), *Temps et modernité. Le temps comme enjeu du monde moderne*, Paris, L'Harmattan.

ZARIFIAN P. (2001b), *Le modèle de la compétence*, Paris, Éditions Liaisons.

ZIMMERMANN B. (2011), *Ce que travailler veut dire. Une sociologie des capacités et des parcours professionnels*, Paris, Economica.

Table des matières

263009 - (I) - OSB 90° - NOC - LGT

Dépôt légal : mai 2021

Achevé d'imprimer par la Nouvelle Imprimerie Laballery 58500 Clamecy
N° d'impression : 104153

Imprimé en France

La Nouvelle Imprimerie Laballery est titulaire de la marque Imprim'Vert®